BEI GRIN MACHT SICH IHR WISSEN BEZAHLT

- Wir veröffentlichen Ihre Hausarbeit,
  Bachelor- und Masterarbeit

- Ihr eigenes eBook und Buch -
  weltweit in allen wichtigen Shops

- Verdienen Sie an jedem Verkauf

Jetzt bei www.GRIN.com hochladen
und kostenlos publizieren

GRIN

Matthias Grimm

Computerspiel-Geschichten? Analyse narrativer Strategien zur strukturellen Kopplung von Spiel und Erzählung

GRIN Verlag

Bibliografische Information der Deutschen Nationalbibliothek:

Die Deutsche Bibliothek verzeichnet diese Publikation in der Deutschen National-bibliografie; detaillierte bibliografische Daten sind im Internet über http://dnb.d-nb.de/ abrufbar.

Impressum:

Copyright © 2006 GRIN Verlag GmbH
Druck und Bindung: Books on Demand GmbH, Norderstedt Germany
ISBN: 978-3-638-74250-4

Dieses Buch bei GRIN:

http://www.grin.com/de/e-book/77178/computerspiel-geschichten-analyse-narrativer-strategien-zur-strukturellen

GRIN - Your knowledge has value

Der GRIN Verlag publiziert seit 1998 wissenschaftliche Arbeiten von Studenten, Hochschullehrern und anderen Akademikern als eBook und gedrucktes Buch. Die Verlagswebsite www.grin.com ist die ideale Plattform zur Veröffentlichung von Hausarbeiten, Abschlussarbeiten, wissenschaftlichen Aufsätzen, Dissertationen und Fachbüchern.

Besuchen Sie uns im Internet:

http://www.grin.com/

http://www.facebook.com/grincom

http://www.twitter.com/grin_com

Computerspiel | Geschichten

Analyse narrativer Strategien zur strukturellen Kopplung
von Spiel und Erzählung

von

Matthias Grimm

Inhalt

1. Einleitung

In der Praxis blicken Computerspiel[1] und Erzählung auf eine lange gemeinsame Vergangenheit zurück. Bereits das erste kommerzielle Computerspiel *Zork* (USA 1980, Infocom) beschrieb sich selbst als Roman, in dem der Leser an einem aufregenden Abenteuer nicht nur Teil hatte, sondern es selbst bestritt. Insofern ordnen die Hersteller und Nutzer von Computerspielen ihren Gegenstand in einem positivistischen Selbstverständnis in die Genealogie etablierter narrativer Medien wie dem Film ein und verstehen deren Strukturmomente im Spiel lediglich um den Aspekt der Interaktivität erweitert.[2]

Tatsächlich jedoch ist sich die „Wissenschaft [...]" noch nicht darüber einig, ob Computerspiele den Erzählungen zuzurechnen sind." (Neitzel 2003, 18) Als die Literaturwissenschaft Anfang der 90er allmählich das Computerspiel als Untersuchungsgegenstand entdeckt, privilegiert sie zunächst narrative und dramaturgische Gesichtspunkte für ihre Analysen und lässt Aspekte des Spieles außen vor. „Interactive Storytelling" wird hier als Erweiterung des traditionellen (aristotelischen) Geschichtenerzählens verstanden, das aber nach neuen Konzepten der Rezeption und Partizipation am Text verlangt. So wird der „Leser" wahlweise als eine Art „Schau-Spieler" modelliert, der eine Rolle innerhalb der Geschichte auskleidet,[3] oder er wird in den Rang des Autors erhoben und schreibt als solcher am Text selbst mit.[4]

Gegen diese Auffassung formiert sich die Schule der „Ludologen", die mit den „Game Studies" eine akademische Disziplin einfordern, welche die Spezifik von Spielen im Allgemeinen und Computerspielen im Besonderen anerkennt und einen eigens auf den Gegenstand zugeschnittenen Begriffsapparat zur Verfügung stellt, der nicht dem „theoretical imperialism" (Pearce 2004, 144) narratologischer Traditionen anheim falle.[5] Spiel und Erzählung bilden dort zwei unterschiedliche Kategorien, welche einander bestenfalls flankieren, aber nicht in der Lage sind, einen gemeinsamen Modus zu erzeugen. Paradigmatisch für die ludologischen Untersuchungen sind neben Espen Aarseths Studien zu interaktiven Texten vor allem die spieltheoretischen Arbeiten von Johan Huizinga und Roger Caillois. Jenem methodologischen Dogma entspringt sodann eine bisweilen äußerst polemisch formulierte Skepsis gegenüber sämtlichen Annäherungsversuchen des Computerspiels an narrative Ausdrucksformen.

Auch eher als konservativ einzustufende Vertreter der narratologischen Philologie, namentlich Klaus Walter und Frank Furtwängler, stützen ihre Überlegungen auf die kategoriale Abgrenzung von Spiel und Erzählung: „[W]enn erzählt wird, kann nicht gespielt werden, und wenn gespielt wird, kann nicht erzählt werden." (Walter 2001,1) Während jedoch die Ludologen wiederholt die Unvereinbarkeit der beiden Strukturen betonen, untersuchen jene – erheblich weniger normativ

---

[1] In der Literatur wird häufig aufgrund verschiedener Hardwareplattformen zwischen den Begriffen „Computerspiel" und „Videospiel" differenziert. Diese Unterscheidung spielt allerdings für die vorliegende Untersuchung keine Rolle. Es wird einheitlich nur von „Computerspielen" die Rede sein. Siehe dazu S. 22.

[2] Aarseth (2004, 49) dazu: „At a recent game conference, it was stated that the difference between films and games was simply the 'interactivity' of the games."

[3] Vor allem die Arbeiten von Buckles (1985), Laurel (1993) und Murray (2001) sind diesbezüglich als einflussreich hervorzuheben.

[4] Diese Perspektivierung ist vorherrschend insbesondere im Zusammenhang mit Hypertext-Literatur und der postmodernen Theorie, etwa bei Bolter (1991), Iser (1991), Landow (1992).

[5] Vgl. zu dieser Position Frasca (2003), Juul (1998), Juul (2001), Eskelinen (2001), Eskelinen (2004), Aarseth (2004).

– auf welche Art und Weise Spiel und Erzählung, trotz der auch von ihnen festgestellten In-
kommensurabilität, im Computerspiel in einem symbiotisch-hybriden Zustand zusammengeführt
werden.

Andere wiederum, wie etwa Espen Aarseth, versuchen daher, die etablierten Beschreibungsmodelle so zu modifizieren, dass sie auch auf neuartige Phänomene wie Hypertext-Literatur,
MUDs oder eben Computerspiele angewandt werden können. Britta Neitzel (2000, 128-132)
beispielsweise beruft sich auf Genettes strukturalistische Erzähltheorie, um den Prozess des
Spielens als gemeinsames Produkt von Programm und Spieler, der dort als „implizierter Autor"
vorkommt, zu denken. Extreme Ansätze dieser Art, wie der von Torben Grodal (2003), geben
schließlich traditionelle Vorstellungen darüber, was unter einem „Spiel" oder einer „Erzählung"
zu verstehen ist, ganz auf und vereinen beide Strukturen (und nicht nur diese, sondern in letzter
Konsequenz sämtliches Handeln) in einem ästhetisch-phänomenologischen Konzept zu einer
gemeinsamen Kategorie.

Abseits dieses akademischen Diskurses verfolgt das Computerspiel seit jeher unterschiedlichste Strategien, um narrative Elemente aller Vorbehalte zum Trotz in seine Strukturen zu imple-
mentieren. Bereits recht früh ist diesbezüglich der Topos der Vorgeschichte zu beobachten, die
im zugehörigen Handbuch oder einem illustrativen Intro entwickelt wird. Das Spiel wird dadurch
in einen inhaltlichen Sinnzusammenhang eingebettet, der die Materialien des Spieles (Figuren
und Spielfeld) ikonographisch lesbar und seine abstrakten Regeln intuitiv begreifbar macht, die
Erzählung allerdings nicht dem Spiel einschreibt, sondern sie ihm bestenfalls überstülpt.[6] Auf
diese Weise manifestiert sich die festgestellte Divergenz bis heute: Die Vielzahl narrativer Verfahren, die in aktuellen Spielen zu finden sind, wie Dialogsequenzen, so genannte Cut-Scenes
und *scripted events*, sind zwar in der Lage, die rudimentäre Illusion einer Erzählung zu erzeugen, verfahren aber unabhängig von der Spielstruktur und sind weiterhin von dieser unter-
scheidbar.

Diese Beobachtungen führen mich zum Ausgangspunkt der vorliegenden Arbeit: Ich nehme an,
dass Spiel und Erzählung zwei unterschiedliche Phänomene darstellen, die über jeweils spezifische Eigenschaften und Merkmale verfügen, welche keine einheitliche Kategorie zulassen. Ihre
Elemente und Operationen sind jedoch in einen gemeinsamen Prozess eingebunden und produzieren auf Ebene der audio-visuellen Oberfläche einen gemeinsamen Diskurs, der sie gewissermaßen „verschmelzen" lässt. Dennoch sind die beiden Strukturen jederzeit voneinander
abstrahierbar. Die vorherrschende Frage meiner Analyse wird daher sein, welche Methoden
und Strategien Spiele bei der Integration narrativer Verfahren in ihre Prozesse anwenden und
vor allem: warum sie dies tun. Im Gegensatz zu den Ludologen bin ich nicht der Meinung, dass
jene Andockmechanismen lediglich austauschbare Oberflächeneffekte hervorrufen, sondern
dass Erzählungen konventionalisierte Referenzsysteme zur Verfügung stellen, die spezifische
Funktionen für das Aufrechterhalten der Interaktion mit dem Spiel ausüben können. Um diese
funktionale Verknüpfungsleistung zu erbringen, ist es notwendig, dass sich Spiel und Erzählung

---

[6] Crawford (2005, 69) gibt diesbezüglich an, dass viele Spieledesigner zuerst ein Spiel programmieren und
es erst anschließend „storysieren": „Games people see stories as desirable feature to add to their games [...] They design the game first, and then add a story the same way they add animation, sound effects, and music."

gegenseitig Möglichkeiten zur „strukturellen Kopplung" anbieten. Diese Kopplungsstellen sind immer dann zu vermuten, wenn das Konstruieren, Verstehen und Interpretieren der Fabel durch den Spieler einen Umgang mit den Elementen des Spiels überhaupt erst möglich macht. Diesen Phänomenen gilt das vornehmliche Interesse meiner Arbeit.

Mein Vorgehen wird folgendermaßen aussehen:

Zunächst möchte ich verschiedene Stationen der strukturalen und formalistischen Erzähltheorie von Aristoteles, über Genette bis hin zu aktuellen Modellen des interaktiven Erzählens betrachten, sie nach notwendigen (Abgrenzungs-)Kriterien für die Kategorie der Erzählung absuchen und mögliche Anschlusspunkte für Game-Strukturen diskutieren. Die methodologische Überlegung dahinter ist, dass die Diskussion der Probleme, mit denen die Erzähltheorie bei der Übertragung ihrer Begriffe auf Aspekte des Spiels konfrontiert ist, entscheidende Hinweise auf die im Spiel angewandten und von mir gesuchten Strategien liefert, da vermutet wird, dass sich mögliche Kopplungsstrategien genau an der Reibungsstelle dieser Divergenz „einhaken".

Entsprechend sollen im Anschluss daran Theorien des Spiels betrachtet und dabei zum einen auf ihre Anwendbarkeit auf Computerspiele hin geprüft werden, zum anderen gilt es, sie durch Aufzeigen möglicher Analogien zu den zuvor diskutierten narrativen Termini für die spätere Analyse fruchtbar zu machen. Eine erste These diesbezüglich lautet, dass konkrete strukturelle Kopplungstypen auch entsprechende narrative Strategien einfordern, welche sich aus der Beschaffenheit des Spiels im Allgemeinen und des Spielgenres im Besonderen ableiten.

Da die unterschiedlichen Zugänge zum Computerspiel und seinem Verhältnis zur Erzählung so zahlreich sind und die Debatten darüber zum Teil sehr hitzig geführt werden, scheint es mir unabdingbar, im Anschluss daran ein Beschreibungsmodell zu entwickeln, das in der Lage ist, Phänomene des Spiels und der Erzählung im Computerspiel zu isolieren und zu beschreiben und den gemeinsamen Prozess, an dem sie beteiligt sind, darzustellen. Hierfür berufe ich mich zum einen auf Bordwells neoformalistischen Ansatz, der die narrativen Aspekte beschreiben soll und diese an kognitive Verarbeitungsprozesse rückbindet, und zum anderen auf Aarseths Untersuchung zu „ergodischen" Texten, um diesen um ein kybernetisches Modell zu erweitern und ihn so auch auf die interaktiven und dynamischen Operationen des Spielens anwendbar zu machen. Ziel des gesuchten Modells ist es selbstverständlich, eine Definition struktureller Kopplungen dergestalt zu erarbeiten, dass sie die Spezifik dieser Verbindung hervorhebt und ihre Funktion unterstreicht.

In einem ersten Analysekapitel möchte ich dann, basierend auf den im Theorieteil angestellten Überlegungen, konkrete Phänomene betrachten, die Verbindungen zwischen Spiel- und Erzählstruktur herstellen. Im Vordergrund dieser Analyse steht die Frage, ob es sich bei dem beobachteten Phänomen tatsächlich um eine strukturelle Kopplung, eine allgemeine Analogie oder doch nur Redundanz handelt. In diesen Bereich fallen Parallelen auf der Darstellungsebene, wie die zwischen Spielfigur und Protagonist oder Spielfeld und Diegese, formale Analogien wie das Ziel, das Hindernis oder das Rätsel, und schließlich strukturelle Ähnlichkeiten wie das Reise-Motiv, das Labyrinth oder die Episode.

Das letzte Kapitel soll sich dann der Analyse eines einzelnen Spiels und den darin enthaltenen Erzählstrategien widmen. Hierfür habe ich das Spiel *Gabriel Knight II: The Beast within* (USA

1996, Sierra)[7] ausgesucht – einerseits weil es sich hierbei um einen Vertreter des Adventure-genres handelt, dem gemeinhin die auffälligsten erzählerischen Tendenzen nachgesagt werden, andererseits weil es auf ein Erzählmuster zurückgreift, das meiner Ansicht nach besonders viel versprechende Andockstellen für strukturelle Kopplungen bereit hält: der parallelen Plotstruktur, wie sie u.a. im Detektivroman zu finden ist.

Abschließend sei darauf hingewiesen, dass es mir in dieser Arbeit nicht um das Erstellen eines vollständigen Kataloges narrativer Strategien oder struktureller Kopplungsmöglichkeiten geht – falls dies überhaupt möglich ist. Viel eher möchte ich bestimmte Szenarien durchdenken, in denen Spiel und Erzählung einander nicht „behindern", wie es häufig Meinung der Ludologen ist,[8] sondern sich gegenseitig bedingen. Die Untersuchung kann daher auch modellhaft als Ausgangspunkt für weitere Überlegungen dienen und unter Umständen Hinweise auf neuartige Strategien geben, die noch wenig untersucht und erprobt sind.

---

[7] Der Einfachheit halber im Folgenden auch *Gabriel Knight II* genannt.
[8] Juul (1998): „[T]he narrative tends to be isolated from or even work against the computer-game-ness of the game."

2. Erzählung, Spiel, Computerspiel

Seit jeher bedienen sich die Hersteller von Computerspielen bei erzählerischen Mitteln. So entsteht bisweilen der Eindruck, die Grenzen zwischen den beiden Kategorien Spiel und Erzählung könnten fließend sein oder die eine sei eine Unterkategorie der anderen. Die vorliegende Arbeit geht jedoch von der Annahme aus, dass Spiel und Erzählung zwei unterschiedliche Strukturen darstellen, die im Computerspiel zwar aufeinandertreffen, aber weiterhin voneinander abstrahierbar sind. Diese Annahme soll im Folgenden belegt und begründet werden. Zu diesem Zweck werde ich verschiedene Positionen der Erzähltheorie sowie der Spieltheorie vorstellen und sie nach Charakteristika und Merkmalen ihrer jeweiligen Untersuchungsgegenstände befragen. Hierbei gilt es zunächst, die beiden Kategorien scharf voneinander abzugrenzen, um so die spätere Analyse struktureller Kopplungen zu gewährleisten, und sie ferner nach möglichen Analogien abzusuchen, an denen narrative Strategien ansetzen können. Darüber hinaus sollen aber auch mögliche Modellerweiterungen in Betracht gezogen werden, um zu prüfen, ob nicht doch durch eine einfache Modifikation der theoretischen Systeme eine gemeinsame Kategorie hergestellt werden könnte.

Offen bleiben muss zunächst die Frage, ob ein solches Vorgehen tatsächlich hinreichende oder notwendige Bedingungen für eine Abgrenzung zu liefern vermag oder ob es nur charakteristische Eigenschaften zutage fördert. Es wird aber vermutet, dass die jeweiligen Theorien ausreichend sind, um präzise Grenzziehungen vorzunehmen und mögliche Analogien zu skizzieren. Darüber hinaus sollen die Ausführungen einen Überblick über den aktuellen Forschungsstand – insbesondere die noch jungen „Game Studies" und ihre Problemstellungen – verschaffen und die hierbei gewonnenen Erkenntnisse als Grundlage für die spätere Modellentwicklung fruchtbar gemacht werden.

2.1 Erzählung

Bevor sich die Untersuchung dem Computerspiel im Speziellen zuwendet, soll zunächst geklärt werden, auf welche Weise die Narratologie Aspekte der Erzählung konzeptualisiert und Versuche unternimmt, diese auf das Computerspiel anzuwenden. Die Ausführungen dienen einerseits dazu, narrative Muster zu definieren und von Strukturelementen des Spiels abzugrenzen, andererseits erbringen sie eine theoretische Vorarbeit, um später bei der Modellentwicklung auch Elemente und Phänomene des Computerspiels mit erzähltheoretischen Begriffen beschreiben und zu diesen ins Verhältnis setzen zu können. Dabei ist die Frage berechtigt, ob die primär am Vorbild der Sprache modellierten Begriffe grundsätzlich auf audio-visuelle Medien wie das Computerspiel übertragbar sind und inwiefern ihre Anwendung sich als sinnvoll erweist. Implizit steht daher immer auch die relative Medienunabhängigkeit der jeweiligen Theorie auf dem Prüfstand.

Ausgeklammert werden hierbei phänomenologische Theoriemodelle, welche Spiel und Erzählung in einer gemeinsamen Kategorie zu vereinen suchen, indem sie die Geschichte von einem Erzählmedium abkoppeln und Narrativität als eine natürliche Strategie mentaler Sinnstiftung auffassen. Torben Grodal (2003, 129-132) beispielsweise entwickelt mit Rückgriff auf die psychologischen Studien zur Filmrezeption von Hugo Münsterberg (1996) einen Ansatz nach diesem Muster: Dabei wird unter einer „Geschichte" weniger der Inhalt einer durch spezifische mediale Techniken gekennzeichneten Rede verstanden, sondern das aus kognitiven Prozessen resultierende Konstrukt jedweder Wahrnehmung durch eine reale oder hypothetische Person:

> „The story experience need not have any verbal representation, as the ability to ‚hold' the story in consciousness [...] that is important for prolonged action patterns can take place on a nonverbal perception-emotion-motor-level." (Grodal 2003, 132)

Grodal löst damit den Begriff der Story von dem der Erzählung ab. Seine Geschichten brauchen nicht länger erzählt, sie müssen nur noch rezipiert werden. Folglich analysiert er auch nicht mehr die Phänomene, Strategien und Techniken des Erzählens, wie sie sich in einem Text äußern, sondern beschäftigt sich ausschließlich mit der Rezeption und deren Perzeptionen, Emotionen, Kognitionen und Aktionen. Dies mag für bestimmte Zwecke von Nutzen sein, und auch seine kognitionspsychologischen Ausführungen werden für die spätere Untersuchung viele wichtige Anregungen liefern, doch ist ein solcher Ansatz insgesamt für das hier verfolgte Ziel wenig brauchbar, weil er sich zu weit von den Modellen und Methoden der traditionellen Erzähltheorie entfernt und folglich auch nicht mehr zwischen Spiel und Erzählung unterscheidet. Ich möchte hier an den herkömmlichen Vorstellungen dieser Kategorien weitestgehend festhalten. Es geht mir nicht darum zu zeigen, dass das Spiel eine Erzählung ist oder unter bestimmten Voraussetzungen als solche beschrieben werden könnte, sondern ich gehe davon aus, dass Spiele Geschichten erzählen können, indem sie narrative Verfahren in ihre Prozesse integrieren, und möchte der Frage nachgehen, welche Zwecke sie damit verfolgen und welche Strategien sie wählen, um beide Systeme in einem gemeinsamen Ablauf in Wechselwirkung treten zu lassen. Hierzu werden bisweilen Erweiterungen der traditionellen Begriffe notwendig sein, die allerdings den Anforderungen genügen sollen, einerseits mit den etablierten Modellen zu korrespondieren und diese andererseits für neuartige Phänomene zu wappnen.

2.1.1 Aristoteles: Primat der Handlungsführung

Die zentralen Unterscheidungen und Fragestellungen, wie sie die moderne Erzähltheorie formuliert, lassen sich bereits in Aristoteles' (1982, 19) Konzeption der Tragödie nachweisen:[9] „Die Tragödie ist die Nachahmung [mímesis] einer guten und in sich geschlossenen Handlung". Die Handlung (práxis) bildet damit für Aristoteles den Kern der Tragödie, dem alle anderen Bestandteile untergeordnet sind.[10] Sie stellt so zu sagen eine notwendige Bedingung dar: „Ferner könnte ohne Handlung keine Tragödie zustande kommen". (ebd., 21)

Wichtiger noch als die Handlungen selbst, ist die Art und Weise, wie diese im jeweiligen Stück arrangiert und zu einer Komposition verbunden sind. Denn die Handlungen sind sich nicht Selbstzweck, vielmehr zielen sie immer auf ein sinnvolles Ganzes, das dramatisch ist und „eine einzige, ganze und in sich geschlossene Handlung mit Anfang, Mitte und Ende" (ebd., 77) bil-

---

[9] Barthes (1988, 146): „Aristoteles ist schließlich der Vater der strukturalen Werkanalyse".

[10] Aristoteles verwendet die Begriffe „Handlung" (práxis) und „Geschehnisse" (pragmata). Wie Fuhrmann (in Aristoteles 1982, 110) anmerkt, deutet der „Ausdruck ‚Geschehnisse' [...] auf ein Geflecht, das aus den Handlungen [...] mehrerer entsteht".

det. Diese Ordnungsleistung erbringt der Mythos: „Die Nachahmung von Handlung ist der Mythos. Ich verstehe unter Mythos die Zusammensetzung der Geschehnisse". (ebd., 19)[11]
Auffallend an dieser Stelle ist, dass Spiele zwar die notwendige Bedingung für eine Erzählung[12]
erfüllen – sie enthalten auch Handlungen – aber den wesentlichen qualitativen Teil entbehren:
den Mythos. Zwar werden auch die Handlungen des Spiels in einer linearen Sequenz angeordnet, allerdings zielen diese nicht auf Abgeschlossenheit, sondern immer zumindest auf ein gewisses Maß an Offenheit. Entscheidend in dieser Hinsicht ist vor allem, dass der Rezipient
selbst an der Anordnung dieser Sequenz teilhat, diese nach Belieben umstellen kann und damit
gegen eine wesentliche Forderung Aristoteles' (1982, 29) verstößt:

> „Ferner müssen die Teile der Geschehnisse so zusammengefügt sein, dass sich das Ganze
> verändert oder durcheinander gerät, wenn irgendein Teil umgestellt oder weggenommen
> wird. Denn was ohne sichtbare Folgen vorhanden sein oder fehlen kann, ist gar kein Teil
> des Ganzen."

Es wird noch zu untersuchen sein, inwiefern nicht auch Spiele dieser Forderung genügen (können). Schließlich besitzen auch sie einen Anfang und ein Ende, und viele Spiele geben analog
dazu eine feste Handlungssequenz vor, die der Spieler nicht organisiert, sondern durch korrekte
Eingaben lediglich aktualisiert.

Zu beachten ist, dass Aristoteles nicht primär auf eine strukturelle Beschreibung der Tragödie
abzielt, sondern ästhetisch-normative Syntheseregeln aufstellt, die festlegen, wie eine gute
Tragödie im Idealfall beschaffen zu sein hat. Hierfür entwickelt er eine Reihe von sechs konstitutiven Elementen, den so genannten qualitativen Teilen, die er gleichsam in einer Hierarchie
nach ihrer Gewichtung anordnet: Mythos, Charaktere, Erkenntnisfähigkeit, Sprache, Melodik
und Inszenierung.[13] Die beiden Kategorien „Charaktere" und „Erkenntnisfähigkeit" beziehen sich
auf die Figuren eines Stückes, welche als Träger der Handlung dieser untergeordnet sind:

> „Folglich handeln die Personen nicht, um die Charaktere nachzuahmen, sondern um der
> Handlung willen beziehen sie Charaktere ein." (Aristoteles 1982, 21)

Die Figuren stellen somit eine weitere notwendige Bedingung dar. Wenn Aristoteles (ebd.) davon spricht, dass eine Tragödie zwar nicht ohne Handlung, „wohl aber ohne Charaktere" denkbar sei, so darf dies nicht missverstanden werden: Im Gegensatz zum „character" in der angelsächsischen Erzählforschung sind die Begriffe „Charakter" (êthê) und „Person" in der Poetik
nicht gleichzusetzen. Ähnlich wie im Deutschen betont Aristoteles' mit diesem Ausdruck immer
auch eine moralische Dimension, welche wesentlich für die Tragödie und das Epos ist.[14] Die

---

[11] Diese erste Kategorie mag mitunter verwirren, da Aristoteles zwar zwischen den Handlungen (praxis),
der Handlung (im Sinne des englischen „Plot") und der Handlungsführung unterscheidet, aber alle unter
den gemeinsamen Begriff „Mythos" fasst. Im nächsten Kapitel wird Genette dieses Knäuel entwirren.
[12] Selbstverständlich spricht Aristoteles nicht von „Erzählung", sondern bezieht sich abwechselnd auf Tragödie, Epos und Komödie; letztere nur am Rande, da der entsprechende zweite Band bekanntermaßen
verschollen ist. Diese Unterteilung kann hier jedoch vernachlässigt werden, da sie nicht strukturell, sondern rein formal getroffen wird. D.h. die wesentlichen qualitativen Teile Mythos, Charaktere und Erkenntnisfähigkeit (letzteres mit Einschränkung) sind allen drei gemeinsam, während sie sich auf den
Darstellungsebenen Sprache, Melodik und Inszenierung unterscheiden.
[13] Vgl. Aristoteles 1982, 21ff.
[14] Aus diesem Grund wird das englische „character" im Folgenden stets mit „Figur" übersetzt. Der Begriff
„Charakter" dagegen betont Figuren, welche durch ein Bündel konstanter psychologischer Eigenschaften charakterisiert sind – vgl. dazu auch Forsters (1949, 77ff.) Unterscheidung von „runden" und „fla-
chen" Charakteren. Die hier verwendete Nomenklatur orientiert sich an Taylor/Tröhler (1999). Demnach
entspräche Aristoteles' „Charakter" (êthê) einer Mischung aus dem deutschen „Charakter" und dem

Erkenntnisfähigkeit (*diánoia*) gewährleistet darüber hinaus eine gewisse Glaubwürdigkeit für die Figur: Sie wird definiert als das „Vermögen, das Sachgemäße und Angemessene auszusprechen." (ebd., 23) Die Erkenntnisfähigkeit stellt unter anderem sicher, dass sich die Person ihres gesellschaftlichen Standes gemäß verhält und dieses Verhalten vom Zuschauer als angemessen erkannt und beurteilt wird.

Die Kategorie der Figur wird für gewöhnlich als Angelpunkt für eine Anwendung aristotelischer Begrifflichkeiten auf das Computerspiel angesehen. Als eine der ersten setzt sich Brenda Laurel in ihrem Buch „Computers as Theatre" mit dem Potenzial auseinander, welches der Computer zum Erstellen interaktiver Dramen anbietet. Zu diesem Zweck erweitert sie das Modell der Poetik um das Konzept des *enactment*. Der Spieler findet sich hiernach nicht in einer ausschließlich rezipierenden Position wieder, sondern in einer mimetischen: Er selbst übernimmt die Rolle einer Figur innerhalb der Geschichte.

Laurel schließt damit an die auf Platon (2004, 506ff.) zurückgehende Unterscheidung zwischen Diegesis und Mimesis in der „Politeia" an, die sich in der angelsächsischen Theorie unter dem Begriffspaar *recounting/enacting* wiederfindet. Aristoteles (1982, 9) berief sich darauf in erster Linie zur Abgrenzung von Tragödie und Epos: Beide ahmen sie Geschehnisse nach; das Epos jedoch berichtet von ihnen, die Tragödie hingegen lässt die Personen selbst als Handelnde auftreten. Anhand dessen kann eine recht grobe und eher salopp zu verstehende Unterscheidung zwischen Spiel und Erzählung getroffen werden: Eine Erzählung wird erzählt (*recounted*), ein Spiel gespielt – genauer: geschauspiel(er)t (*enacted*).

Dieser Unterschied spielt daher für Aristoteles auch nur auf der Ebene der Darstellung eine Rolle: Jene wird von den drei weiteren qualitativen Teilen Sprache, Melodik und Inszenierung gebildet und ist für die weitere Untersuchung von geringerem Interesse. Es sei allerdings angemerkt, dass die Poetik damit über ein System des Stils verfügt, das ihre Anwendung auch auf andere Erzählformen und -medien möglich macht.

Während Laurel vor allem an den Möglichkeiten des Computers zur Entwicklung interaktiver Dramen interessiert ist und Computerspiele nur am Rande behandelt, entwickelt Michael Mateas einen neo-aristotelischen Ansatz, der einerseits strukturelle Begriffe zur Erfassung narrativer Aspekte in Computerspielen zur Verfügung stellen soll und andererseits als Hilfestellung dienen kann, um interaktive Geschichten nach den Vorgaben der Poetik zu erstellen. Er ersetzt hierfür Aristoteles' Primat der Handlung durch ein Primat der *agency*: Der Begriff „agency" lehnt sich an Murrays ästhetische Konzeption des Cyberdramas an und bezeichnet „the feeling of empowerment that comes from being able to take actions in the world whose effects relate to the player's intention." (Mateas 2004, 21)[15] Eine Betrachtung der sechs qualitativen Teile bei Aristoteles führt Mateas zu dem Schluss, dass diese aus zwei Hierarchierichtungen zu denken sind: der von Aristoteles vertretenen Autorenperspektive und der umgekehrten Richtung – einer Rezipientenperspektive. Letztere ist so aufzufassen, dass der Zuschauer zunächst die Materia-

---

„Helden". Bezieht er sich auf einen allgemeineren Begriff, so verwendet er den Ausdruck „Person": Dieser ist mit dem deutschen „Figur" zu vergleichen, mit einem Hang zum „Typen".

[15] Murray (2001, 128) gibt zu verstehen, dass der Effekt der *agency* nicht auf interaktive Medien begrenzt ist, dort jedoch eine zentrale Stellung einnimmt. Auch ist er nicht mit Partizipation oder (Inter-)Aktivität am Text zu verwechseln. Vielmehr stellt er ein ästhetisches Vergnügen dar, „an experience to be savored for its own sake".

lien der Inszenierung wahrnimmt und sodann Ebene um Ebene höher vordringt bis zum Verstehen und letztendlichen Interpretieren der Fabel. Er nennt die beiden Perspektiven *formal cause* (Autorenperspektive) und *material cause* (Perspektive des Zuschauers).

Im Falle des Computerspiels ist der Nutzer jedoch nicht auf die Perspektive des Zuschauers festgelegt. Stattdessen verortet Mateas (ebd., 24) ihn auf der Ebene der Charaktere[16] und spricht ihm qua *agency* die Fähigkeit zu, auch auf die höher gelegene Ebene der Handlung Einfluss zu nehmen. Der Spieler agiert demzufolge im Spiel als eine dramatische Figur und hat somit auch Anteil am Mythos. Dies hat zur Folge, dass die Leserichtung in Computerspielen zumindest zeitweilig vertauscht zu sein scheint:[17] Während der traditionelle Künstler seine *vision du monde* in die Materialien der Inszenierung projiziert und der Zuschauer in umgekehrter Richtung diese lediglich wahrnimmt, um daran wieder empor zu steigen bis zur ursprünglichen Idee, konzipiert der Spieleautor eine Welt und einen Möglichkeitsraum, in dem der Spieler seine persönliche Fassung der Fabel bewahrheitet.

Für Mateas' Modell bedeutet dies, dass zwei neue Kausalketten in das Modell eingefügt werden müssen: zum einen die Nutzerintention (*user intention*), denn die Handlungen des Spielers werden nun ihrerseits zur formalen Ursache (*formal cause*) der Inszenierung – er nimmt in diesem Sinne eine Art Autorenperspektive ein. Der Zuschauer ersetzt allerdings nicht den Mythos: Vielmehr wird sein Handlungsspektrum von unten durch das Material der Inszenierung (*material for action*) abgesteckt und angeleitet. Die niederen aristotelischen Qualitäten und ihre Requisiten, Bühnenbilder und Stilmittel bilden plötzlich das Rohmaterial, das vom Autoren des Stückes bereit gestellt wird, um dem Spieler Möglichkeiten und Beschränkungen des Handelns zu eröffnen.

Abschließend können wir festhalten, dass die Poetik mit den Bestandteilen „Figuren" und „Handlung" zwei notwendige Bedingungen für Erzählungen nennt, die auch für Computerspiele von Bedeutung sind. Wie Marie-Laure Ryan (2001) anmerkt, dient eine solche Begriffsübertragung jedoch nur als unzureichende oder gar missverständliche Metapher, da zum einen die Handlungen nicht von den Figuren des Stücks, sondern vom „Zuschauer" selbst ausgeführt würden und zum anderen weil die wichtigste Qualität, der Mythos, in ihnen kaum noch vorkommt:[18]

> „[D]ie Geschehnisse und der Mythos [sind] das Ziel der Tragödie; das Ziel aber ist das Wichtigste von allem." (Aristoteles 1982, 21)

Ob diese Elemente somit als Analogieebenen geeignet sind, ist daher zunächst weiterhin fraglich.

---

[16] Es sei darauf hingewiesen, dass Mateas dadurch kategorisch Spiele ausklammert, in denen der Spieler nicht die Rolle eines Charakters einnimmt – beispielsweise eine Vielzahl von Strategiespielen. Dies ist von ihm selbstverständlich beabsichtigt, da er ja auf ein Erzählmuster nach Vorbild des aristotelischen Dramas zielt, das bekanntlich Charaktere voraussetzt.

[17] Aarseth (1997, 112): „In the determinate cybertext, then, the functions of plot (*sjuzet*) and story (*fabula*) appear to have traded places, somehow." (Herv.i.O.) Doch revidiert er diese Aussage sogleich wieder, da der Spieler den Plot nicht vollständig kontrolliert. Stattdessen ergibt sich dieser aus einem komplexen Wechselspiel zwischen Spieler und Programm, das noch zu untersuchen sein wird.

[18] Der Mythos stellt auch genau die zentrale Komponente des traditionellen Erzählbegriffes dar, die Grodal (siehe S. 7) in seinem phänomenologischen Ansatz (bewusst) unter den Tisch fallen lässt, um Spiel und Erzählung miteinander abzugleichen. In der vorliegenden Arbeit soll dies aber vermieden werden.

Als wesentlicher Unterschied zwischen Spiel und Erzählung kann vorerst festgehalten werden, dass in einer Erzählung die Sequenzierung und damit die Kontrolle über den Text und seine Elemente durch einen Autoren oder eine analoge Instanz zu den zentralen Merkmalen gehört, während im Spiel ein Teil dieser Kontrolle an den Spieler abgegeben ist. Dieser sieht sich zudem nicht nur in einer rezipierenden Position, sondern darüber hinaus als ein Charakter innerhalb der Diegese.[19]

Des weiteren muss angemerkt werden, dass die Poetik keine strukturale Theorie ist und daher nur grobe Anhaltspunkte für die Untersuchung liefern kann, die im weiteren Verlauf ergänzt und vertieft werden müssen.

An der Diskussion von Mateas' neo-aristotelischem Modell war zu sehen, dass eine narrative Analyse von Computerspielen nur unter einer erheblichen Aufwertung des Rezipienten erfolgen kann. Auch wenn Mateas' Ansatz hierfür noch zu wenig elaboriert ist, liefert er bereits wichtige Hinweise darauf, wie ein adäquates Modell aussehen könnte. Wichtig in diesem Zusammenhang ist die festgestellte Verdoppelung der Leserichtung, denn der Spieler sieht sich im Falle des Computerspiels in einer schizophrenen Position: Er ist jemand, der die Handlung des Geschehens aus einer Außenperspektive heraus interpretiert und gleichzeitig sein Wissen über die Materialien des Spiels appliziert, um seiner Rolle als Protagonist der Geschichte gerecht zu werden und das Spiel zum erfolgreichen Abschluss zu bringen. Um diese unterschiedlichen kognitiven Prozesse in ein gemeinsames Schema zu bringen, wird in Kapitel 3 auf den Neoformalismus zur Modellentwicklung zurückgegriffen, da dieser über ein ausgearbeitetes Zuschauermodell nach dem hier verlangten Muster verfügt.

2.1.2 Gérard Genette: Die Ebenen der Erzählung

Auch wenn die einzelnen Positionen der Erzählforschung und vor allem ihre Terminologien teilweise recht verschieden sein mögen, so herrscht dennoch in den meisten von ihnen weitestgehend Konsens über die grundsätzlichen Ebenen und Bestandteile einer Erzählung. In ihren Grundzügen waren diese bereits bei Aristoteles angedacht: Kern der Erzählung sind jeweils Geschehnisse, Handlungen oder Handlungsabfolgen, die von Personen oder personifizierten Wesen ausgeführt werden und innerhalb der Erzählung in chronologische und kausale Ordnung gebracht werden, bevor sie sich in einer konkreten Aufführung realisieren oder ein Erzähler von ihnen berichtet.[20]

Explizit findet sich ein solches Modell erstmals bei den russischen Formalisten. Wegbereitend in dieser Hinsicht ist Vladimir Propps (1928) Untersuchung russischer Zaubermärchen, die er nach kleinsten allgemeinen Erzähleinheiten absucht und auf diese Weise bestimmte Handlungsmotive und Figurentypen isoliert, aus denen sich jede Erzählung zusammensetzen lässt. Wie Aristo-

---

[19] Eine zusätzliche Schwierigkeit beim Versuch, die aristotelische Theorie für interaktive Medien produktiv zu machen, besteht darin, dass bei Aristoteles der Zuschauer noch viel mehr als in anderen Erzähltheorien als ein passiver konzipiert ist, der den affektiven Wirkungen des Stückes ausgeliefert ist. Denn die Funktion der Tragödie sei es, „Jammern und Schaudern" hervorzurufen, um auf diese Weise eine „Reinigung" von bestimmten seelischen Zuständen herbeizuführen. Eine zweite Funktion sieht er darin, als Lehrparabel zum sittlich guten Handeln anzuleiten. Vgl. dazu Aristoteles 1982, 37ff.

[20] Wie dieser Satz andeutet, schließt „Erzählung" im hier verwendeten Sinne sowohl Diegesis wie auch Mimesis ein.

teles ist der Formalismus somit sowohl an der – in Ansätzen strukturalen – Analyse interessiert, als auch an der Gewinnung spezifischer Syntheseregeln.[21] Viktor Šklovskij (1925, 162) schließlich setzt an die Stelle des Mythos zwei neue Begriffe: Fabel und Sujet. Die Fabel beinhaltet die Gesamtmenge der Motive in einem „normierten" chronologischen und kausalen Ablauf. Das Sujet dagegen entspricht deren jeweiliger Realisation im konkreten Werk. Die Diskrepanz zwischen Fabel und Sujet nennt er die „Verfremdung": Ihr gilt sein hauptsächliches Augenmerk, da er dahinter die eigentliche Leistung des Künstlers erkennt.[22]

An diese Überlegungen knüpft die französische Erzählforschung der 60er Jahre an: Tzvetan Todorov, der 1972 den Ausdruck „Narratologie" prägt, unterscheidet analog zu dem Begriffspaar Fabel/Sujet zwischen der Geschichte (*histoire*) und dem Diskurs (*discours*) einer Erzählung. Waren die Formalisten noch sehr dem einzelnen Werk und dessen Ausarbeitung verhaftet, so vollzieht Todorov (1966) endgültig den Schritt vom Konkreten zur Struktur. Seine „histoire" erfährt gegenüber der „Fabel" eine erhebliche Verallgemeinerung: Sie existiert nun als vom Text abstrahierbare Menge der Ereignisse,[23] ohne dass dabei allerdings eine ideale logisch-kausale Ordnung angenommen wird. Jene entsteht erst vermittels des *discours* als Konstruktion des Rezipienten. Todorov interessiert aber am *discours* nicht nur die bloße Anordnung der Ereignisse im Text, sondern vor allem auch die Position eines Erzählers in Bezug auf das Erzählte. Der Fokus seiner Analyse verschiebt sich daher von den Mechanismen der Komposition bei den Formalisten hin zu Fragen nach der Struktur und der Präsentation.

Gérard Genette (1998) fächert den Bereich des *discours* wiederum in zwei Komponenten auf, indem er zwischen dem Diskurs als dem narrativen Text und der Narration als dem Akt des Erzählens unterscheidet. Diese Differenzierung beseitigt ein Problem, das die Erzähltheorie seit Aristoteles mit sich herumschleppt, nämlich dass die Komposition des Textes und die Handlungen, auf die der Text referiert, unter denselben Begriff gefasst werden.

Auch bei Genette finden sich auf einer Ebene die Ereignisse, die von den handelnden Personen ausgeführt werden und von denen der narrative Diskurs berichtet. Diese Ebene, welche semiotisch ausgedrückt „das Signifikat oder den narrativen Inhalt" (ebd., 16) darstellt, bezeichnet er – analog zu Todorov – als „Geschichte" (*histoire*).

Dem entsprechend stellt der narrative Diskurs (*discours*) „den Signifikanten, die Aussage, den narrativen Text" (ebd.) dar. Genette selbst bleibt in seinen Ausführungen rein sprachlichen Erzählsituationen verhaftet. Gelegentliche Verweise auf Begriffe der kinematographischen Ästhetiken legen jedoch nahe, dass er auch nichtsprachliche Erzähltechniken in seine Überlegungen mit einschließt und einen audio-visuell realisierten Diskurs zumindest hypothetisch für möglich hält.[24]

---

[21] Nach Šklovskij (1925, 32) ist die Erzählung daher weniger den erzählten Ereignissen und Handlungen selbst verpflichtet, sondern allgemeinen „Gesetzen des Handlungsaufbaus".

[22] Vgl. dazu Šklovskij 1916.

[23] Dies hat auch zur Folge, dass die *histoire* nicht zwingend an ein bestimmtes Medium gekoppelt ist, sondern prinzipiell auch nicht-sprachlich erzählt werden kann – vgl. Todorov 1966, 127. Ein nicht-sprachlicher Diskurs ist bei Todorov noch nicht vorgesehen.

[24] In der Literatur wird häufig die Identität der Begriffspaare Geschichte/*histoire*/Fabel/Story und Erzählung/Diskurs/Sujet/Mythos/Plot behauptet. Bordwell beispielsweise verwendet häufig synonym zu seinen eigenen Begriffen *fabula* und „*syuzhet*" die Ausdrücke „Story" und „Plot", und selbst Genette (1998, 199) gibt der Gleichsetzung von „*histoire*" und „*discours*" mit „Fabel" und „Sujet" „[s]einen Se-

Als dritte Ebene behandelt Genette die „Narration" als den realen oder fiktiven produzierenden Akt, welcher den Diskurs hervorbringt. Der Begriff der Narration umfasst dabei speziell die Instanz des Erzählers, die Perspektive, die dem Rezipienten auf das Geschehen offeriert wird, und die Regulierung der Information, was Genette den „Modus" nennt.

Der Diskurs jedoch bildet die einzige Ebene, die dem Leser und Theoretiker direkt zugänglich ist: „Geschichte und Narration existieren für uns also nur vermittelt durch die Erzählung." (ebd., 17) Ziel der Analyse müsse es demzufolge sein, das Verhältnis zwischen der Erzählung (*récit*) und den beiden anderen Ebenen zu untersuchen und so Aussagen etwa über die zeitliche Konstruktion des Erzählten oder die verschiedenen Fokalisierungstypen zu treffen.

Eine weitere Präzisierung erfährt die Ebene der Geschichte bei Seymour Chatman (1978, 19) – gemäß der angelsächsischen Terminologie wird von ihm allerdings der Begriff „Story" verwendet. Die bisher als wesentliche Bestandteile der Geschichte identifizierten Kategorien „Figuren" und „Handlungen" werden von ihm verallgemeinernd eingereiht in zwei neue Gruppen: den Ereignissen (*events*) und Gegenständen (*existents*) der diegetischen Welt. Jede für sich wird noch einmal in zwei Elemente unterteilt: die *existents* in Figuren (*characters*) und Setting; die Ereignisse in Handlungen (*actions*) und Geschehnisse (*happenings*).

Dass sämtliche dieser vier Bestandteile von Geschichten – Figuren, Setting, Handlungen und Geschehnisse – auch in Computerspielen anzutreffen sind, mag auf den ersten Blick als starkes Argument dafür erscheinen, dass Spiele auch Geschichten seien oder zumindest welche zu erzählen imstande sind. Doch darf nicht übersehen werden, dass sämtliche Phänomene der realen Welt aus Figuren, Setting und Ereignissen gebildet werden.[25] Um „Geschichte" zu werden, müssen die *events* und *existents* zunächst narrative Prozesse durchlaufen, um schlussendlich eine Erzählung zu konstituieren. Anders ausgedrückt: Eine Geschichte muss erzählt werden, um Geschichte sein zu können.

Wesentlich für Genettes Konzeption der Erzählung ist daher eine zeitliche und/oder räumliche Trennung zwischen dem Erzählen und dem Erzählten. Christian Metz (zitiert nach Genette 1998, 21) fasst daher die Erzählung als Übersetzungsoperation zwischen zwei Zeitsequenzen auf:

> „Zur Erzählung gehört eine doppelte temporale Sequenz. [...] [E]ine der Funktionen der Erzählung [...] besteht [darin], eine Zeit in eine andere Zeit umzumünzen".

Dies stellen auch Kahrmann et al. (1977, 23ff.) fest, welche die Erzählung als Produkt eines Kommunikationsprozesses beschreiben. „Erzählung" wird hier als Objekt – als mündlicher oder schriftlich fixierter Text – einer Redesituation aufgefasst, bei der notwendigerweise das Ge-

---

gen". Streng genommen ist dies aber nicht korrekt, da kleine, aber signifikante Unterschiede zwischen den Modellen und ihren Begriffen bestehen. Ich möchte daher im Folgenden entsprechende Begriffe nicht synonym setzen, sondern sie in ihrem jeweiligen Theoriekontext verankert wissen. Abhängig vom Gegenstand der Untersuchung erscheint mir mal der eine, mal der andere Begriff passender, deswegen es bisweilen zu einem etwas verqueren „Theorie-Hopping" kommen kann. Selbst dann werden die verschiedenen Ansätze aber nicht als vereinheitlicht behandelt. Etwaige Ähnlichkeiten der Begriffe sind bestenfalls als Analogien zu verstehen, deren Verwendung die Spezifik der jeweiligen Theorie voll anerkennt.

[25] An diese Überlegung schließt Grodal an, der dafür plädiert, jede Wahrnehmung von realen Ereignissen als „Erzählung" aufzufassen. Diese Annahme wurde für die vorliegende Untersuchung bereits abgelehnt – siehe S. 7-8.

schehen der Rede vorausgeht.[26] Zu beachten ist, dass selbst bei einer Gleichzeitigkeit von Geschehen und Bericht (etwa bei Sportübertragungen) das Kriterium der räumlichen Trennung stets erfüllt oder – im Falle fiktiver Texte – die Redesituation nur fingiert ist, d.h. die vorherige Erzählrede wurde in eine gleichzeitige Situation „eingebettet".[27]

Was bedeutet dies nun aber für das Computerspiel? Evident ist, dass sich das Geschehen – und damit die potenzielle „Erzählung"[28] eines Spiels – erst im Akt des Spielens konstituiert. Der Spieler handelt, er gibt einen Befehl und infolgedessen handelt die Spielfigur – der Spieler handelt *als* Figur der „Geschichte". Neitzel (2000, 152) schlägt daher vor, für Computerspiele den Ausdruck „gleichzeitige Narration" zu verwenden. Die dispositive Anordnung von Computer und Spieler kann so als Analogie zur Redesituation aufgefasst werden, indem der Computer die Rolle des Erzählers einnimmt, welcher als vermittelnde Instanz den Aktionen von Spieler und Figur zwischengeschaltet ist und in dieser Stellung die Eingaben des Spielers zunächst interpretiert, diese mit seinen einprogrammierten Vorgaben abgleicht und das Ergebnis auf einer Ebene der audio-visuellen Oberfläche in Form eines Diskurs ausgibt. Auf diese Weise ist eine gewisse Trennung zwischen Handeln und Erzählen wieder hergestellt, wobei der Spieler in den Prozess des Erzählens mit eingebunden ist. Das Problem wäre in einem solchen Modell dahingehend reduziert, dass der Spieler nur metaphorisch innerhalb einer Geschichte handelt, er folglich keine Handlungen ausführt, sondern Handlungsanweisungen – Befehle – erteilt, welche nur kraft der Programmierung des Computers zum Signifikat werden. Es stellt sich allerdings die Frage, ob nicht in einem solchen Modell die Begriffe des Erzählers und Autoren auf eine Weise transzendiert werden, die sie für weitere Betrachtungen unbrauchbar machen: Denn auch wenn der Computer als ein Erzähler modelliert wird, so ist noch wenig darüber ausgesagt, nach welch neuen Kriterien und Funktionen dieser operiert und in welchem Ausmaß er noch mit seinen traditionellen Charakteristika korrespondiert. Es ist zu vermuten, dass die Unterschiede diesbezüglich nicht zu klein ausfallen.

In der Narratologie besteht daher stets eine strikte Trennung zwischen dem Produzenten und dem Rezipienten eines narrativen Textes. Genette identifiziert diesbezüglich mehrere Ebenen: Als wirklich existierende Akteure des Erzählvorgangs stellt er den realen Autor und realen Leser einander gegenüber. Diese sind jedoch nicht identisch mit dem Erzähler und dem Adressaten einer Erzählung. Beides sind Phänomene des Diskurses, die als solche, insbesondere die Instanz des Erzählers, analysiert werden können. Dazwischen geschaltet sind der implizierte Leser und der implizierte Autor,[29] was auf den Umstand zurückzuführen ist, dass der Autor sei-

---

[26] Obwohl Kahrmann et al. ausschließlich ein Erzählmodell der sprachlichen Rede erstellen, ist die Medienunabhängigkeit desselben gewährleistet.

[27] In ähnlicher Weise unterscheidet Genette (1998, 154ff.) zwischen „späterer", „gleichzeitiger" und „früherer Narration".

[28] Die Anführungszeichen markieren hier wie in der folgenden Passage die problematische Verwendung bestimmter narratologischer Begriffe in artfremden Kontexten. Darauf ist insbesondere unter dem Gesichtspunkt hinzuweisen, da ja die Transkription bestimmter Termini und ihrer Verwendungsweisen hier generell auf dem Prüfstand steht. In den unvermeidbaren Fällen appelliert der Gebrauch vorläufig an einen bewusst unscharf gehaltenen, positivistisch aufzufassenden Sinn des Wortes. Ziel der aktuellen Diskussion ist es daher auch, schnellstmöglich eine gültige Terminologie zu liefern.

[29] Genette (1998, 283ff.) selbst lehnt den Begriff „implizierter Autor" ab und akzeptiert ihn nur aus Gründen der Symmetrie. Seiner Auffassung nach besteht nur in Ausnahmefällen eine Veranlassung, zwischen einem realen Autor und einem implizierten zu unterscheiden.

nen realen Leser im Falle der literarischen Erzählung nicht kennt und deshalb darauf angewiesen ist, diesen implizit zu denken.[30] Das vollständige Schema sieht somit folgendermaßen
aus:[31]

[Realer Autor [implizierter Autor [Erzähler [Erzählung] Adressat] implizierter Leser] realer Leser]
In diesem Muster besitzt der Autor die vollständige Kontrolle über den Diskurs. Er produziert
den Text. Der Leser steht auf der anderen Seite als Rezipient. Für das Computerspiel ist ein
solches Schema nur bedingt anwendbar: Zwar gibt es auch hier einen Produzenten und einen
Konsumenten, doch ist das Produkt, das zwischen den beiden verhandelt wird, keine Erzählung, sondern ein Programm. Ein „Diskurs" – wenn überhaupt – ist dort nur als Möglichkeit angedacht, da er sich in seiner Konkretion erst im Akt des Spielens manifestiert. Auf diese Weise
nimmt der Spieler erheblichen Einfluss auf die Diskursproduktion, da ihm mit Einschränkung die
Auswahl der Ereignisse und ihre zeitliche Organisation zukommt. Dies hat zur Folge, dass dem
Spieler eine Position zuteil wird, die traditionell dem Autoren vorbehalten ist. Insbesondere im
Zusammenhang mit der postmodernen Literatur und Hypertexten scheint eine solche Konzeptualisierung vorherrschend zu sein, doch ist fraglich, ob sie in der Form aufrecht erhalten werden kann. Denn letzten Endes kann der Spieler nur das organisieren, was ihm das Programm
vorgibt.

Dies legt nahe, dass jeder „Diskurs" in Graden wiederum durch bestimmte Vorgaben der Produzentenseite determiniert ist. Er entsteht in einer komplexen Wechselwirkung zwischen den
Eingaben des Spielers und den im Programm festgesetzten Regeln. Möchte man daher dem
Spieler weiterhin Autorschaft zuerkennen, müsste die Ebene des Autors aufgespalten und unter
dem Produzenten des Spieles und dem Spieler selbst verteilt werden. Murray (2001, 153)
schlägt hierfür die Begriffe „originating authorship" und „derivative authorship" vor:

> „In electronic narrative the procedural author is like a choreographer who supplies the
> rhythms, the context, and the set of steps that will be performed. The interactor, whether as
> navigator, protagonist, explorer, or builder, makes use of this repertoir of possible steps and
> rhythms to improvise a particular dance among the many, many possible dances the author
> has enabled."

Allerdings ist diese Metapher für die hier verfolgten Zwecke noch zu vage und unzureichend.
Denn zum einen wird der Begriff der Erzählung in dieser Auffassung nicht nur allein auf das
Spiel hin ausgedehnt, sondern prinzipiell auf sämtliche denkbaren Handlungen in einem vorher
festgeschriebenen Kontext – beispielsweise auf das Ausführen von Arbeitsanweisungen oder
Kochrezepten. Zum anderen legt der Begriff „Autorschaft" nahe, dass der Spieler die „vielen
möglichen Pfade" aus einer allwissenden Autorenperspektive heraus in einer bestimmten Absicht zusammenfügt. Hierzu wäre es nicht nur notwendig, sich völlige Kenntnis über sämtliche
Plotbestandteile zu verschaffen, sondern zusätzlich ihre möglichen Konsequenzen und Permutationen zu durchdenken. Daher ist der Spieler in der Praxis weniger ein Autor, der die einzelnen Pfade gemäß bestimmter Vorgaben zusammensetzt, sondern – um im Bild zu bleiben –

---

[30] Im Gegensatz zur mündlichen Redesituation, wo realer und implizierter Leser in der Regel zusammenfallen.
[31] Entnommen bei Genette 1998, 285.

eher ein Wanderer, der drauflos schlendert und guckt, ob er auch dort ankommt, wo er ursprünglich hinwollte.[32]

Ryan (2001) kritisiert daher generell die Auffassung von einem Spieler, der als ein Autor den Diskurs anordnet, und bezeichnet diese Vorstellung als einen typischen Interaktivitäts-Mythos: Sie nennt ihn den „Mythos des Aleph". Denn wenn die Plotbausteine tatsächlich frei organisierbar sind, werden sie beliebig. Und wenn sie dies nicht sind, ist der Spieler weniger Autor als vielmehr eine Art Puzzlespieler, der lediglich zusammenfügt, was auch ohne sein Zutun zusammenpasst. Des weiteren zweifelt sie im selben Zug die Konzeptualisierung eines Spielers an, der in die Rolle einer diegetischen Figur schlüpft. Sie bezeichnet dies als den „Holodeck-Mythos". Hierfür wäre zunächst ein Rezipientenmodell notwendig, das klärt, welche Art der Bindung zwischen dem Spieler und seiner Figur bestünde, d.h. ob der Spieler auf dem Holodeck mehr einem Schauspieler gleichkomme, der die Verhaltensmuster und Emotionen einer Figur simuliert und ausgestaltet, oder ob er mit einem Protagonisten zu vergleichen sei, welcher die Geschehnisse, aber auch Gefühle, so zu sagen „am eigenen Leib" erfährt.

Neitzel (2000, 128ff.) entwickelt hierfür ein erweitertes, an Genette angelehntes Modell, das diesen Überlegungen gerecht wird. Hierzu bedient sie sich der von Genette vernachlässigten Kategorie des „implizierten Autors". In Neitzels Modell entwirft der reale Autor das dem Spiel zugrunde liegende Programm. Dieses ist aber unter erzähltheoretischen Gesichtspunkten nicht direkt zugänglich und kann nur aus einer extratextuellen Perspektive heraus als Bezugspunkt dienen. Eine „Erzählung" entsteht erst auf Ebene der audio-visuellen Oberfläche: Damit bleibt sie der Genetteschen Auffassung eines Diskurs als „Signifikant" des narrativen Textes verhaftet. Im Gegensatz zum traditionellen Autoren besitzt jedoch der reale Autor im Computerspiel keine vollständige Kontrolle über die im spielerischen Diskurs manifestierten Geschehnisse. Stattdessen entsteht dieser durch einen Prozess, an dem zwei implizierte Autoren beteiligt sind: das Programm, das die Spielwelt, ihre Objekte, Regeln und bestimmte Handlungsmöglichkeiten festlegt, und der Spieler, welcher aus dem Handlungsangebot auswählt und den Diskurs in seiner endgültigen Realisation manifestiert. Auf diese Weise stellt Neitzel eine Analogie zwischen der Narration, die bei Genette als „Akt des Erzählens" verstanden wird, und dem *playing* her, das als der „Akt des Spielens" begriffen werden kann. Die Position des Spielers als realer oder implizierter Leser wird dadurch nicht angetastet. Zu beachten ist aber, dass er, wie gesehen, nicht als *existent* auf der Ebene der *histoire* vorkommt, sondern auf einer neu eingerichteten Ebene der Narration verortet wird. Die Figuren bleiben so eine rein intradiegetische Entität – es besteht kein Bedarf zu sagen, der Spieler „sei" diese oder jene Figur. Stattdessen wählt er per Tastendruck aus einem Handlungsangebot aus und lässt so die Figur laufen, springen oder

---

[32] Zwei Anmerkungen noch hierzu: Zunächst drängt sich die Frage auf, welche Bedingungen erfüllt sein müssten, damit der Nutzer nichtsdestotrotz zum „Autoren" erklärt werden könnte. Als Möglichkeit käme in Betracht, dass er in der Lage sein muss, Ereignisse hervorzubringen, welche vom Entwickler des Programms so nicht vorgesehen waren. Dies führt uns in die Richtung von Simulationsprogrammen, wie sie von den Ludologen propagiert werden, bei denen jedoch die Beziehung zwischen Spiel und Erzählung noch strittiger ausfällt, als dies ohnehin der Fall ist. An gegebener Stelle wird darauf zurückzukommen sein. Beispiele der eindeutigen Art lassen sich dagegen in der interaktiven Medienkunst finden, wo der Rezipient insofern zum Autor wird, als er dem Text selbst verfasste Passagen hinzufügt. Solche Projekte sollen hier allerdings nicht behandelt werden.

schießen. Gleichzeitig beobachtet er die Auswirkungen seiner Entscheidung als Diskurs auf dem Monitor.

Neitzels Modell ist äußerst hilfreich dabei, narratologische Aspekte in einem Spiel zu identifizieren. Besonders hervorzuheben ist, dass sie nicht nur formale Vergleiche zwischen den Bestandteilen der Story – also Figuren, Setting und Ereignissen – aufstellt, sondern vor allem Analogien zwischen dem Prozesshaften von Spiel und Erzählung zieht. Um für die vorliegende Untersuchung produktiv gemacht zu werden, müsste das Modell aber noch erheblich modifiziert werden, da es, wie gesehen, den Spielbegriff vollständig in die Kategorie der Erzählung transponiert.

Möchte man unter dem „Diskurs" eines Spieles weiterhin das audio-visuelle Produkt verstanden wissen, das aus den wirkenden narrativen Prozessen hervorgeht, so ergibt sich das Problem, dass dieses im Gegensatz zur traditionellen Erzählung nicht mehr aus einer starren, vorher festgelegten und jederzeit reproduzierbaren Sequenz besteht. Vielmehr sieht sich die Analyse mit einer potenziell unendlich großen Menge möglicher „Diskurse" konfrontiert, die sich individuell erst im Akt des Spielens manifestieren, und müsste somit sämtliche Elemente dieser Permutationen berücksichtigen. Jesper Juul (2001) erachtet es daher nicht als sinnvoll, für Spiele die Unterscheidung von Story und Diskurs aufrecht zu erhalten. Diese erfülle in der klassischen Erzählforschung primär die Funktion, bei der Analyse auf Differenzen in der zeitlichen Organisation hinzuweisen, also denjenigen Aspekten, die Genette als „Ordnung", „Dauer" und „Frequenz" bezeichnet. Grodal (2003, 134) drückt dies folgendermaßen aus:

> „[T]he distinction between story and discourse is of limited value, because one of the main practical uses of the story-discourse distinction has been as a tool for describing texts with a scrambled temporal order and to compare several versions of the ‚same' story."

Da es im Spiel aber solche Phänomene nicht gäbe, sei die Unterscheidung hinfällig. Im Gegensatz zur traditionellen Erzählung verlaufe das Geschehen im Spiel immer simultan zu seiner Repräsentation: „[T]he game constructs the story time as *synchronous* with narrative time and reading/viewing time: the story time is *now*." (Juul 2001, Herv.i.O.) Des weiteren seien die Bestandteile der Story – insbesondere Figuren und Setting – für das Spiel von untergeordneter Bedeutung, weil sie lediglich Oberflächenkonventionen darstellten und somit austauschbar wären. Eine Spielfigur etwa ist keine Person mit (beispielsweise psychologisch) definierten Eigenschaften, sondern ein Bündel von Handlungsoptionen inklusive einer Positionsmarkierung.[33]

Als vorteilhafter sieht er daher eine Unterscheidung zwischen Nutzerzeit (*user time*) und Ereigniszeit (*event time*) an:

> „The dominant temporal relation in (computer) games is the one between user time (the actions of the player) and event time (the happenings of the game), whereas in narrative it's between story time (the time of the events told) and discourse time (the time of the telling)." (Eskelinen 2001)

Basierend auf diesen Überlegungen und mit Rückgriff auf die Kybernetik modelliert Juul (2004, 132-133) das Spiel so als eine Zustandsmaschine (*state machine*): Dem zufolge kann ein Spiel

---

[33] Letzteres verleitet Rob Fullop (zitiert nach Neitzel 2004, 196) wiederum dazu, die Spielfigur nicht mit dem Helden der Geschichte gleichzusetzen, sondern mit dem Spieler selbst: „If you watch a movie, you become the hero – Gilgamesh, Indiana Jones, James Bond, whomever. [...] In a game, Mario isn't a hero. I don't want to be him; he's me. Mario is a cursor."

als ein System begriffen werden, das sich anhand seines jeweils aktuellen Zustandes (*game state*) beschreiben lässt, d.h. anhand einer Konfiguration der Spielmaterialien, bestimmter Input- und Output-Funktionen und den damit verbundenen Operationen. Die Zeit des Spielens (*play time*) drückt sich sodann durch spezifische Änderungen in den jeweiligen Spielzuständen aus. Jene Zustandsänderungen setzt er ins Verhältnis zur Zeit des Spielers und bezeichnet diese Funktion als „Mapping": „Mapping means that the player's time and actions are projected into a game world." (ebd., 134)

Diese Begriffsverschiebung hat zur Folge, dass Genettes Kategorien neu ausgerichtet werden müssen: Die „Frequenz" beispielsweise als das wiederholte Wiedergeben des gleichen oder desselben Ereignisses kommt im Computerspiel in verzerrter Weise etwa beim Laden eines alten Spielstandes und dem erneuten Versuch vor, einen bestimmten Abschnitt zum erfolgreichen Abschluss zu bringen. Infolgedessen kann der Diskurs eines Spieles in zweierlei Hinsicht definiert werden: einerseits als die gesamte Menge sämtlicher produzierter Spielsitzungen, d.h. inklusive zahlreicher Versuche, ein und dieselbe Stelle zu „schaffen", oder als das ideale Spiel einer letztlich zum siegreichen Ende geführten Sequenz:

> „Save games are manipulations of game time. […] [M]y playing of *Half-Life* is a combination of a multitude of small play sessions that moved the protagonist from the game's beginning to the end. A reconstruction of all the time used on the game would yield a giant tree with numerous forks (the save games), numerous dead ends, and only one path through." (ebd., 137-138, Herv.i.O.)

Diese Figuration der „Überschreibung" einer Sequenz durch erneutes Spielen vergleicht Kücklich (2002, 119) mit McHales (1987, 101) postmodernem Konzept der *self-erasure*:

> „Events may be narrated and then explicitly recalled or rescinded […]. Or self-erasure may remain implicit, as when two or more […] mutually-exclusive states of affairs are projected by the same text, without any of these competing states of affairs being explicitly placed *sous rature*". (Herv.i.O.)

Eine erzähltheoretische Analyse von Computerspielen sieht sich demnach mit dem Problem konfrontiert, dass für die Untersuchung kein fester und reproduzierbarer Diskurs zur Verfügung steht, sondern eine bis zu unendlich große Menge möglicher Diskurse, die einander jeweils ausschließen. Ich möchte dies im Folgenden das „Problem der Diskursproliferation" nennen. Hiermit wird sich Kapitel 3.3 näher befassen.

Allerdings scheinen mir die beobachteten Sachverhalte den Einsatz eines völlig neuen Begriffsapparates noch nicht ausreichend zu rechtfertigen. Insbesondere die von Juul und Eskelinen zu Recht problematisierte Unterscheidung von Story- und Diskurs-Zeit wird durch ihren alternativen Ansatz nicht aufgelöst und durch ein adäquateres Modell ersetzt, sie wird lediglich negiert, was zur Folge hat, dass bestimmte Phänomene – etwa Flashbacks – auf einmal paradox erscheinen, weil sie mit dem Modell nicht mehr erklärbar sind. Jenkins (2004, 127) hierzu:

> „Juul argues that flashbacks are impossible within games, because the game play always occurs in real-time. Yet, this is to confuse story and plot."

Wie die spätere Analyse zeigen wird, sind Flashbacks im Spiel allerdings nicht nur möglich, sondern eine außerordentlich effektive und häufig verwendete Erzählstrategie für interaktive Geschichten. Diese „Konfusion" entsteht erst gar nicht, wenn für die Beziehung zwischen Geschehen und Spieler – wie oben – Genettes Begriff der „gleichzeitigen Narration" verwendet wird, der die Simultanität des Geschehens betont, aber die Unterscheidung von Story und Plot aufrecht erhält.

Des weiteren sind die neu eingeführten Begriffe „Ereigniszeit" und „Nutzerzeit" überflüssig, weil sie in der (kinematographischen) Erzähltheorie bereits existieren: Bordwell (1985, 80ff.) verwendet hierfür ein dreigliedriges Schema bestehend aus *fabula time, syuzhet time* und *screen time,* das Juuls Modell bereits vollständig enthält und seine Nachteile aufwiegt. Selbst bei Genette (1998, 22) ist ein solches dreigliedriges Schema schon angedacht: Hier kommt die *screen time* unter dem Begriff „Pseudo-Zeit" vor: Sie trägt dem Umstand Rechnung, dass die reale Lesezeit nicht reproduzierbar ist und nur metaphorisch der Erzählzeit entspricht. Auch im Film fallen *syuzhet time* und *screen time* zumeist, aber nicht notwendigerweise, zusammen.

Auch wenn Juuls und Eskelinens Ansätze damit für die weitere Untersuchung von wenig heuristischem Nutzen sein dürften, sprechen sie wichtige Probleme bei der Übertragung erzähltheoretischer Begrifflichkeiten auf das Computerspiel an, so etwa auftretende Ungereimtheiten bei den Konzepten von Story, Diskurs und Narration. Zudem leisten sie einen wichtigen Beitrag bei der Einbeziehung des Spielers in den Prozess des Erzählens. Insbesondere jedoch das Problem der Diskursproliferation muss noch einer näheren Prüfung unterzogen und bei der späteren Modellentwicklung berücksichtigt werden.

Insgesamt scheint das strukturale Erzählmodell Genettes präzise und elaboriert genug, um wesentliche Kennzeichen von Erzählungen zu benennen und mit denjenigen von Computerspielen zu vergleichen. Wie schon an der Diskussion der aristotelischen Poetik zu sehen war, droht eine Verwechslungsgefahr der beiden Kategorien, weil ihnen beiden *existents* und *events* zugrunde liegen. Zimmerman (2004, 156,157) merkt jedoch hierzu an: „A narrative is not merely a series of events, but a personification of events through a medium such as language." Ferner zeichneten sich jene Prozesse durch Akte der Selektion, Strukturierung und Wiederholung aus.

Konstitutiv für eine Abgrenzung von Spiel und Erzählung ist die jeweilige Rezeptionssituation: Für die Erzählung herrscht das Modell der traditionellen Redesituation vor – auch wenn das Medium Sprache dafür nicht, wie des öfteren fälschlicherweise behauptet, zwingend ist.[34] Hier besteht jederzeit eine eindeutige Trennung zwischen dem Autoren als dem Produzenten des Textes, dem Erzähler als dessen Markierung innerhalb des Textes und dem Adressaten bzw. dem extradiegetischen Leser des fixierten und unveränderbaren Diskurses.[35] Im Computerspiel sind diese Instanzen zwar in gewisser Analogie ebenso vorhanden, allerdings müssen ihre Rollen und Aufgaben innerhalb der „Gaming Situation" (Eskelinen 2001) neu verteilt werden. Leser und Programm bilden dort zwei Akteure, die den Diskurs als ein gemeinsam verhandeltes Produkt im Akt des Spielens erst erzeugen.

---

[34] So ist etwa Eskelinen (2001), indem er Gerald Princes Unterscheidung von Mimesis und Diegesis heranzieht, der Ansicht, dass Computerspiele nicht narrativ sein könnten, weil sie sich nicht dem Medium Sprache, dem *telling,* sondern dem *showing* verschrieben hätten. Dass er damit das Problem nicht löst, sondern lediglich verschiebt, scheint er nicht zu erkennen. Ebenso wenig, dass er auf diese Weise zwar Computerspiele von Erzählungen abgrenzt, sie aber implizit im selben Schritt dem Drama zuordnet – was vermutlich keineswegs seine Absicht gewesen sein dürfte. In dieser Arbeit werden sowohl Mimesis als auch Diegesis, *telling* und *showing,* als Modi des Narrativen aufgefasst. Branigan (1984, 190) bezeichnet dieses Konzept als „telling by showing": „Thus drama – which is almost purely dialogue – approaches pure showing (as does pantomime) since there appears to be no author – events, seemingly, just happen, characters simply speak."

[35] Oder anders ausgedrückt: einem Sender und einem Empfänger.

Die Unvereinbarkeit von Spiel und Erzählung offenbart sich insbesondere an den – von der Erzähltheorie mittlerweile durchweg anerkannten – drei narrativen Ebenen: *histoire*, *narration*, *discours* – oder welche Bezeichnung sie auch immer im jeweiligen Theoriekontext gerade annehmen. Keine dieser Ebenen ist problemlos auf Phänomene des Computerspiels übertragbar. Dieser Umstand führte in der Theorie immer wieder zu – zum Teil wilden – Analogiemodellen, die den Spieler mal als Autoren, mal als Figur oder umgekehrt das Spiel als Erzählung betrachten wollten.

Wie aber auch zu sehen war, sind die narratologischen Denksysteme für das Computerspiel nicht vollständig abzulehnen, sondern können mit Bedacht so erweitert oder angewandt werden, dass jene auch unter narrativen Gesichtspunkten betrachtet werden können. Insbesondere Neitzels an Genette angelehntes Modell hat sich in dieser Hinsicht als produktiv erwiesen. Allerdings ist unter solchen Vorzeichen dem Einwand der Ludologen nachzugehen, ob dann nicht dem Spiel ein Begriffsapparat und damit einhergehende Fragestellungen übergestülpt werden, die an seinen spezifischen Eigenheiten vorbeigehen. Denn in letzter Konsequenz schreibt Neitzel das Computerspiel vollständig der Erzählung ein und behandelt es auf diese Weise lediglich als eine Art literarisches „Genre".

Im Folgenden muss daher noch näher auf die spezifische „computer-game-ness of the game" (Juul 1998) eingegangen werden und auf das Verhältnis, das es mit seinen erzählenden Facetten eingeht.

2.2 Spiel und Computerspiel

In der bisherigen Diskussion wurden anhand ausgewählter Stationen der Erzähltheorie einige charakteristische Eigenschaften und nach Möglichkeit notwendige Merkmale von Erzählungen festgestellt. Dabei wurden auch vorwegnehmend immer wieder Versuche in Betracht gezogen, die dargestellten Modelle auf Aspekte des Spiels bzw. des Computerspiels anzuwenden oder gar zu übertragen, ohne dass dabei jedoch die Kategorie „Spiel" oder ihre wesentlichen Merkmale definiert gewesen wären. Dies soll im Folgenden geschehen.

Dabei soll besonders die Spezifik des Spiels im Verhältnis zum zuvor diskutierten Begriff der Erzählung herausgearbeitet werden. Gleichzeitig dienen die hierbei gewonnen Erkenntnisse als Grundlage für die spätere Modellentwicklung und Analyse narrativer Strategien. Zu diesem Zweck sollen zunächst allgemeine Unterscheidungskriterien anhand der geläufigsten spieltheoretischen Ansätze gewonnen werden. Anschließend werden diese am Computerspiel diskutiert, wofür sich insbesondere die Arbeiten der Ludologen eignen, da diese stets darauf bedacht sind, das Spiel von der Erzählung abgegrenzt zu wissen.

Vorweggeschickt sei, dass eine Bestimmung des Spiels unverhältnismäßig schwieriger als im Falle der Erzählung zu leisten ist. Dies zeigt sich bereits an der diversifizierten Verwendung des Wortes „Spiel" oder „spielen" in der deutschen Sprache: So sprechen wir etwa vom Schauspiel, von den Olympischen Spielen, vom Spiel der Blätter im Wind oder davon, ein Musikinstrument zu spielen. Um die Diskussion aufgrund dieser Unschärfe nicht zu weit auszudehnen, soll sie sich nur am Rande und wo es sinnvoll ist mit diesen Aspekten des Spiels im Allgemeinen befassen und jederzeit auf das Computerspiel im Speziellen zielen.

Doch auch der Begriff „Computerspiel" ist nicht frei von Missverständnissen. So wird es in der Literatur häufig für notwendig befunden, aufgrund unterschiedlicher Hardwareplattformen zwischen „Computerspielen", „Videospielen" oder auch „Telespielen" zu unterscheiden.[36] Eine Diskussion der verschiedenen Bezeichnungen führt in der Regel zu dem Fazit, dass sie nicht eindeutig voneinander abgegrenzt werden können.[37] Jürgen Fritz (2003a, 2) schlägt daher den Oberbegriff „Bildschirmspiele" vor. Gemeinsame Kennzeichen dieser Spiele sind ein Bildschirm oder eine ähnliche Art der Anzeige zum Darstellen des Spielraumes und der Spielfiguren, sowie ein Interface zur Manipulation der Spielelemente. Der Einfachheit halber und aus persönlicher Vorliebe wird, wie auch bisher, einheitlich nur von „Computerspielen" die Rede sein.

Des weiteren sei darauf hingewiesen, dass selbstverständlich eine sträfliche Verallgemeinerung vorliegt, wenn im Folgenden von der „Kategorie" oder „Struktur des Spiels" oder auch „des Computerspiels" gesprochen wird. Insbesondere da sich diese Arbeit das Herausarbeiten struktureller Ähnlichkeiten von Spiel und Erzählung auf die Fahnen geschrieben hat, müsste streng genommen die Struktur eines jeden einzelnen Spielgenres separat betrachtet werden. Dies soll im Folgenden nicht geschehen: Zum einen weil die Analyse allgemein genug gehalten wird, um die Ergebnisse auch auf andere oder ähnliche Genres übertragen zu können. Zum anderen weil sie dort – das sei vorweggenommen –, wo sie entsprechende Differenzierungen vornimmt und sich näher mit strukturellen Details individueller Genres beschäftigt, die Übertragbarkeit der angewandten Strategien nachweisen wird.

Eine Definition der einzelnen Computerspielgenres vorab halte ich daher nicht für sinnvoll. Wo es nötig ist, wird eine solche in die laufende Diskussion eingeschoben – ansonsten wird eine Kenntnis der gängigsten Bezeichnungen vorausgesetzt. Diese Entscheidung sei ferner damit begründet, dass zum gegenwärtigen Zeitpunkt allgemein gültige Genredefinitionen oder gar eine wissenschaftlich fundierte Genretheorie für das Computerspiel nicht existieren.[38]

---

[36] Vgl. dazu Lischka 2002, 69-71.

[37] Häufig wird beispielsweise darüber gestritten, ob das erste Computerspiel *Tennis for Two* überhaupt als solches bezeichnet werden dürfte, weil ihm weder ein Mikroprozessor noch eine digitale Datenverarbeitung zugrunde lag. Seine Hardware basierte auf einem neu verschalteten, rein analogen Messgerät, einem Oszilloskop – vgl. dazu Lischka 2002, 19-22 und Pias 2000, 13-16. Vor dem Hintergrund aktueller Konvergenzbewegungen im Medienbereich ist es noch schwieriger, den Begriff an eine bestimmte Hardware zu koppeln, wo doch auch Handys oder Armbanduhren als Plattform ausreichen.

[38] Während literarische Genres anhand „wiederkehrender Erzählmuster, Themen und Motive" (Winter zitiert nach Hickethier 1996, 199) erkennbar sind, nehmen die von Spielern, Herstellern und Fachpresse verwendeten Genrebezeichnungen für Computerspiele fast ausschließlich Bezug auf die vom Spieler zum Spielen erforderlichen Handlungsmuster, wie z.B. Action, Shooter, Strategie etc. Jene vermischen sich aber häufig mit inhaltlichen (z.B. Space-Action) oder Darstellungsaspekten (z.B. Ego-Shooter). Bei einer empirischen Untersuchung der gebräuchlichsten Genrebezeichnungen populärer Publikationsorgane stellt Neitzel (2000, 205ff.) fest, dass es zwar keine einheitliche Terminologie und dafür zahlreiche unscharfe Kategorien gibt, dass sich aber auch „ungefähre Verbindlichkeiten" entnehmen lassen. Ein erster grober Anhaltspunkt hierfür bietet die Einteilung in Denk- und Geschicklichkeitsspiele. Der bisher umfassendste und weitestgehend anerkannte Versuch einer Klassifikation findet sich bei Fritz (2003b, 5-6): Dieser verortet Computerspiele in einem Dreieck mit den Polen „Denken, Action und Geschichten". Davon ausgehend können weitere Unterklassen gebildet werden. Das Modell ist auch für die folgende Untersuchung brauchbar, allerdings soll darauf hingewiesen werden, dass „Geschichten" hier nicht unter Genre-, sondern strukturalen Gesichtspunkten gesehen werden.

2.2.1 Roger Caillois: Die Regeln des Spiels

Eine Unterscheidung, die im Deutschen aufgrund der fehlenden sprachlichen Differenzierung nicht offensichtlich ist und daher in den bisherigen Ausführungen nur implizit getroffen wurde, ist die im Englischen einsichtige zwischen dem Spiel (*game*) und dem Spielen (*play*). Das Spielen (*play*) betont das Prozesshafte, das sich im Anwenden und Ausführen der im Spiel (*game*) festgelegten Regeln ausdrückt. Das Spiel (*game*) wiederum betont das Strukturelle, das den Rahmen für spielerisches Handeln festlegt und sich im *gameplay* – also quasi einer von vielen möglichen Partien – manifestiert. Intuitiv einsichtig wird der Unterschied in der Formulierung: ein Spiel spielen.

Von Neumann/Morgenstern (zitiert nach Neitzel 2003, 19) unterscheiden daher zwischen einem Spiel (die Gesamtheit aller Regeln, die es beschreiben), einem Zug (einer Handlungsmöglichkeit), einer Partie (ein tatsächlich auf eine bestimmte Weise gespieltes Spiel) und einer Wahl (eine aktualisierte Handlung).

Johan Huizingas „Homo ludens", in dem er seine kulturhistorisch geprägte Spieltheorie formuliert, gilt diesbezüglich als das Schlüsselwerk zum Verständnis des Spielens. Das *play* wird hier definiert als:

> „eine freie Handlung [...], die als ‚nicht so gemeint' und außerhalb des gewöhnlichen Lebens stehend empfunden wird [...] und mit der kein Nutzen erworben wird, die sich innerhalb einer eigens bestimmten Zeit und eines eigens bestimmten Raums vollzieht, die nach bestimmten Regeln ordnungsgemäß verläuft [...]" (Huizinga 2001, 22)

Dem zur Seite steht das *game* als reglementierende Instanz, die zur Aufgabe hat, das *play* in gewissen Bahnen zu verankern:

> „Spiele (*games*) sind improvisierte oder tradierte Vereinbarungs- und Regelgebilde, in deren Rahmen oder nach deren Norm man mittels Spieltätigkeiten jene Bewegungsabläufe erzeugt und gestaltet". (Scheuerl 1975, 347)

Casti (1995, 142) bringt daher die Beziehung der beiden auf die einfache Formel:

„Spiel (*game*) = Spiel (*play*) + Regeln".

Nach Eskelinen/Tronstad (2003, 204) machen sich die charakteristischen Eigenschaften des Spielens allesamt an einem Verständnis der „Andersartigkeit" des Spieles im Verhältnis zum normalen Leben fest.[39] Diese kann sich einmal auf Regeln und Ziele beziehen: „[T]he player is subjected to rules and sets himself goals that do not apply to his ‚ordinary life.'" Sie bezieht sich aber auch auf Raum und Zeit: Das Spielfeld grenzt einen räumlichen Bereich von seiner Umwelt aus, und die Spieldauer legt fest, wie lange diese Unterscheidung aufrecht erhalten bleibt. Des weiteren gehorchen Spiele – beispielsweise durch die Einteilung in Runden – ihrer eigenen Zeitlichkeit. Die dritte Form der Andersartigkeit bezieht sich auf die Imagination einer Spielwelt: „to make-believe, transforming the real time and place of play to an imagined time and place." (ebd.) Auch wenn Eskelinen/Tronstad nicht explizit darauf hinweisen, so wird bei Huizinga zu-

---

[39] Diesen Unterschied (der einen Unterschied macht) zwischen Spiel und Welt nimmt Bo Kampmann Walther (2003) zum Anlass, das Spiel als geschlossenes System zu beschreiben, das sich anhand dieser Unterscheidung von seiner Umwelt ausdifferenziert und selbst reproduziert. Ein solcher systemtheoretischer Ansatz führt aber für die vorliegende Arbeit zu weit.

dem noch auf eine Andersartigkeit von Spiel und Ernst hingewiesen, die sich darin ausdrückt, dass das Spiel keine relevanten Auswirkungen auf das normale Leben besitzt.[40]

Für die Untersuchung des Zusammenhangs von Spiel und Erzählung ist insbesondere noch Huizingas Forderung nach „freier Handlung" zu betonen,[41] welche eine Indeterminiertheit des Geschehens voraussetzt und damit einen Widerspruch zum abgeschlossenen Charakter der Erzählung eingeht. Das Spiel oszilliert so ständig zwischen einem Gefühl der Freiheit und der Beschränkung durch das Regelwerk des Games, das die Handlungsmöglichkeiten einschränkt und so das Geschehen auf die Abgeschlossenheit einer denkbaren „Erzählung" ausrichtet. Ob der Spieler diese Beschränkung allerdings als solche erfährt oder ob er sie akzeptiert bzw. gar nicht erst wahrnimmt, hängt im Falle des Computerspiels insbesondere auch von den illusionistischen Verfahren der Spiele ab:

> „The pleasurable surrender of the mind to an imaginative world is often described, in Coleridge's phrase, as 'the willing suspension of disbelief.' But this is too passive a formulation even for traditional media. When we enter a fictional world, we do not [...] suspend disbelief so much as we actively *create belief*. Because of our desire to experience immersion, we focus our attention on the enveloping world and we use our intelligence to reinforce rather than to question the reality of the experience." (Murray 2001, 110, Herv.i.O.)

Narrative Verfahren können somit als Strategie verstanden werden, die Beschränkungen der Spielregeln als selbstverständlich und gegeben hinzunehmen. McLuhan (1968, 258) sieht daher das Spielen als ständigen Prozess der gegenseitigen Anpassung: Der Spieler ist in diesem Sinne nie vollkommen „frei", sondern wird gezwungen, sich und seine Handlungen der Struktur des Spieles anzugleichen: „Ein Spiel ist ein Automat, der erst funktionieren kann, wenn die Spieler sich bereit erklären, eine Zeitlang zu Marionetten zu werden." Wolfgang Iser (1991, 468) kommt daher zu dem Schluss, nicht nur das Spiel werde vom Spieler gespielt; der Spieler werde auch immer vom Spiel gespielt.

Dieser Gegensatz zwischen der Handlungsfreiheit und einer durch Regeln auferlegten Beschränkung derselben drückt sich auch in Caillois' (2001, 13) Begriffspaar „Ludus" und „Paidia" aus, welches häufig auch zur Unterscheidung von Game und Play herangezogen wird:

> „At one extreme an almost indivisible principle, common to diversion, turbulance, free improvation, and carefree gaiety is dominant. It manifests a kind of uncontrolled fantasy that can be designated by the term *paidia*. At the opposite extreme, this frolicsome and impulsive exuberance is almost entirely absorbed or disciplined by a complementary, and in some respects inverse, tendency to its anarchic and capricious nature: there is a growing tendency to bind it with arbitrary, imperative, and purposely tediuos conventions [...] I call this second component *ludus*." (Herv.i.O.)

---

[40] Vgl. dazu Casti 1995. Die Forderung nach der fehlenden Ernsthaftigkeit bezieht sich offensichtlich auf Vorgänge des realen Lebens, die beispielsweise von der ökonomischen oder soziologischen Spieltheorie als Spiel modelliert werden, aber nicht der Vorstellung eines Spieles im engeren Sinne entsprechen, wie etwa das Kriegsspiel, Wettersimulationen etc. – vgl. dazu Pias' „Computer Spiel Welten". Das Kriterium besitzt allerdings äußerst fließende Grenzen. Es klammert beispielsweise das Pokerspiel kategorisch aus, sobald hier ein echter finanzieller Einsatz „auf dem Spiel steht". Auch ist zu beachten, dass die meisten Spiele jederzeit „ernst werden" können, etwa wenn sich ein Sportler beim Spielen Verletzungen zuzieht. Und natürlich hat prinzipiell jedes Spiel Auswirkungen auf das wirkliche Leben, weil es immer auch ein Teil davon ist; beispielsweise konsumiert jedes Spiel zumindest reale Zeit und Energie.

[41] Der Ausdruck „freie Handlung" wird bei Huizinga ambivalent verwendet: Er verweist zum einen auf die Handlungsfreiheit, die der Spieler eines Spieles erfährt, zum anderen bedeutet er aber auch, dass sich der Spieler freiwillig dem Spiel anschließt.

Das aus dem Griechischen stammende „Paidia" wird im Deutschen mit „Kinderspiel" übersetzt und bezeichnet als solches ein ziel- und regelloses, improvisiertes „Herumspielen". Im Ludus hingegen werden die Handlungsmöglichkeiten durch selbst auferlegte Regeln angeleitet. Warren Motte (1995, 7) drückt dies auf den Punkt gebracht so aus:

> „Paidia [is] characterized by fun, turbulence, free improvisation, and fantasy and ludus [by] constraint, arbitrary rules, effort, adroitness, ingenuity".

Der Begriff „Paidia" ist somit in der Lage, gerade solche einleitend erwähnten Phänomene (wie das „Spiel der Wellen") abzudecken, die umgangssprachlich zwar als „Spiel" bezeichnet werden, jedoch nicht der Vorstellung eines Spieles (Ludus) im engeren Sinne entsprechen.

Gonzalo Frasca (2003b, 230) dagegen hält Caillois' Definition noch nicht für ausreichend, da er feststellt, dass auch Paidia-Spiele häufig über Regeln verfügen: „A child who pretends to be a soldier is following the rule of behaving like a soldier and not as a doctor." Er schlägt als Alternative vor, dass Ludus-Spiele Regeln beinhalten sollen, die einen Gewinner und/oder einen Verlierer definieren. Das freie Spielen des Paidia hingegen fände ohne festgelegtes Ziel statt, ohne Siegsituation und ohne Niederlage.[42] Im Bereich der Computerspiele fänden sich Paidia-Spiele dieser Auffassung nach vor allem in Form der – insbesondere von den Ludologen favorisierten – Simulationsspiele, beispielsweise *Sim City* (USA 1989, Maxis), in dem der Spieler eine Stadt verwaltet, ohne dabei konkrete Zielvorgaben erfüllen zu müssen.

Eric Zimmerman (2004, 159-160) unterscheidet ferner drei Kategorien des Play: Die erste Kategorie nennt er „Game Play" oder „formales Spielen". Sie beinhaltet das Spielen von Brett-, Karten-, Sport- oder auch Computerspielen, also sämtliche Play-Aktivitäten, die sich auf das vereinbarte Regelsystem eines Games berufen. Die zweite Kategorie schließt solche „ludischen Aktivitäten" ein, die nicht durch ein Game formalisiert sind, aber aufgrund gewisser Ähnlichkeiten umgangssprachlich „Spielen" genannt werden: „dogs chasing each other, two college students tossing a frisbee back and forth" (ebd., 159) usw. – er spricht daher auch von „informalem Spielen". Unter die dritte Kategorie fasst er eine Form des „Verspieltseins" („Being Playful, or Being in a Play State of Mind"), die auf alle erdenklichen Aktivitäten bezogen werden kann und sich darin zeigt, dass sie diesen den gewissen „Ernst" nimmt.

Dem entsprechend unpräzise fällt im Folgenden seine Definition des Play aus: „Play is the free space of movement within a more rigid structure." (ebd.)[43] Der Begriff wird auf diese Weise zum einen auf eine solche Weise ausgedehnt, dass er nur schwer von anderen Aktivitäten abgegrenzt werden kann, zum anderen sind seine Kategorien so ungenau, dass sie kaum anwendbar sind.[44] Für die vorliegende Untersuchung ist dies aber nur bedingt relevant, da sie sich aus-

---

[42] Er zieht daraus die Analogie, dass Ludus-Spiele einem Drei-Akt-Schema folgten, das dem aristotelischen Drama ähnele: Der erste Akt enthielte das Verstehen und Vereinbaren der Regeln; der zweite deren Ausführung; der dritte Akt zieht Bilanz und legt Gewinner und Verlierer fest. Wie Frasca (2003, 230) weiter ausführt, bildet eine solche Analogie zwar strukturell gesehen bestenfalls eine gefällige Metapher, aus ideologiekritischer Perspektive sei jedoch von großem Interesse, weil sich in ihr die – auch für Erzählschemata bedeutsame – manichäische Moral manifestiere.

[43] Zur Veranschaulichung zieht er den Gebrauch des Wortes heran, wenn wir sagen, dass ein Lenkrad ein gewisses „Spiel" hat: „The free play is the amount of movement that the steering wheel can turn before it begins to affect the tires of the car." (Zimmerman 2004, 159)

[44] Insbesondere die zweite Kategorie ist als Definition insoweit unbrauchbar, als sie bereits ein apriorisches Verständnis davon voraussetzt, warum eine Aktivität als „ludisch" gelten kann oder nicht. Der augenscheinliche Zweck von Zimmermans Klassifikationen – nämlich sämtliche Verwendungsweisen des

schließlich mit der ersten Kategorie beschäftigt. Für diese ist auffallend, dass Zimmerman das Play als einen Handlungsraum begreift, welcher auf eine Struktur bezogen wird. Das Game auf der anderen Seite verortet die Elemente jener Struktur in einem Symbolraum, der jederzeit als formales System vom Vorgang des Spielens abstrahierbar ist. Für die vorliegende Untersuchung stellt sich die Frage, ob das Play nicht auch auf andere Strukturen, etwa eine narrative, ausgerichtet werden kann.[45]

Entscheidend für eine Analyse des Computerspiels ist daher, die drei Kategorien Game, Play und Erzählung nicht zu verwechseln oder zu vermischen. Denn während das Game als formales System jederzeit vom Play abstrahierbar ist, ist dies für die „Erzählung" – wie im vorigen Kapitel dargelegt – nicht so einfach, da sie erst im und durch den Akt des Spielens entsteht. Hinzu kommt, dass das erzählende Referenzsystem den Objekten des Symbolraums im Handlungsraum narrative Funktionen zuschreibt, die ihnen an sich nicht zukommen. Nach Walter (2001, 208) entsteht so eine Verwechslungsgefahr dadurch, „dass die audio-visuellen Oberflächen für beide Phänomene identisch sind. [...] Allerdings funktionieren SPIELstrukturen auch ohne diese audio-visuellen Oberflächen." (Herv.i.O.)

Jenes Darstellungssystem wird daher von Frasca (2003b, 232) in seiner Klassifikation der Spielregeln auf der ersten von insgesamt drei Ebenen verortet: „The first level is the one that simulation shares with narrative and deals with representation and events." Die zweite Ebene betrifft Manipulationsregeln, also die Art und Weise, wie der Spieler auf die Elemente des Spiels Einfluss zu nehmen in der Lage ist. Die dritte Ebene bleibt den Ludus-Spielen vorbehalten und definiert das Ziel, das der Spieler zum Gewinnen des Spiels erreichen muss. Frasca erwägt noch eine vierte Ebene, die so genannten Metaregeln, die festlegen, auf welche Weise die übrigen Regeln verändert werden können oder dürfen.

Auf den ersten Blick scheint eine Verbindung zwischen Spiel und Erzählung nur auf Ebene der Repräsentation denkbar. Wie noch zu sehen sein wird, finden strukturelle Kopplungen jedoch ausschließlich auf den anderen beiden Ebenen statt. Repräsentation ist keine hinreichende, sondern lediglich notwendige Bedingung dafür.[46]

Auch wenn der Spieler fast ununterbrochen die Regeln des Spiels anwendet und mit ihnen in Wechselwirkung tritt, sind sie ihm in der Praxis allerdings nicht immer direkt einsichtig. Aus diesem Grund fächert Klaus Walter (2001, 51) das Regelwerk auf in ein explizites und ein implizites Regelwerk. Das explizite Regelwerk entspricht der geläufigen Auffassung von „Spielregeln" und enthält diejenigen Regeln, die der Spieler zu Beginn des Spiels lernt, akzeptiert und bewusst anwendet. Ein Großteil von ihnen kann üblicherweise in einem Handbuch nachgelesen oder in einem Tutorial angeeignet und eingeübt werden. In Computerspielen existiert aber immer auch ein implizites Regelwerk, das dem Spieler u.U. nur eingeschränkt bekannt ist und das beispielsweise die zugrundeliegende „Physik-Engine" oder Abfrageroutinen beinhaltet. Das gesamte Genre der Adventurespiele basiert beispielsweise gerade auf der Tatsache, dass der

---

Wortes „Spielen" und damit verbundene Assoziationen abzudecken – wird auch dadurch hinfällig, dass die eingangs erwähnten Ausdrücke „ein Musikinstrument spielen" oder das „Schauspielen" nur schwerlich in dem Schema unterzubringen sind.

[45] An diese Überlegung schließt Kapitel 3.1 an.
[46] Siehe dazu Kapitel 4.1.

Spieler die impliziten Regeln nicht kennt und diese Wissensdefizite als Rätsel wahrnimmt, die es zu bewältigen gilt, um das Spiel zu gewinnen und so die Wissenslücken zu füllen. Was dabei häufig übersehen wird, ist die Tatsache, dass nicht nur digitale, sondern fast sämtliche Arten von Spielen über implizite Regeln verfügen – etwa in Form der physikalischen Gesetze. Am Beispiel sportlicher Wettkämpfe ist zu sehen, dass der Umgang mit jenen impliziten Regeln und die Bewältigung derselben in vielerlei Fällen die eigentlichen Herausforderungen für den Spieler darstellen.

Darüber hinaus sind die Regeln eines Computerspiels immer in Form des Programmcodes festgehalten, der für den Spieler in der Regel weder einsichtig noch verständlich ist. Viele der (impliziten) Regeln können daher nur durch die Interaktion mit der Spielumgebung und ihrer Oberfläche erfahren werden. Julian Kücklich (2003) verwendet zur Beschreibung dieses Phänomens das Konzept der Viabilität, das er dem radikalen Konstruktivismus bei Ernst von Glasersfeld entnimmt:

> „Viability [...] means that a sensation is stabilized by perception, but whether something proves viable is by no means proof of its reality. In relation to games this means that a player does not necessarily gain access to the implicit rules of the game through playing, but that he or she will find a way to interact meaningful with the game, no matter what the actual rules encoded by its designers are."

Sein Fazit ist, dass der Spieler einen Großteil der Regeln erst gar nicht bewusst erlernt. Stattdessen leitet er die Konsequenzen seines Handelns induktiv aus der Wahrnehmung ab und macht sich so einen Umgang mit der Spielwelt und ihren Elementen zu eigen. Die Repräsentation – und damit die Ebene, die Spiele mit Erzählungen gemein haben – schafft hierfür eine notwendige Grundlage. Im Laufe der Zeit wird der Spieler seine Anpassungsversuche optimieren und seine Fähigkeiten schließlich bis zur Perfektion entwickeln.

Dieses Streben nach Perfektion vergleicht Kücklich mit Umberto Ecos (1998, 67) Konzept des „Modell-Lesers": Demzufolge ist der „ideale" Leser einer, der einen gegebenen Text in exakter Weise gemäß der Intention des Autors aktualisiert. Dieser Gedanke ist in ähnlicher Weise auf viele Computerspiele übertragbar, zumindest auf solche, deren Ereignissequenz in eine idealtypische Reihenfolge gebracht oder deren Zielvorgabe in einer optimierten Weise erfüllt werden kann. Allerdings muss der Spieler hierfür zunächst die Mechaniken des Spiels einüben und seine (in der Regel: Reaktions-)Fähigkeiten trainieren. Der „ideale Spieler" ist daher nur asymptotisch denkbar; als ein Zustand, den jeder reale Spieler anstrebt.

Als Effekt dieses ständigen Lernprozesses beobachtet Grodal (2003, 148) eine kontinuierliche Steigerung der Immersion in drei Phasen: Zu Beginn ist der Spieler mit der Spielwelt nicht vertraut; jedes Ereignis ist neu für ihn, und jede Aufgabe stellt eine Herausforderung dar. Darum ist sein Verhalten in der Welt noch unbeholfen und seine Bindung ans Geschehen wird immer wieder durch Frustration unterbrochen. Um immer besser im Umgang mit dem Spiel zu werden, ist er gezwungen, es immer und immer wieder zu spielen. Infolgedessen verstärkt sich seine mentale Beziehung zur Spielwelt:

> „The peak result of such a learning process may be trancelike immersion in the virtual world [...]. But the end result [...] is what the Russian Formalists called *automation*, and what psychologists might call *desentization by habituation*. The virtual world becomes predictable [...]" (ebd., Herv.i.O.)

Im Gegensatz zu traditionellen Erzählungen, die in der Regel auf ein erstes Lesen ausgelegt sind, fordern Spiele ein mehrmaliges Rezipieren ein. Dies hat insbesondere Auswirkungen auf die Erfahrung narrativer Effekte wie *suspense*, *surprise* und *curiosity*:[47] Was etwa beim ersten Spielen noch überrascht, ist beim nächsten Mal antizipierbar. In der Phase der Automation schließlich ist der Handlungsablauf vollständig vorhersehbar. Es kann daher gemutmaßt werden, dass sich der Einsatz narrativer Taktiken im Spiel von traditionellen Erzählmedien insofern unterscheidet, da sie auf diese „Ästhetik der Wiederholung" (ebd.) antworten müssen.

Jenes ständige Verbessern des eigenen Umgangs mit dem Spiel beschreibt bereits Caillois (2001, 13) als eines der zentralen Merkmale des Ludus: „[I]t requires an ever greater amount of effort, patience, skill, or ingenuity." Im Gegensatz zum Paidia geht es im Ludus stets darum, Hindernisse zu überwinden und die Fähigkeiten hierfür zu erwerben.

In etwas anderer Form kehrt dies auch in Caillois' vier Grundkategorien des Spielens wieder. Mit den Begriffen *agôn* (Wettkampf), *alea* (Glücksspiel), *mimicry* (Maskerade) und *ilinx* (Rausch), versucht er, sämtliche Formen ludischer Aktivitäten abzudecken:

> „All four indeed belong to the domain of play. One *plays* football, billiards, or chess (*agôn*); roulette or a lottery (*alea*); pirate, Nero, or Hamlet (*mimicry*); or one produces in oneself, by a rapid whirling or falling movement, a state of dizziness and disorder (*ilinx*)." (ebd., 12, Herv.i.O.)

Der Aspekt des Wettkampfes (*agôn*) spielt in den meisten Ludus-Spielen und insbesondere in Computerspielen eine entscheidende Rolle: Der Spieler befindet sich entweder im Wettstreit mit anderen Spielern, dem Computer oder sich selbst. Bernard Perron (2003, 243) weist allerdings darauf hin, dass bei Caillois mit *agôn* nur der erste Fall gemeint ist – der kompetitive Wettbewerb zwischen zwei oder mehreren Teilnehmern. Der allgemeinere Fall – die Hindernisse und Herausforderungen des Spieles zu überwinden oder sich selbst, z.B. seinen Punktestand oder seine Rundenzeit, stets zu verbessern – ist in Form des Zieles als Grundkonstante im Ludus bereits angelegt.

Gleichwohl ist offensichtlich, dass die vier Kategorien Überschneidungen aufweisen und sich keineswegs gegenseitig ausschließen, sondern anteilig in jedem Spiel vorhanden sein können.[48] So gibt es eine Vielzahl von Ereignissen im Computerspiel, die vom Zufall (*alea*) abhängig sind, z.B. das „Auswürfeln" eines Kampfes in Strategiespielen. Auch die Maskerade (*mimicry*) scheint eine zentrale Rolle zu spielen, da der Spieler in Form des Avatars die Rolle einer Figur innerhalb der Geschichte übernehmen kann.[49] Insbesondere jedoch der Rausch (*ilinx*) wird in der Literatur schon früh mit Computerspielen in Verbindung gebracht und drückt sich dort in der Metapher vom Flugtraum aus, mit dem die neuen Bewegungs- und Wahrnehmungsweisen der Spielwelten umschrieben werden:

> „Das Flugerlebnis, das nicht nur von Flugsimulatoren vermittelt wird, sondern die typische Bewegungsform in den Computerbildflüssen ist, wird gelegentlich als technische Realisierung des Flugtraumes angesprochen. [...] Beim Flug hat der Träumer tatsächlich seinen

---

[47] Vgl. Grodal 2003, 148-150.
[48] Die Tabelle bei Caillois 2001, 54 veranschaulicht diesen Punkt schematisch.
[49] Wie in Kapitel 2.1.1 dargelegt wurde, bildet dieser Aspekt für Laurel den Anknüpfungspunkt, um Computerspiele als interaktive Form des Dramas und den Spieler als eine Art Schauspieler zu begreifen. Diese Parallelisierung stellte sich an derselben Stelle allerdings für die hier verfolgten Zwecke als problematisch heraus.

Körper hinter sich gelassen [...]. Beim Eintauchen in die virtuelle Umgebung aus dem Computer hat das Auge die Führung. Es zieht den Körper mit. Besser: Es zieht am Körper, der im Hintergrund sein Gespür behauptet." (Schönhammer 2001, 78-79)

Da Caillois aber explizit und ausschließlich körperliche Erscheinungsarten des Rausches gelten lässt – und damit metaphorische Formulierungen wie den „Rausch der Geschwindigkeit" ausklammert –, wird in der Theorie für diese Art des rauschhaften Zustands im Moment des Spielens häufig der Begriff des *flow* bei Mihali Czikszentmihalyi (1975) herangezogen. Nach Douglas/Hargadon (2004, 203) ist *flow* „a condition where self-consciousness disappears, perceptions of time become distorted, and concentration becomes so intense that the game or task at hand completely absorbs us." Neitzel (2000, 30) weist jedoch darauf hin, dass für Caillois ein Begriff wie der *flow* insofern überflüssig ist, da er als freudige bis exzessive Empfindung nicht nur ohnehin eine Grundkomponente des Spielens darstellt, sondern darüber hinaus erst den Anreiz zum Spielen überhaupt gibt.

Die bis dato erarbeiteten Kriterien dienten vor allem dem Zweck, verschiedene Phänomene und Aktivitäten für eine Definition des Spielens zu erwägen und diese von einer Vorstellung des Spiels im engeren Sinne abzugrenzen. Außer dass ein Spiel über Regeln verfügt, wurde aber noch wenig über die strukturellen Eigenschaften dieser Kategorie gesagt. Hierzu soll die Klassifikation von Avedon/Sutton-Smith (1971) herangezogen werden. Elliot M. Avedon nennt darin zehn Elemente zur Differenzierung einzelner Spielen: 1) Zweck, 2) Prozeduren, 3) Regeln, 4) Anzahl der Spieler, 5) Teilnehmerrollen, 6) Resultate, 7) erforderliche Fähigkeiten, 8) Interaktionsmuster, 9) Umweltanforderungen, 10) erforderliche Utensilien.

Die meisten dieser Kriterien sind selbsterklärend und sollen nicht weiter diskutiert werden. Für die spätere Untersuchung ist jedoch speziell der Aspekt der „erforderlichen Fähigkeiten" von Interesse: Avedon nennt diesbezüglich kognitive, sensomotorische und affektive Fähigkeiten. Kognitive Verabreitungsprozesse sind vermutlich in sämtlichen Computerspielen von Belang – außer vielleicht in reinen Geschicklichkeitsspielen, wenn das Stadium der Automation bereits eingesetzt hat. Sie gewährleisten das Verstehen und Anwenden der Regeln, das Entwickeln von Siegstrategien und das Navigieren im virtuellen Raum. Auch die neoformalistische Erzähltheorie beruft sich auf die Kognitionspsychologie, um Prozesse des Verstehens und Interpretierens von Geschichten zu beschreiben und zu erklären. Diese Verbindungslinie wird später die Grundlage für die Analyse struktureller Kopplungen bilden, da sich auf Ebene der Kognition Interdependenzen zwischen Spiel- und Erzählstruktur ergeben können.

Ähnliches gilt für die affektiven Fähigkeiten: Sie bieten nach Avedon (ebd., 424) die Möglichkeit zur Objektbindung (*object-ties*), Übertragung (*transference*) und Identifikation. Insbesondere die Identifikation, die in ähnlicher Form schon in Caillois' Kategorie der *mimicry* vorkam, stellt für diese Untersuchung insofern eine Schlüsselkategorie dar, weil sie in der Regel mit Effekten von Erzählungen in Zusammenhang gebracht wird. Da diese Effekte aber noch wenig erforscht und eine direkte Übertragung somit problematisch, zumindest aber missverständlich ausfallen dürfte, wird an gegebener Stelle nur insoweit darauf zurückgekommen, als es die verwendeten Theorien zulassen.

Sensomotorische Fähigkeiten schließlich sind bereits in einfacher Form für das Handhaben der Eingabegeräte erforderlich. Vor allem Actionspiele jedoch machen es notwendig, dass der Spieler diese Fertigkeiten kontinuierlich verbessert und spezielle Bewegungsabläufe einstudiert, um das Spiel erfolgreich spielen zu können. Dieser Aspekt unterscheidet Spiele von traditionellen Erzählmedien insofern, da der Rezipient hier eine weitaus größere Bandbreite spezifischer Fertigkeiten entwickeln und Operationen verschiedenster Art ausführen muss, um sich den Text zu erschließen. Damit wird sich das nächste Kapitel ausführlicher beschäftigen.

Werfen wir zuvor noch einen Blick auf die gesammelten Ergebnisse: Wie die Erzählung enthält auch die Kategorie des Spiels einen Text auf der einen und eine Aktivität auf der anderen Seite. Allerdings lassen sich diesbezüglich keine eindeutigen Analogien ziehen: Denn im Gegensatz zum Diskurs der Erzählung steht der Text eines Spiels nicht nur am Ende als Ergebnis des Erzählprozesses, sondern in Form des Regelwerkes auch an dessen Anfang. Selbst ein Vergleich zwischen der Aktivität des Spielens mit dem Akt des Erzählens bzw. Lesens kommt nicht über vage Metaphern hinaus.

Das Problem fußt bereits in der scheinbaren Unmöglichkeit, das Spiel von Phänomenen und Aktivitäten abzugrenzen, die umgangssprachlich mit dem Etikett „Spiel" versehen werden, aber augenscheinlich mit dem hier untersuchten Gegenstand nicht viel oder nur symbolisch zu tun haben. Caillois' Unterscheidung von Ludus und Paidia sowie eine Diskussion der verschiedenen Figurationen des *play* erwiesen sich für eine Präzisierung als wichtiger Fingerzeig. Dabei konnte festgestellt werden, dass sich das Spiel (*game*) anhand einer Struktur konstituiert: dem Regelwerk. Dieses ist für eine vollständige Beschreibung allerdings nicht ausreichend. Vielmehr setzen die Regeln stets ihre Anwendung durch einen Spieler voraus oder anders ausgedrückt: Ein Spiel muss gespielt werden – wie eine Geschichte immer auch erzählt werden muss. Das Spielen (*play*) stellt seinerseits eine Handlung dar, die durch das Regelwerk angeleitet ist und seine Bedingungen und Einschränkungen daraus bezieht. Dass das Spielen so häufig mit anderen Aktivitäten verglichen wird, ist mit den verschiedenen Erscheinungsformen begründet, die es annehmen kann: Caillois' Kategorien *agôn*, *alea*, *ilinx* und *mimicry* erweisen sich hierfür als sinnvoll, um sowohl allgemeine als auch diejenigen ludischen Phänomene zu kategorisieren, welche für die hier betrachteten Computerspiele relevant sind.

Die bisherigen Ausführungen vermieden es, den verwendeten Spielbegriff zu eng zu fassen, ihn ausschließlich für Computerspiele zu reservieren oder gar auf ein bestimmtes Genre festzulegen. Auch hielten sie sich nicht mit dem Versuch auf, eine präzise Definition des Computerspiels und seiner Genres zu liefern. Dies sollte nicht als Nachlässigkeit ausgelegt werden, sondern hoffen lassen, dass die zu erwartenden Erkenntnisse auch auf andere Spiele übertragbar sind. Zu beachten ist allerdings, dass einige der von Avedon/Sutton-Smith genannten Merkmale von Spielen – etwa die Spielutensilien oder die Teilnehmerrollen – im Falle von Computerspielen in „entmaterialisierter", medial vermittelter Form auftreten, was zum einen Verwechslungen mit narrativen Strukturmomenten begünstigt und zum anderen ein Interface erforderlich macht, das in die Struktur des Spiels eingebettet ist und von der Analyse berücksichtigt werden muss.

Für einen Vergleich zwischen Spiel und Erzählung könnte sich ferner die Beobachtung als nützlich erweisen, dass sich die Aktivität des Spielens (*play*) stets auf eine Struktur, das Regelwerk, ausrichtet. Insofern liegt die Frage nahe, ob sie sich nicht auch auf andere Strukturen, vor allem narrative, beziehen lässt. Da des weiteren festgestellt wurde, dass für das Spielen kognitive

Fähigkeiten und Aktivitäten notwendig sind, die auch beim Rezipieren von Erzählungen wirken, scheinen sich an dieser Stelle Möglichkeiten zur strukturellen Kopplung zu eröffnen, die es noch näher zu betrachten gilt.

Während allerdings Erzählungen lediglich nach einer interpretierenden Interaktion mit dem Text verlangen, bildet für das Computerspiel eine aktive Einwirkung des Lesers auf den Text die Grundvoraussetzung, um diesen überhaupt erst entstehen zu lassen. Schenken wir daher diesem Aspekt im Folgenden gesteigerte Aufmerksamkeit.

2.2.2 Espen Aarseth: Der „ergodische" Text

Bisherige Versuche, die traditionellen narratologischen Modelle auf das Computerspiel zu übertragen, waren zum Scheitern verurteilt, weil sie nicht in der Lage waren, die interaktiven Prozeduren der Spiele zu erfassen. Dieser Problemstellung nimmt sich Espen Aarseth in seiner für die Game Studies paradigmatischen Monographie „Cybertext. Perspectives of Ergodic Literature" an, worin er ein Modell entwickelt, das in der Lage ist, Texte zu beschreiben, die sich erst im Prozess des Lesens zu einem linearen Diskurs manifestieren. In Anlehnung an Norbert Wiener verwendet er hierfür den Ausdruck „Cybertext",[50] der auch Spiele, aber vor allem Hypertexte, MUDs (Multi-User-Dungeons) und eine Vielzahl gedruckter Texte, wie das chinesische „I-Ching", umfasst. Jeder Cybertext wird als ein kybernetisches System aufgefasst, das den eigentlichen Text hervorbringt: „a machine (or a human) that operates as an information feedback loop, which will generate a different semiotic sequence each time it is engaged." (Aarseth 1999, 32-33)

Aarseth prägt für dieses Phänomen den Begriff des „ergodischen Textes", ein Neologismus, der sich aus den griechischen Wörtern *érgon* (Arbeit) und *ódos* (Weg) zusammensetzt. Kennzeichnend für eine solches ergodisches System ist, dass ein „nicht-trivialer" Aufwand vom Nutzer erforderlich ist, um den Text zu „durchqueren".[51] Zwar fordern auch traditionelle Textbegriffe, wie etwa in der *reader-response*-Theorie, eine Interaktivität zwischen Leser und Text ein, doch beschränkt sich diese auf das Auswählen, Verstehen und Interpretieren des Textes oder auf Aktivitäten, die Barthes als „Tmesis" beschreibt.[52] Ein ergodischer Text hingegen entsteht als solcher erst als Produkt aus dem Dialog zwischen Leser und System. Leistet der Leser keine Arbeit, existiert erst gar kein Text.[53] Anders ausgedrückt: In traditioneller Kunst konstruiert der Leser Fabel und Bedeutung; in ergodischer Kunst auch das Sujet.

Eskelinen/Tronstad (2003, 198) unterscheiden aus dieser Perspektivierung heraus drei Arten von textuellen Systemen. An erster Stelle findet sich die traditionelle Kunst:

---

[50] Wiener gilt mit seinem Werk „Kybernetik. Regelung und Nachrichtenübertragung im Lebewesen und in der Maschine" als Begründer der Kybernetik. Wie der Untertitel verrät, war diese Disziplin ursprünglich nicht nur als eine Computerwissenschaft vorgesehen, sondern hatte zum Ziel, jedwedes System zu modellieren, das über eine Feedbackschleife der Information verfügt.

[51] Vgl. Aarseth 1997, 1.

[52] Mit „Tmesis" bezeichnet Barthes (1990, 18) ein dem Interaktiven verwandtes, diskontinuierliches Lesen, das dann auftritt, wenn der Leser bestimmte Passagen oder gar ganze Seiten überspringt oder sie überfliegt.

[53] Dies ist in letzter Konsequenz nicht vollständig korrekt. Simulationsspiele beispielsweise können auch ohne das Eingreifen eines Nutzers ablaufen. Allerdings wäre das nicht Sinn der Sache.

„[S]ystems that concretize and actualize themselves in the same sequence of signs every time. [...] [T]he only thing we are asked to do is to interpret it, to experience it, and to give some meaning to it."

Die zweite Kategorie bildet ergodische Kunst, welche nicht-triviale Arbeit erfordert und sich bei jedem Lesen in einer anderen Sequenz manifestiert. Der so erzeugte „Diskurs" ist anschließend – genau wie traditionelle Texte – offen für interpretierende Aktivitäten, muss hierfür aber zunächst konfiguriert werden.

Schließlich finden sich in der dritten Kategorie solche Systeme, welche interpretierende Operationen vollständig den konfigurierenden unterordnen oder ganz auf sie verzichten: die Spiele. Auf diese Weise werden Spiele und Erzählmedien streng voneinander abgegrenzt – ganz konform mit der ludologischen Maxime. Die vorliegende Arbeit widmet sich vornehmlich der zweiten Kategorie und der Frage, wie interpretierende und konfigurierende Prozesse in Computerspielen zusammenarbeiten können, ohne einander zu behindern oder sich die einen den anderen unterordnen müssen.

Der Vorteil an Aarseths Modell ist, dass er weder die traditionelle Vorstellung von einem Text vollständig über Bord wirft, noch Cybertexte zu einer radikal neuen Erzählform erklärt. Stattdessen erweitert er den Textbegriff auf eine Weise, die es erlaubt, herkömmliche Literatur mit einzuschließen, ohne die Spezifik interaktiver Texte außer Acht zu lassen.[54]

Das neue Textverständnis beruht bei Aarseth (1997, 62) auf einem neuen Zeichenbegriff, welcher auf den ersten Blick der traditionellen Unterscheidung von Story und Diskurs nachempfunden scheint:

„It is useful to distinguish between strings [of signs] as they appear to readers and strings as they exist in the text [...] I call the former *scriptons* and the latter *textons*." (Herv.i.O.)

Ein *texton* stellt demnach eine Art „Baustein" dar, welcher im Programmcode abgelegt ist und vom Nutzer zu einem von vielen möglichen Diskursen kombiniert wird. Auch wenn diese dem System zugrundeliegende Ebene dem Nutzer nie direkt zugänglich und der Code nicht einsichtig ist, heißt das aber nicht, dass er sich dessen nicht jederzeit bewusst wäre.

Damit die *textons* dem Leser als Repräsentation erscheinen können, ist eine „Übersetzungsfunktion" (*traversal function*) erforderlich, welche die *textons* in *scriptons* umwandelt. Die Ebene der *scriptons* lässt somit eine deutliche Analogie zum Begriff des Diskurs in der Narratologie erkennen: Beide beinhalten diejenigen Zeichen, die als einzige dem Leser für die Interpretation direkt zugänglich sind.

Eine im Umkehrschluss vorgenommene Parallelisierung zwischen der Story und den *textons* würde allerdings einen fatalen Irrtum bedeuten: Während die Story eine Art ideale, rekonstruierte Ereignismenge der Erzählung darstellt, bilden die *textons* ein Bündel möglicher Ereignisse, die den Diskurs in seiner individuellen Realisation erst entstehen lassen. Story und *texton* stehen so viel eher an entgegengesetzten Enden des ergodischen Prozesses: Die *textons* bilden die konfigurierbaren Bestandteile, aus denen der Diskurs entsteht. Erst dann konstruiert der Leser durch Rezeption desselben eine Fabel, die anschließend interpretiert werden kann.[55]

---

[54] Vgl. Aarseth 1997, 18.
[55] Dieses Schema kommt bei Aarseth selbst nicht vor. Die hier getroffene Erweiterung scheint mir aber implizit dort angedacht zu sein, auch wenn sie von Aarseth nicht weiter verfolgt wird. An dieser Stelle

Die Unterscheidung von *scriptons* und *textons* führt Aarseth (ebd., 62-65) zu einer Reihe von sieben Kriterien, die eine weiterführende Gliederung ergodischer Texte ermöglicht. Diese wären: 1) Dynamik: Dieser Aspekt unterscheidet vor allem traditionelle Texte von ergodischen. Während in ersteren die *scriptons* statisch sind, sind sie in ergodischen, z.B. Computerspielen, dynamisch, d.h. dass der produzierte Diskurs bei jedem Lesen eine neue Form annimmt. Die *textons* hingegen bleiben konstant. 2) Determiniertheit: Diese Variable beschreibt die Flexibilität der Übersetzungsfunktion, d.h. ob ein *texton* jedes Mal dasselbe *scripton* bewirkt oder ob der produzierte Text jeweils diverse Formen annehmen kann. Dieser Aspekt ist für die Analyse narrativer Strategien von besonderem Interesse, da er bestimmt, ob im Code eine „Erzählung" von vornherein angelegt ist und diese durch den Spieler lediglich aktualisiert wird oder ob ein komplexeres System zugrunde liegt. In diesen Zusammenhang ist das bereits erwähnte Problem der Diskursproliferation einzureihen, da ein indeterminierter Text mannigfaltige Formen annehmen kann, was eine Analyse massiv erschwert. 3) Beständigkeit (*transiency*): Hiermit wird beschrieben, ob sich *scriptons* auch ohne Einwirkung des Nutzers verändern oder nicht. Dies spielt vor allem in Simulations- und Strategiespielen eine Rolle. 4) Perspektive: Nimmt der Spieler eine bestimmte Rolle in der Welt des Textes ein, so wird dieser als „personal" bezeichnet. Ist dies nicht der Fall, so handelt es sich um eine impersonale Perspektive. Dieses Kriterium wird später eine Verbindung zu Genettes „Fokalisierung" ermöglichen. 5) Zugang (*access*): Mit dieser Variable wird das Ausmaß bestimmt, in dem der Nutzer Zugriff auf sämtliche möglichen *scriptons* hat. Vollständiger Zugang (*random access*) ist nur bei wenigen Texten, z.B. Lexika, gegeben. In Computerspielen beschreibt die Art des Zugangs die Bandbreite möglicher Handlungsoptionen und damit implizit die Menge potenzieller Erzählungen. 6) *Linking*: Hiermit wird die Art der internen Verknüpfungen beschrieben. 7) Nutzerfunktionen (*user functions*): Dies ist eine ganz wesentliche Kategorie, da sie die Art und Weise beschreibt, wie der Leser auf den Text einwirkt. Aarseth unterscheidet zwischen interpretativer, explorativer, konfigurativer und textonischer Nutzerfunktion. Die interpretative Funktion ist in sämtlichen Texten vorhanden. Die anderen drei hingegen stellen spezifische Merkmale ergodischer Texte dar. Explorative und konfigurative Funktionen ähneln sich dahingehend, dass sie die Manipulation der *scriptons* durch den Nutzer beschreiben: Eine explorative Nutzerfunktion liegt dann vor, wenn der Leser angehalten wird, einen bestimmten „Pfad" durch den Text zu wählen und diesem zu folgen, etwa in interaktiven Filmen, in die der Zuschauer nicht aktiv eingreift, sondern lediglich ihren weiteren Verlauf entscheidet. Die konfigurative Nutzerfunktion dagegen bezieht auch die Möglichkeit mit ein, die *scriptons* des Textes nach eigenem Ermessen zu arrangieren. Die vierte Kategorie schließlich, die textonische Nutzerfunktion, beschreibt Operationen, die es dem Leser erlauben, den Code selbst, also *textons* oder Übersetzungsfunktion, selbständig zu verändern und so dem Text eigene Passagen hinzuzufügen. Sie spielt in Computerspielen kaum eine Rol-

---

soll lediglich auf mögliche Missverständnisse hingewiesen werden. Die Überlegungen werden allerdings in Kapitel 3.2 aufgegriffen und bilden dort einen wesentlichen Bestandteil des Modells struktureller Kopplungen, da das erweiterte Schema erlaubt, interpretierende und konfigurierende Operationen in einem gemeinsamen Prozess zu vereinen.

le.[56] In narrativen Spielen sind konfigurative und interpretative Funktionen vorherrschend. Explorative sind von geringerer Bedeutung und kommen vor allem in interaktiven Filmen zum Einsatz.

Dieses von Aarseth vorgeschlagene Schema bietet eine recht brauchbare Grundlage für die Beschreibung „ergodischer" Texte und ihrer Elemente. Es soll an dieser Stelle einmal mehr darauf hingewiesen werden, dass hier nicht der Versuch unternommen wird, das Computerspiel als eine ganz bestimmte Klasse innerhalb dieser Typologie zu definieren. Dafür sind die einzelnen Genres zu verschieden. Aarseths Modell macht auch keine Aussage darüber, dass Spiele narrativ wären, sondern er stellt fest, dass sie als Text aufgefasst werden können und demzufolge auch – aber nicht nur – narrativ zu verstehen sind. An anderer Stelle konstatiert er daher: „Games are not ‚textual' or at least not primarily textual" (Aarseth 2004, 47). Ein Spiel wie Schach als Erzählung zu behandeln, ist folglich zwar möglich, ergäbe aber vermutlich mehr Missverständnisse als Erkenntnisgewinn.

Es ist daher nicht verwunderlich, dass Aarseth die grundlegende Dichotomie von Spiel und Erzählung nicht auflöst, obwohl es bisweilen so scheinen mag, wo er doch beide in einem gemeinsamen Modell vereint. Stattdessen ist die Interaktion mit einem ergodischen Text bei ihm grundsätzlich als eine Form des Spielens gekennzeichnet, dergestalt sie diesen enthält, aber nicht zwangsläufig mit ihm identisch ist:

> „The cybertext reader *is* a player, a gambler; the cybertext *is* a game-world or world-game; it *is* possible to explore, get lost, and discover secret paths in these texts, not metaphorically, but through the topological structures of the textual machinery. This is not a difference between games and literature but rather between games and narratives. To claim that there is no difference between games and narratives is to ignore essential qualities of both categories." (Aarseth 1997, 4-5, Herv.i.O.)

In diesem Sinne sei noch einmal betont, dass ergodische Texte keine Erzählungen sind. Sie können aber solche hervorbringen, und diese können anschließend mithilfe traditioneller Methoden untersucht werden. Dass dies jedoch nicht unbedingt sinnvoll ist, zeigt die Tatsache, dass eine solche Untersuchung die dem Cybertext zugrundliegenden Mechanismen verkennen würde. Dies hat in der Vergangenheit immer wieder zu missverständlichen und irrtümlichen Annahmen geführt.

Für die Analyse ist es daher von entscheidender Bedeutung stets zwei Ebenen im Blick zu halten: die Ebene des Programmcodes und die Ebene der Zeichen und deren Repräsentation. Zwar ist nur letztere direkt zugänglich, erstere muss aber stets mitgedacht werden. Dies stellt die Untersuchung narrativer Spiele insofern vor Probleme, da ihr die Erzählung nicht als solche, sondern allenfalls eine Permutation sämtlicher *scriptons* zur Verfügung steht. Sie läuft daher Gefahr, von vornherein unterkomplex zu sein oder aber sich lediglich mit strukturellen oder Detailfragen beschäftigen zu können. Diesem Problem muss beizeiten nachgegangen werden.

---

[56] Allenfalls in Form so genannter „Cheats" oder „Mods" oder in Online-Spielen mit integrierter Chat-Funktion.

2.2.3 Die Ludologen: Kritik am Dogma des Narrativismus

Aarseths Konzeption des Cybertexts gilt als Startschuss für die junge Disziplin der Game Studies. Diese formiert sich Ende der 90er zunächst im skandivanischen und US-amerikanischen Raum um Personen wie Gonzalo Frasca, Jesper Juul oder Markku Eskelinen und bringt eine vor allem im Internet auf Seiten wie gamestudies.org oder ludology.org stattfindende Diskussion ins Rollen. Bezeichnend auch für die Art und Weise, wie dieser neue Diskurs geführt wird, ist der Umstand, dass die zentralen Figuren dieser Bewegung nicht ausschließlich dem akademischen Umfeld entstammen, sondern auch der „Praxis" zugetan sind.[57]

Die Game Studies verstehen sich als Reaktion auf die ersten zaghaften Versuche, Computerspiele zum Gegenstand wissenschaftlicher Untersuchungen zu machen. Wie gesehen behandelten die ersten jener Studien Computerspiele als ein neues literarisches Genre, als ein Medium zum Geschichtenerzählen oder eine Erweiterung traditioneller Künste. Aarseth (2004, 49) kommentiert diese Auffassung sarkastisch folgendermaßen: "Shakespeare's *Hamlet* was pretty good, but soon we can have something even better: Hamlet the Game." (Herv.i.O.) Er bezieht sich damit vor allem auf die Untersuchungen von Laurel und Murray, die mit ihrem Begriff des Cyberdramas das Spiel als eine partizipatorische Form des Theaters auffassen.[58]

Aarseth kritisiert diesen „theoretischen Imperialismus" als gleichermaßen bequem wie unangebracht. „Bequem", weil der Ansatz bewährte Instrumentarien und Fragestellungen anwendet, mit denen die Forscher vertraut sind. Aber „unangebracht", weil er lediglich zweitrangige Aspekte der Spiele berücksichtigt, während deren zentrale Eigenschaften verkannt werden. Er spricht daher von der Ideologie des „Narrativismus", für die er mehrere Ursachen sieht: Zum einen fungiert der Rückbezug auf narrative Verfahrensweisen als wichtiges Marketinginstrument („Spiele sind wie Filme, nur besser, weil interaktiv"), zum anderen ist er das Produkt einer elitären Kulturideologie („Spiele sind ein minderwertiges kulturelles Genre, aber sie können Kunst sein, wenn sie literarische Ansprüche verfolgen"), und drittens liegt ihm der angesprochene „akademische Kolonialismus" zugrunde.[59]

Das Spiel bildet jedoch eine eigene Kategorie, die mit einer Erzählung zunächst einmal nichts am Hut hat. Nach Aarseth (ebd., 47-48) besteht ein Spiel aus drei Komponenten: 1) den Regeln, 2) den Spielmaterialen, die in Form eines semiotischen Systems als Spielwelt vorliegen und 3) dem „*gameplay*", d.h. die Ereignisse, die aus der Anwendung der Regeln auf die Spielwelt entstehen. Das semiotische System, das innerhalb dieses Schemas den einzig möglichen Berührungspunkt zur Erzählung darstellt, könne aber weitestgehend vernachlässigt werden, da es ohnehin mehr oder weniger beliebig und austauschbar sei.[60]

Die Ludologen fordern daher eine Wissenschaft ein, die sich insbesondere mit den beiden anderen Aspekten – den Regeln und dem Spielen – beschäftigt. Dies führte in der Auseinandersetzung zu äußerst polemischen Angriffen auf narratologische Ansätze und zur Verdammung jeglicher narrativer Verfahren im Spiel überhaupt. Die Rhetorik der Ludologen gleicht darin den

---

[57] Frasca und Juul beispielsweise wirkten an der Produktion mehrerer Computerspiele mit. Eskelinen (2001) bezeichnet sich selbst als „experimental writer of ergodic prose".
[58] Siehe dazu S. 10ff.
[59] Vgl. Aarseth 2004, 49.
[60] Vgl. dazu auch Juul 1998.

Debatten der frühen Filmtheorie, da sie neben der Frage, was ein Computerspiel ist und wie es theoretisch beschrieben werden kann, insbesondere die Frage antreibt, wie ein Spiel im Idealfall zu sein hat. Mit dem Begriff der spezifischen „gameness" eines Spiels prägt Juul (1998) auch gleich einen Begriff, der direkt dem Pendant „filmisch" aus den Anfängen der Filmwissenschaft entsprungen scheint. Die Analyse narrativer Techniken wird dementsprechend nicht nur aus methodologischer Perspektive abgelehnt, sondern jedwede erzählende Bestrebung seitens der Spiele – analog zur Kritik an der Kinoreformbewegung oder des französischen *film d'art* – auch in der Praxis als ein „unspielerisches" Anbiedern an artfremde Kunstvorstellungen verurteilt. Eskelinen (2004, 36) kommentiert dieses Missverhältnis folgendermaßen: „[O]utside theory, people are usually excellent at distinguishing between narrative situations and gaming situations: if I throw a ball at you, I don't expect you to drop it and wait until it starts telling stories."

Bereits 1999 bemängelt Frasca daher das Fehlen einer kohärenten „ludologischen" Wissenschaft, die sich ausschließlich mit Spielen und Computerspielen im Besonderen beschäftigt und hierfür geeignete formale Werkzeuge und Methoden zur Verfügung stellt:

> „As a formalist discipline, it should focus on the understanding of its structure and elements – particularly its rules – as well as creating typologies and models for explaining the mechanics of games." (Frasca 2003b, 222)

Die Ludologen erkennen damit an, dass Computerspiele in erster Linie eines sind: nämlich Spiele – und keine Geschichten. Aus diesem Grund berufen sie sich vor allem auf die spieltheoretischen Arbeiten von Huizinga und Caillois, sowie auf Aarseths Modell des Cybertext, das Spiele als ein kybernetisches System beschreibt. Dabei kommen sie zu der Einsicht, dass insbesondere ein wesentlicher Aspekt der Spiele bei den bisher vorherrschenden Betrachtungen der Repräsentation und Narrativität unter den Tisch gefallen ist: die Simulation.

> „[T]o simulate is to model a (source) system through a different system which maintains (for somebody) some of the behaviors of the original system. [...] To an external observer, the sequence of signs produced by both the film and the simulation could look exactly the same. This is what many supporters of the narrative paradigm fail to understand: their semiotic sequences might be identical, but simulation cannot be understood just through its output." (ebd., 223-224)

Kennzeichnend für ein simulierendes System sei es daher, dass – im Gegensatz zu einem erzählenden System – Ergebnisse produziert würden, die durch den „Autor" des Systems nicht vorsehbar seien. Frasca (2004, 86) konstatiert daher: „[N]arrative is about what already happened while simulation is about what could happen."[61]

In den ersten Arbeiten der Game Studies finden sich folglich drei vorherrschende Themen: Zunächst die angesprochenen Polemiken gegen das narratologische Dogma und Begründungen, warum Spiele keine Erzählungen seien und eine solche Betrachtung nur einseitige und verzerr-

---

[61] Insbesondere die Neo-Aristoteliker unter den Narratologen möchten diese Forderung gerne als eine Bekräftigung ihrer Position verstehen, da Aristoteles (1982, 29) bekanntlich die Tragödie selbst als eine Art mimetische Simulation verstand und Frasca fast wörtlich vorwegnimmt, wenn er sagt, „dass es nicht Aufgabe des Dichters ist mitzuteilen, was wirklich geschehen ist, sondern viel mehr, was geschehen könnte [...]" Diese Parallele darf allerdings nicht überbewertet werden. Aristoteles wehrt sich mit dieser Formulierung gegen einen Vorwurf Platons, der die nachahmende Kunst als eine niedere Kunst diskreditierte, weil die realen Dinge bereits unvollkommene Abbilder der Ideen seien und der Grad der Vollkommenheit bei jeder weiteren Nachahmung – als Kopie einer Kopie – weiter abnehme. Aristoteles verstand dagegen die Mimesis als ein fiktives Lehrstück über hypothetisch denkbare Lebenswirklichkeit. Mit Simulationen, wie sie die Ludologen fordern, hat dies bestenfalls metaphorisch zu tun.

te Ergebnisse liefern könne. Zweitens wird argumentiert, warum Simulationsprogramme ihren narrativen Konkurrenten überlegen und diese somit „spielerischer" seien. Und drittens sind erste zaghafte Versuche zu erkennen, das typologische und methodologische Rüstzeug für weiterführende Untersuchungen zu entwickeln.

Vor diesem Hintergrund überrascht es um so mehr, dass das Formulieren eines Paradigmas fast ausschließlich unter Rückgriff auf narratologische Terminologien stattfindet. So beruft sich Eskelinen (2004, 39-42) ein Mal auf Genettes Kategorien der Ordnung, Dauer und Frequenz, um ein Konzept der Zeitlichkeit in Spielen aufzustellen, ein andermal rekurriert er – wie auch Bordwells neoformalistischer Ansatz – auf Meir Sternbergs *gaps* für eine Untersuchung der Beziehung zwischen Spieler und Spielstruktur.[62]

Einige der hierfür relevanten Argumente wurden bereits diskutiert: Juul (1998) etwa sieht den Hauptgrund für die häufige Verwechslung von Spiel und Erzählung in den gemeinsamen Oberflächen der beiden Phänomene und dem Umstand, dass viele Spiele über eine Hintergrundgeschichte verfügen, die allerdings nicht der Struktur des Spieles eingeschrieben ist, sondern dieser vorausgeht: Sie wird üblicherweise in einer einleitenden Intro-Sequenz oder im Handbuch ausgebreitet und dient bestenfalls als eine Art Leitthema. Die *backstory* des Spiels *Space Invaders* (USA/J 1978, Taito) beispielsweise berichtet vom Angriff Außerirdischer auf die Erde und sei insofern redundant, da sie wenig über das eigentliche Spiel aussage und dementsprechend auch genauso gut fehlen könne. Als Beleg seiner These führt Juul die Spiele *Puls in Space* und *Euro-Space* auf, deren Spielkonzept mit dem von *Space Invaders* identisch ist und bei denen lediglich die Grafiken ausgetauscht wurden: In dem einen schießt ein Raumschiff statt auf Außerirdische auf die Gesichter eines TV-Moderators, in dem anderen auf Ecu-Münzen.[63]

Er folgert daraus, dass die Repräsentation der Spiele hauptsächlich konventioneller Natur und damit weitestgehend vernachlässigbar sei. Die häufig behauptete Verwandtschaft zur Erzählung beruhe auf rein äußerlichen Ähnlichkeiten, die aber für die Struktur des Spieles selbst, seine Regeln und die Interaktionen des Spielers mit ihm von minderer Bedeutung seien. Als Hauptargument führt er die mangelnde Adaptivität zwischen Motiven der Erzählung und ihren vermeintlichen Pendants im Spiel ins Feld: Da die *existents* und *events* auf der medienunabhängigen Ebene der Story in abstrakter und unabänderbarer Form vorliegen, können sie mehr oder weniger problemlos von einem Erzählmedium in ein anderes übersetzt werden. Auf diese Weise ist erklärbar, dass ein Film und ein Buch in der Lage sind, ein und dieselbe Geschichte zu erzählen. Für Spiele gelte dies aber nicht, da ihnen ein gänzlich anderes System zugrunde liegt: Die Ereignisse eines Spiels basieren auf der Freiheit und den Entscheidungen des Spielers, und seine Elemente ordnen sich allgemeinen Regeln, nicht dramaturgischen Mustern unter. Aus diesem Grund ließen sich Filme nicht so einfach in Spiele überführen. Am Beispiel von *Star Wars* (USA 1977, George Lucas) führt Juul (2001) vor, dass die Geschichte des Films aus dem zugehörigen „Spiel zum Film" (*Star Wars*, USA 1983, Atari) kaum rekonstruiert werden

---

[62] Vgl. Eskelinen/Tronstad 2003, 208-209.
[63] Juul wirkte selbst an der Produktion dieser beiden Werbe-Spiele mit.

kann. Stattdessen imitiere das Spiel lediglich die Oberfläche des Films und präge diese einem genuin spielerischen System auf.

Eskelinen (2004, 38) zieht es daher in Anlehnung an David Parlett (1999, 3) vor, ein Spiel nicht anhand unzureichender narrativer Analogien zu beschreiben, sondern es als ein „formales System aus Mitteln und Zweck" (*ends and means*) aufzufassen. Unter dem „Zweck" sind jeweils konkrete Ziele und Aufgaben zu verstehen, die für einen erfolgreichen Umgang mit dem Spiel zu verfolgen sind. Die hierzu nötigen „Mittel" werden vom Regelwerk gestellt, welches dem Spieler die Manipulation der Spielmaterialien nach vereinbarten Mustern erlaubt. Es sei jedoch unzulässig, jene Materialien mit den *existents* einer Geschichte gleichzusetzen, da sie keine konkreten Gegenstände oder gar Personen mit psychologisch oder physisch definierten Merkmalen bezeichneten, sondern Spielobjekte mit ausschließlich funktionalen Eigenschaften markieren:

> „Such ‚characters' are entirely functional and combinatorial (a means to an end); instead of any intrinsic values, they have only use and exchange values to them. These entities are definitely not acting or behaving like traditional narrators [or] characters [...]" (Eskelinen 2004, 37)

Auch wenn diese Aussage auf eine Vielzahl von Spielen vollständig zutrifft, weist sie auf keinen grundsätzlichen Widerspruch hin: Dass der Einsatz narrativer Verfahren (*devices*) ausschließlich oder teilweise funktional gerechtfertigt wird, ist auch in Erzählungen üblich – im Neoformalismus wird dieser Aspekt als „kompositorische Motivation" bezeichnet.[64]

Auch wenn Juuls und Eskelinens Analysen wichtige Faktoren für den Unterschied zwischen Spiel und Erzählung aufdecken, bleiben ihre Modelle zu sehr dem eigenen antinarratologischen Dogma verhaftet, um wirklich brauchbare Ergebnisse zu liefern. Denn zunächst einmal ist Juuls Argument, die Repräsentation sei austauschbar, trivial, da dies für stilistische Systeme immer – auch in Erzählungen – bis zu einem gewissen Grad gilt: Der Neoformalismus spricht dann von „funktionalen Äquivalenten".[65] Dies ist am besten an modernen Theaterinszenierungen zu beobachten, die beispielsweise Shakespeare-Dramen in einen fremden historischen Kontext verlegen.

Die Verschärfung von Juuls Position, nämlich dass die Repräsentation aus dem Grund für eine Analyse irrelevant sei, weil sie prinzipiell nicht in der Lage wäre, Aussagen über die abstrakten Regeln des Spiels zu machen,[66] ist noch weniger haltbar, da im Gegenteil die Repräsentation häufig erst die Regeln des Spiels festlegt. Kurioserweise gilt dies meiner Ansicht nach insbesondere für die von den Ludologen im gleichen Atemzug favorisierten Simulationsspiele: Denn nur wenn die Simulation eines Flugzeugs auch als Flugzeug repräsentiert wird, ergibt sie als solche überhaupt einen Sinn. Diese Beobachtung lässt einzig und allein den Schluss zu, dass das Repräsentationsverfahren zwar jederzeit von seinem funktionalen Spielobjekt abstrahiert

---

[64] Vgl. Bordwell 1985, 36. Siehe zu diesem Thema auch S. 91.

[65] Thompson (1988, 417) definiert funktionale Äquivalente als „verschiedene Verfahren, die dieselbe Funktion erfüllen".

[66] Eskelinen (2001) sieht beispielsweise in den narrativen Verfahren der Spiele reine Marketinginstrumente ohne jegliche Funktion: "[S]tories are just uninteresting ornaments or gift-wrappings to games, and laying any emphasis on studying these kinds of marketing tools is just a waste of time and energy."

werden kann, die beiden sich aber immer auch wechselseitig bedingen. Die Voraussetzungen und Implikationen dieser Verbindung werden in Kapitel 4.1 einer genauen Prüfung unterzogen.

Des weiteren scheint Juul die Ebenen von Story und Plot zu vermischen, wenn er behauptet, dass die *events* und *existents* einer Story nicht in ein Spiel übertragbar wären. Denn was das Spiel vermissen lässt, sind nicht jene Bestandteile der Story, sondern allenfalls deren organisierte Struktur im Plot. Jenkins (2004, 124) kritisiert daher völlig zu Recht, dass Juuls Übersetzungsproblem in erster Linie auf einem veralteten Konzept der Adaption beruht. Als etwas besser geeignet für die Erklärung dieses Verhältnisses hält er Aarseths (2004, 50) Rückgriff auf die Genretheorie John Caweltis (1976): Danach basiert ein jedes Genre auf einer konstitutiven Grundform, die von spezifischen kulturellen Konventionen flankiert wird. Für eine Übersetzung vom Film zum Spiel und umgekehrt eigneten sich dann lediglich die konventionellen Komponenten (Setting, Figuren, Handlungsmotive). Die Grundform – die ergodische Struktur auf der einen, der Plot auf der anderen Seite – sträube sich dagegen. Dieses Muster könne in zahlreichen „Spielen zum Film" beobachtet werden, die sich ein Setting ausborgen und es auf bestehende Spielgenres aufsetzen, z.B. das Action-Spiel (USA 2002, Activision) zum *Spider-Man*-Film (USA 2002, Sam Raimi).[67] Nach Jenkins (2004, 124) dürfe diese Vorgehensweise nicht missverstanden werden: Es sei nicht das Anliegen jener Spiele, die Geschichte des Films nachzuerzählen. Viel eher werde die Kenntnis darüber beim Spieler vorausgesetzt, und das Spiel müsse als ein den Film begleitender Paratext verstanden werden, der es ermöglicht, die Gesamterfahrung des Medienerlebnisses zu verstärken und zu erweitern.

All diese Argumente deuten auf wichtige formale Unterschiede zwischen Spiel und Erzählung und damit verbundene Verwechslungsgefahren hin. Sie wiederlegen jedoch nicht, dass Spiele grundsätzlich in der Lage wären, Geschichten zu erzählen, oder sich zumindest deren Strategien nutzbar machen. Jenkins (ebd., 119) plädiert deshalb dafür, ein Spiel nicht als Erzählung, sondern als einen Handlungsraum voller narrativer Möglichkeiten aufzufassen. In einer solchen Sichtweise „schlummern" die Geschichten quasi in Form möglicher Ereignisse im Spiel und werden durch die Aktionen und Entscheidungen des Spielers zum Leben erweckt. Eine ähnliche Auffassung liegt denjenigen ludologischen Ansätzen zugrunde, die sich bei ihren Analysen auf Aarseths Modell des Cybertextes berufen: Indem der Leser dort Arbeit verrichten muss, um im Text voranzukommen, entwickelt sich das Erschließen des Textes einerseits zum Prozess, aus dem als Produkt eine Erzählung hervorgeht, andererseits zum Spiel, das eine Herausforderung mit Hindernissen und deren Lösungen darstellt.

Aarseth (1997, 90ff.) verwendet für letzteres den Begriff „Aporie" (*aporia*): Eine Aporie bezeichnet in traditionellen Texten die Schwierigkeit des Lesers, dem Text einen Sinn „abzuringen". In gewisser Weise ist dieser Topos mit Ecos (1973) Konzept vom „offenen Kunstwerk" vergleichbar: Während ein geschlossener Text eine kodierte Bedeutung enthält, die vom Leser nur entschlüsselt zu werden braucht, ist ein offener Text ambivalent gehalten, so dass der Leser einen eigenen Sinn konstruieren, die vom Text offen gehaltenen Lücken füllen muss.[68]

---

[67] Vgl. zu dieser These auch Kämper 2003.

[68] Ecos „offenes Kunstwerk" wird auch häufig als Metapher für die „nichtlineare" Struktur von Computerspielen herangezogen, was Pias (2002, 133-134) zu Recht kritisiert: Während ein offenes Kunstwerk Ambivalenz bezüglich seines Geschehens auf der Bedeutungsebene erzeugt, erzeugt ein Computer-

Für ergodische Texte hingegen stellt das Arbeiten am Text keinen formalen Effekt dar, sondern es bildet darüber hinaus ein wesentliches Merkmal seiner Struktur. In vielen Computerspielen ist ein Vorankommen in der Geschichte erst möglich, wenn der Spieler spezifische Entscheidungen getroffen, notwendige Handlungen ausgeführt oder bestimmte Orte besucht hat. Das Durchqueren eines Cybertextes ist demnach ein ständiges Flimmern zwischen zwei Zuständen: Stillstand und Fortschritt. Für den Augenblick, in dem der Spieler den Knoten der Aporie löst, verwendet Aarseth (1997, 91-92) den Ausdruck „Epiphanie":

> „This is the sudden revelation that replaces the aporia, a seeming detail with an unexpected, salvaging effect: the link out. [...] [T]his pair of master tropes constitutes the dynamic of hypertext discourse: the dialectic between searching and finding typical of games in general."

Aarseth stellt damit in Abrede, dass Spiele einen vorher festgelegten Plot erzählen würden. Stattdessen produziert der Text eine oszillierende Sequenz von Aktivitäten, die vom Spieler ausgelöst, aber nicht kontrolliert werden.[69] Die vornehmliche Kontrolle, die der Spieler ausübt, besteht darin zu entscheiden, welche Aktivität als nächstes ausgeführt werden soll. Um diesen Prozess anzuleiten und zu regeln, kommt ein strukturierendes Element zum Einsatz, das in der traditionellen Erzähltheorie mit den Instanzen der Narration oder des Erzählers identifiziert werden würde. Da diese aber in Computerspielen die Sequenzierung der Ereignisse an den Spieler abtreten und lediglich die Bedingungen hierfür festlegen, schlägt Aarseth für ergodische Texte eine neue Instanz vor: den *intrigant*. Ein Intrigant – den Begriff entlehnt Aarseth der Dramentheorie – hält ein bestimmtes Geschehen vor einer oder mehreren Personen verborgen, so lange bis diese das Geheimnis nach und nach gelüftet haben. Die Reihenfolge, in der die einzelnen Fragmente des Geheimnisses aufgedeckt werden und so die Bestandteile des Plots aktualisieren, obliegt aber den Entscheidungen und Fähigkeiten jener Personen.

Aarseth (ebd., 112) spricht daher nicht mehr von dem „Plot", sondern der „intrigue" eines Spiels: „a secret plot in which the user is the innocent, but voluntary, target [...] with an outcome that is not yet decided". Die Intrigen-Metapher beschreibt in treffender Weise die nichtlineare, dynamische Struktur der meisten Computerspiele: Zwar sind die möglichen Ereignisse der Geschichte und ihre Elemente (*events* und *existents*) im Programm des Spiels von Anfang an festgelegt, erst der Spieler entscheidet aber, welche davon sich tatsächlich im Diskurs manifestieren, und seine Fähigkeiten bestimmen, wann sich eine Aporie in Epiphanie auflöst.

Im Gegensatz zur traditionellen Intrige ist die ergodische damit nicht nur indirekt, sondern immer auch direkt gegen den Spieler gerichtet. Aarseth beobachtet daher, dass auf Ebene des *intriguee*, also dem „Opfer" oder Ziel der Intrige, die Instanzen von Spieler und Protagonist zusammenfallen. Allerdings ist eine solche Konzeptionalisierung aus mehreren Gründen fragwürdig: Zum einen erforderte eine Gleichsetzung von Spieler und Figur eine ausreichend präzise

---

spiel seine Mannigfaltigkeit ausschließlich auf der Handlungsebene. Anders ausgedrückt: Das offene Kunstwerk besitzt ein Sujet, provoziert aber unterschiedliche Fabelkonstruktionen; das Computerspiel hingegen enthält mehrere mögliche Sujets, aber jeweils nur eine Fabel. Die vermeintliche Offenheit ist daher wohl besser mit Crogan (2003, 291) als eine „ergodische Geschlossenheit" zu bezeichnen.

[69] Vgl. Aarseth 1997, 112ff. Es sei darauf hingewiesen, dass er sich ausschließlich auf Adventurespiele bezieht. Inwiefern sich die Aussage auf andere Genres übertragen lässt, wird noch zu untersuchen sein.

Theorie der „Identifikation" oder *agency*, die aber in absehbarer Zeit nicht vorliegen dürfte.[70] Zum anderen scheint Aarseths *intriguee* primär auf einem Wissensgleichstand zwischen Spieler und Protagonist abzuheben. Ein solcher ist aber in Genettes Schema der Fokalisierungstypen bereits enthalten und macht demzufolge keinen neuen Begriff erforderlich. Ich halte es daher für sinnvoller, die Instanzen von Spieler und Protagonist vollständig aufrecht zu erhalten und das Phänomen der *intrigue* als einen formalen Effekt zu verstehen, bei dem interpretierende und konfigurierende Operationen einander bedingen. Die Erzählung wäre so als eine Strategie des Spiels anzusehen, dem Spieler Hindernisse (Aporien) und Optionen für deren Überwindung (Epiphanien) zur Verfügung zu stellen.[71]

Als Folge dieses wechselseitigen Wirkens von Spieler und System entsteht auf Ebene der audio-visuellen Oberfläche ein Diskurs, der unter bestimmten Voraussetzungen die Konstruktion einer Fabel zulässt. Dieser Diskurs unterscheidet sich jedoch in wesentlichen Punkten vom traditionellen Diskurs der Erzählung und zwar dahingehend, dass er neben der Fabel auch auf die dialogische und interaktive Situation des Spielens referiert. Aarseth (ebd., 125) schlägt daher ein Schema von drei Diskursebenen vor, mit dem sich die Ausgabephänomene von Spielen beschreiben lassen. Hierfür unterscheidet er zunächst zwischen Ereignisebene und Fortschrittsebene:

> „In a narrative, the discourse consists of the event plane, where the narration of events takes place, and also what I call the progression plane, which is the unfolding of the events as they are received by an implied reader."

In traditionellen Texten fallen diese beiden Ebenen zusammen. In ergodischen Texten hingegen ergibt sich ein Fortschritt auf der Ereignisebene erst, wenn der Spieler nicht-triviale Arbeit verrichtet und sich erfolgreich mit den Aporien des Textes auseinandergesetzt hat. Darüber hinaus existiert in den meisten Spielen eine dritte Ebene: die Verhandlungsebene (*negotiation plane*). Sie manifestiert sich in Passagen des direkten Dialogs zwischen Erzähler und Spieler, „where the intriguee confronts the intrigue to achieve a desirable unfolding of events." (ebd.) Am deutlichsten zeigt sich diese an Elementen der Benutzeroberfläche, wie z.B. Mauszeiger, Icons oder Befehlszeilen, die alle Teil des Diskurses, aber nicht Teil der erzählten Geschichte sind. Aus diesem Grund kann die *negotiation plane* in der nachfolgenden Analyse weitestgehend vernachlässigt werden.

Aarseths Modell der drei Ebenen stellt einen wichtigen Schritt dar, um den Diskurs eines Spieles beschreiben zu können, ohne dass dabei spezifische Qualitäten verloren gingen oder die Existenz eines solchen geleugnet würde. Für die spätere Modellentwicklung erweist sich insbesondere die Unterscheidung von Ereignis- und Fortschrittsebene als sinnvoll, da sie die Dynamik des Prozesses auch auf Ebene des Diskurs anerkennt und folglich bei der Behandlung des Problems der Proliferation helfen kann. Es gilt jedoch zu beachten, dass der Fortschritt der Handlung streng genommen keine Funktion des Diskurses ist, sondern eine der Narration. Indem Aarseth die beiden Ebenen vermischt, bewegt er sich wieder auf einen Begriff zu, der näher an Aristoteles' Kategorie des Mythos ist als an Genettes *discours*. Eine Analyse des Com-

---

[70] Siehe dazu auch S. 17. Marie-Laure Ryan sprach dort im Zusammenhang mit bestimmten Konzepten der Spieler-Avatar-Bindung vom „Holodeck-Mythos".
[71] An diese Überlegung schließt Kapitel 4.2 an.

puterspiels darf daher nie allein auf Basis des Diskurses stattfinden, sondern muss stets um eine Theorie der Interaktivität und eine Beschreibung des im Hintergrund ablaufenden Prozesses ergänzt werden.

Aufschlussreicher ist es daher, Aarseths Diskursebenen aus einer Rezipientenperspektive neu zu konzipieren und dabei die Operationen zu berücksichtigen, die der Spieler bei der Rezeption durchführt. Ein entsprechendes Modell müsste sich mit drei analogen Ebenen auseinander setzen: Einer interpretativen Ebene, auf der der Spieler aus den *existents* und *events* der Ereignisebene eine Fabel konstruiert. Einer konfigurativen Ebene, auf der der Spieler mithilfe dieser Kognitionen Taktiken entwickelt, um die Aporien auf der Fortschrittsebene aufzulösen. Und eine interaktive Ebene, auf der der Spieler die Möglichkeiten der Verhandlungsebene nutzt, um jene Taktiken in die Tat umzusetzen.

Ein in seinen Grundzügen auf diesen konstruktivistischen Überlegungen basierendes Modell der Aporien und Epiphanien entwickeln Eskelinen/Tronstad (2003, 208ff.) mit Rückgriff auf Meir Sternbergs (1978) Abhandlung über die *gaps*, in denen sie eine Analogie zu Aarseths *aporias* erkennen. Wie die einzelnen Fragmente der *intrigue*, die das Programm dem Spieler vorenthält, bis dieser sie allmählich aufdeckt und so die Aporien in Epiphanien umwandelt, stellen die *gaps* einen Bruch dar zwischen den Informationen, die in der Fabel enthalten sind, und denjenigen, die sich bereits im Sujet offenbart haben. In beiden Fällen ist dies ein wechselseitiger Prozess: Die Narration kreiert, öffnet und schließt die Lücken; der Spieler ergänzt fehlende Informationen und konstruiert so die mögliche Fabel. Sternberg unterscheidet daher sechs verschiedene Klassen von *gaps*: temporäre oder permanente, diffuse oder fokussierte (*diffused or focused*), ausgestellte oder unterdrückte (*flaunted or suppressed*).[72] Der primäre Unterschied zwischen Film und Computerspiel besteht darin, dass der Spieler die Informationen nicht nur zur Konstruktion der Fabel verwendet, sondern diese zudem für seine ergodischen Aktivitäten appliziert und damit den Prozess der Narration in Gang setzt, der die entstandenen Lücken sich schließen lässt. Eskelinen/Tronstad entwickeln darauf aufbauend eine Matrix der verschiedenen in Spielen möglichen *gaps*, die hier aber nicht im Detail aufgeführt werden soll.

Meiner Ansicht nach führt es zu mehr Verwirrung als zu Klarheit, hier den Begriff der *gaps* zu verwenden, wo der Begriff „Aporien" völlig ausreichend ist.[73] Als äußerst hilfreich erachte ich dagegen den kognitivistischen Ansatz, den Eskelinen/Tronstad für ihre Ausführungen wählen, weil er nicht nur das Produkt des Spielens – also Aarseths Diskursebenen – bei der Analyse berücksichtigt, sondern auch den Prozess, durch den diese erst entstehen.[74] Dieses Zugeständnis führt bei den Ludologen im Umkehrschluss jedoch vorschnell zu der Ansicht, eine Analyse des Spielprozesses könne erzählende Elemente vernachlässigen und solle sich ausschließlich auf das *playing* konzentrieren. Ein konstruktivistischer Ansatz hingegen wird beiden Seiten gerecht: Er bezieht in sein Modell mit ein, dass der Spieler nicht entweder nur handelt oder interpretiert, sondern dass er interpretieren muss, um zu handeln, und handeln muss, um weiter interpretieren zu können.

---

[72] Vgl. Bordwell 1985, 54-55.

[73] Schon Bordwell (ebd., 345) wies auf die Gefahren bei der Aneignung des *gap*-Begriffes durch phänomenologische Ansätze hin.

[74] An diese Überlegungen schließt die Modellentwicklung in Kapitel 3.2 an.

Jedoch soll abschließend nicht unerwähnt bleiben, dass der Streit zwischen Narratologen und Ludologen, der in der Vergangenheit zu einer Reihe von Missverständnissen und einer auf beiden Seiten eingeschränkten Betrachtungsweise der Thematik geführt hat, mittlerweile weitestgehend beigelegt ist und den Weg frei macht für produktivere und weniger dogmatische Ansätze. Selbst ehemals glühende Polemiker wie Frasca (2003a) räumen heute ein: „Yes, [...] games do tell stories. [...] [T]he so-called ludology versus narratology debate never really took place (it is actually the product of confusion, stereotypes and disinformation)." Die Diskussion der angesprochenen Fragen sei aber notwendig gewesen, um die dogmatisierten Fesseln im theoretischen Diskurs zu durchbrechen. Denn eine akademische Auseinandersetzung mit Computerspielen könne nur stattfinden, wenn die Beschreibungsmodelle auch anerkennen, dass Spiele nicht einfach nur als Erweiterung bestehender Erzählformen aufgefasst werden dürfen und dass ihnen keine narrative, sondern eine ergodische Struktur zugrunde liegt.

Die Ludologen gehen davon aus, dass Spiele aus anderen strukturellen Elementen aufgebaut sind als Filme – beispielsweise Regeln und Materialien. Und dass diese in einer anderen Struktur verankert sind: keine Struktur der Repräsentation und Narration, sondern eine der Simulation und Ergodik. Eine wissenschaftliche Analyse von Spielen müsse daher auch andere Fragen an das Spiel stellen, als sie dies bei der Untersuchung von Filmen oder Literatur tut.

Dem ist eigentlich nur zuzustimmen. Allerdings ist zu beobachten, dass das Formulieren eines entsprechenden Paradigmas für die Game Studies nur schleppend von der Stelle kommt. Dies mag unter anderem auch daran liegen, dass man sich bisher zu sehr darauf konzentrierte, das Spiel von der Erzählung abzugrenzen, sich schlussendlich aber immer wieder gezwungen sah, auf narratologische Modelle zurückzugreifen, dies jedoch – aufgrund der inneren Abneigung dagegen – nur halbherzig zuließ. Ferner harrt der ludologische Ansatz noch der klaren Formulierung seiner Heuristik: Abseits der methodologischen Debatten scheint sich zumindest zum gegenwärtigen Zeitpunkt kaum ein erwartbarer Erkenntnisgewinn aus der Analyse von Spielregeln und Materialien abzeichnen zu wollen.

Nichtsdestotrotz weist der Ansatz in die richtige Richtung. Er zeigt konsequent die allgemeinen Spezifika von Spielen auf und unterscheidet sie nach strukturellen Kriterien von den Erzählungen: Erzählungen bestehen aus einer festen Sequenz von Ereignissen, die sich in der Unterscheidung von Story und Plot manifestiert und in einer eingebetteten Redesituation durch eine erzählende Instanz erzeugt wird. Damit verbunden sind spezifische narrative Taktiken, welche den Leser zur Konstruktion der Fabel anleiten und spezifische Effekte bei ihm erzeugen. Der Leser muss zum Verstehen und Erstellen der Fabel bestimmte kognitive Operationen ausführen, um der Repräsentation und dem Sujet einen Sinn abzutrotzen.

Auch ein Spiel verfügt über ein System der Repräsentation und mit *existents* und *events* über deren Objekte. Diese sind jedoch in eine Struktur aus Spielwelt und -materialien eingebettet, die beim Spielen manipuliert, konfiguriert und interpretiert werden muss, um einen Fortschritt im Spiel zu bewirken. Die daraus produzierte Ereignissequenz ist nicht statisch, sondern flexibel und wird bei jeder Anwendung der Regeln und Elemente des Spiels neu erstellt. Der so erzeugte Diskurs kann, muss aber nicht narrativ interpretiert werden. Neben seinen Interpretationsaktivitäten muss der Spieler zudem konfigurative Taktiken entwickeln, um die Elemente des Spiels zu einem für ihn wünschenswerten Ergebnis zu führen. Dabei erwies es sich von Vorteil, das Spielen als einen rückgekoppelten kybernetischen Prozess zu beschreiben und die Tatsache nicht außer Acht zu lassen, dass eine Struktur der Simulation nicht unwesentlich zu diesem Prozess beiträgt.

Wie dieser wechselseitige Prozess zwischen Spieler und Spiel im Detail aussieht und welche Funktionen narrative Verfahren dabei ausüben, wird Gegenstand der weiteren Untersuchung sein.

2.2.4 Die Narratologen: Spielen als Prozess zwischen Interaktivität und Narrativität

In seiner Dissertation „Grenzen spielerischen Erzählens" untersucht Klaus Walter (2001, 9) die strukturelle Verbindung von Spiel und Erzählung in Adventurespielen und kommt zu dem Schluss, dass die beiden zwei unterschiedliche Kategorien darstellen, die im Computerspiel zwar aufeinandertreffen und dabei eine „eigenartige Verbindung" vollziehen, aber nicht ineinander aufgehen. Obwohl „Strukturmerkmale der einen Kategorie in die Strukturen der anderen Kategorie einfließen und umgekehrt [...] ist eine klare Trennung zwischen beiden möglich. Es gibt bestimmte Merkmale, durch die beide Kategorien eindeutig voneinander getrennt werden können."

Viele dieser Merkmale wurden bei der bisherigen Untersuchung bereits genannt. Die Diskussion von Walters Analyse dient daher zum einen der Zusammenfassung und Präzisierung der bis hierhin gewonnen Erkenntnisse und zum anderen bildet sie den Ausgangspunkt für die im Anschluss stattfindende Modellentwicklung. Da sich Walters Ansatz ausschließlich mit dem Genre der Adventurespiele beschäftigt und er ferner etliche in meinen Augen wichtige Aspekte unberücksichtigt lässt, ist eine erhebliche Modifikation seines Modell notwendig.

Wie auch bei den bisherigen Betrachtungen des Spielbegriffes, stellt das *game* für Walter (2001, 75ff.) ein Gebilde aus konstitutiven Regeln dar, die nach einem Gebrauch – dem Spielen (*play*) – verlangen. Jener spielende Akt setzt sich auf Spielerseite aus einer Reihe von Selektionen zusammen, die jeweils auf spezifische Handlungsoptionen gerichtet sind und konkrete Handlungen einleiten sollen. Hierfür stellt das Spiel eine Reihe von Befehlen zur Verfügung, die eine Interaktion mit der Struktur des Spiels ermöglichen. Um diesen Prozess zu beschreiben, greift Walter (2001, 105ff.) auf Modelle der präskriptiven Entscheidungstheorie zurück, die aber der Einfachheit halber hier nicht im Detail dargelegt werden sollen. Festgehalten werden soll lediglich, dass eine Entscheidungssituation anhand zweier Hauptmerkmale modelliert wird: Zielfunktion und Entscheidungsfeld. Das Entscheidungsfeld legt die Menge der möglichen Objekte für die Entscheidungsfindung fest. Die Zielfunktion bezeichnet das wünschenswerte Ergebnis, das als Präferenzkriterium die Selektion anleitet.

Auf diese Weise denkt Walter das Spielen aus einer Rezipientenperspektive. Die Selektion bildet für ihn das Grundprinzip des Spiels:

> „Selektion bildet für Adventure Games das grundlegende *Spielprinzip*. Durch Selektionen in Folge entstehen *Spielstrukturen*. [...] Der Selektionsprozess ist dabei mit der Lösung eines Entscheidungsproblems gleichzusetzen." (Walter 2001, 90, Herv.i.O.)

„Handlung" bildet für diese Struktur demnach nicht (wie etwa für Aristoteles) den Grund, sondern vielmehr das Ergebnis eines Prozesses, welcher der Handlung vorausgeht und sich in selbiger manifestiert.

Die Kategorie der Erzählung wird auf einer davon unterschiedenen Struktur mit genuinen Merkmalen abgebildet. Wie das Spiel wird sie durch einen Prozess, eine Struktur und spezifische Elemente beschrieben. Im Gegensatz zum Spiel ist der Prozess allerdings nicht auf der Rezipientenseite als ein Vorgang der Entscheidungsfindung verortet, sondern auf der Produzentenseite, wo ein Autor oder Erzähler die Struktur im Akt des Erzählens innerhalb einer Redesituation hervorbringt: „Erzählen heißt, Ereignisse einer Geschichte auszuwählen und innerhalb eines Zeichengebildes (=Erzählung) darzustellen." (ebd., 70) Eine Erzählung wird daher immer aus „zweiter Hand, erzeugt, d.h. es besteht eine zeitliche und/oder räumliche Trennung zwischen Erzählung und Geschehen" (ebd., 72), und es gibt einen Produzenten, der die Elemente der Geschichte in einer festen Struktur anordnet, aber nicht mit dem Rezipienten identisch sein kann.

Nachdem auf diese Weise die Kategorien von Spiel und Erzählung strukturell beschrieben sind, sucht Walter sie nach möglichen Analogieebenen ab. Jene findet er in den jeweils konstitutiven Elementen „Figur" und „Befehl". Während Figuren und die von ihnen ausgeführten Handlungen (wie schon Aristoteles feststellte) grundlegend für die Erzählung sind, gilt dies auf Seiten des Spiels für die notwendigen Befehle und die sie auslösenden Entscheidungssituationen. Nur so ist trotz der immer wieder festgestellten Divergenz von Spiel und Erzählung eine strukturelle Kopplung der beiden gegensätzlichen Kategorien möglich.[75] Diese Kopplung vollzieht sich über die gemeinsame Ausrichtung auf bestimmte Ziele: Aufseiten der Erzählung sind die Handlungen der einzelnen Figuren stets durch konkrete Ziele motiviert. Der Protagonist hat z.B. das Ziel, ein Artefakt zu finden; Protagonist und Antagonist unterscheiden sich dahingehend, dass ihre Zielbereiche miteinander kollidieren und sich gegenseitig ausschließen. Auch auf Ebene des Spieles finden sich bestimmte Ziele, welche der Spieler durch Konfiguration der Spielmaterialien zu erfüllen hat. Eine Kopplung der beiden Strukturen vollzieht sich, wenn die hierzu notwendigen Handlungen des Spielers unmittelbar durch das erzählende System initiiert werden und sich damit in einem direkten Abhängigkeitsverhältnis wiederfinden.

Die spätere Untersuchung struktureller Kopplungen, wie sie hier durchgeführt werden soll, wird zu Teilen auf Walters Modell rekurrieren, aber einen etwas anderen Ansatz wählen, einen, der die Analogien nicht auf Ebene der Struktur, sondern in den Operationen des Spielers sucht. Walters Analyse leistet hierzu eine wichtige Vorarbeit, da sich mit seiner Hilfe narrative und ludische Phänomene in Spielen eindeutig definieren, benennen und folglich scharf voneinander abgrenzen lassen. Anhand seiner Kriterien ist es ihm möglich, ganze Abschnitte zu identifizieren, die er unzweideutig dem Spiel oder der Erzählung zuordnet: Zur Kategorie der Erzählung gehören beispielsweise Animationen oder Zwischensequenzen[76], die durch „selbstablaufende, nicht direkt durch den Nutzer beeinflussbare Phänomene innerhalb eines Adventure Games"

---

[75] Vgl. Walter 2001, 207-210. Obwohl Walters Ansatz den Ausgangspunkt dafür bildet, wird meine Definition einer strukturellen Kopplung signifikant von der seinigen abweichen.
[76] In der Literatur auch als „cut scene" oder „full motion video" bezeichnet – vgl. Furtwängler 2001, 384.

(ebd., 170) gekennzeichnet sind. Die Spielabschnitte hingegen sind durch den beschriebenen Entscheidungsfindungsprozess zwischen Selektion und dem Einleiten einer Handlung charakterisiert.

Das Entscheidende an Walters Ansatz ist jedoch, dass er die beiden Strukturen in einem gemeinsamen Prozess verortet. Der Ablauf eines Spiels kann sodann als ein Oszillieren zwischen Spiel- und Erzählabschnitt dargestellt werden. In einem solchen Modell erwägt der Nutzer das erforderliche Ziel, prüft die ihm hierfür zur Verfügung stehenden Handlungsoptionen und leitet auf Basis einer Entscheidung eine Handlung ein, die sich sodann in einer vorproduzierten Animationssequenz ausdrückt. Die narrativen Einheiten werden so zwar mit dem dynamischen System des Spiels konfrontiert und treten mit diesem in Wechselwirkung, erhalten sich aber ihren statischen Charakter vollständig. Dadurch gehen die beiden Strukturen einen symbiotischen Zustand ein, bei dem sich die eine in den Dienst der anderen stellt: Jede Aktion des Spielers löst eine animierte Antwortreaktion des Computers aus, die ihrerseits eine neue Ausgangsposition für die darauffolgende Aktion bereitstellt:

> „[D]ie beiden Größen Spiel und Erzählung sind inkompatibel. [...] Gibt es in einem beliebigen Adventure Game einen Abschnitt, der dem Spiel zugeordnet werden kann, dann wird er nicht gleichzeitig den ‚Grundbedingungen' einer Erzählung gerecht – und umgekehrt." (ebd., 47)

Auch Juul (1998) vertritt diese Ansicht, wenn er ausführt:

> „'[I]nteractive story' works by switching between two temporal modes, the narrative mode and game mode. [...] You can't have narration and interactivity at the same time."

Ein ähnliches, in mancherlei Hinsicht elaborierteres Modell wurde schon anhand von Aarseths Theorie des ergodischen Textes diskutiert. Walters Ansatz geht aber insofern darüber hinaus, da er mit dem Rückgriff auf die Entscheidungstheorie über ein präziseres Rezipientenmodell verfügt und außerdem eine klare und damit für die vorliegende Untersuchung produktivere Trennung von Spiel- und Erzählstruktur vornimmt. In der gegenwärtigen Form halte ich das Modell allerdings unter zweierlei Gesichtspunkten für unzureichend: Erstens ist er mit seiner eingeschränkten Fokussierung auf Strukturen des Spiels und der Erzählung nicht in der Lage, Phänomene zu beschreiben, die hier unter dem Begriff „Simulation" vorgestellt wurden und gleichermaßen am Spielprozess teilhaben. Zweitens ist sein ausschließlich in zeitlichen Dimensionen modellierter Ablauf des Spiels als ein Sich-Abwechseln von Spiel- und Erzählabschnitten zwar für die von ihm analysierten Adventurespiele angebracht, für allgemeine Zwecke aber unzureichend. So kommt zwar auch Frank Furtwängler (2001, 374) vorübergehend zu derselben Erkenntnis wie Walter:

> „Das Computerspiel liegt insgesamt in einem Spannungsverhältnis zwischen (mindestens) zwei Polen, die durch die Kategorien *Interaktivität* und *Narrativität* markiert sind. Dabei ist dieses polare Feld geprägt von der Entscheidungssituation des ‚entweder/oder', also von der vexierbildhaften Unmöglichkeit des gleichzeitigen Erscheinens dieser Kategorien." (Herv.i.O.)

Jedoch muss Furtwängler (ebd., 396ff.) seine Feststellung kurz darauf revidieren, als er im Zuge seiner Analyse auf eine moderne Variante dieses Prinzips stößt, bei der Erzählmodus und Spielabschnitt keiner zeitlichen Trennung unterliegen: so genannte *scripted events*. In einem solchen Moment gibt der Spieler seine Position als Handelnder mitnichten zugunsten der Erzählung auf, sondern agiert gleichzeitig mit dieser. Die einzelnen Erzählgeschehnisse werden aber weiterhin durch ihn eingeleitet und sind durch die Produzentenseite in Form der namengebenden „Skripts" vollständig determiniert. Furtwängler (ebd., 398) vergleicht dieses Prinzip mit einer künstlich erzeugten „Face-to-Face-Situation", in welcher die soziale Interaktion eines Protagonisten mit den Figuren einer Geschichte simuliert werden soll. Dabei werden die divergenten Ebenen von Interaktivität und Narration jedoch keineswegs aufgehoben: Sie gehorchen weiterhin dem Kriterium der räumlichen Trennung – nur eben nicht mehr einer zeitlichen.[77]

Wie gesehen ist eine Gleichzeitigkeit zwischen Interaktion und Narration also durchaus möglich. Es ist daher nicht zulässig, die beiden ausschließlich auf Basis eines zeitlichen Ablaufmodells zu unterscheiden. Stattdessen müssen einzelne *existents* und *events* isoliert betrachtet und anhand ihrer jeweiligen Produktionsinstanz einer der möglichen Kategorien zugeordnet werden. Diese Tatsache verkompliziert das Modell ein wenig, stellt es aber nicht vor grundsätzliche Widersprüche.[78]

Unter Einbeziehung dieser Problematik ist das Modell von Furtwängler schon einen Schritt weiter, da er für den Spielprozess explizit ein kybernetisches System zugrunde legt. Folglich erklärt er die „Interaktivität" zum konstitutiven Moment des Spielens und definiert sie als:

> „eine steuernde, manipulierende Aktion des Handelnden (Spielers/Benutzers) zur Einflussnahme auf ein dynamisches, medial vermitteltes System, inklusive einer damit verbundenen Rückkopplung." (ebd., 375)

Damit bewegt er sich ganz in der Nähe von Aarseths Konzept der Ergodik. Dass Aarseth (1997, 47-51) den Begriff „Interaktivität" vermeidet, kommt nicht von ungefähr und begründet sich mit dem inflationären und dementsprechend unscharfen Gebrauch dieses Ausdrucks in verschiedensten Kontexten. Ist aber eine ausreichende Präzision bei der Verwendung des Begriffs gewährleistet, erscheint er mir durchaus angemessen. Er muss jedoch deutlich von anderen Formen der Interaktion zwischen Leser und Text unterschieden werden, die, wie Furtwängler (2001, 376) anmerkt, von seinem Begriff zwar ausgeklammert, allgemein aber nicht ausgeschlossen werden.

Zu diesem Zweck möchte ich Eric Zimmermans (2004, 158-159) viergliedrige Typologie der Interaktivität heranziehen. Darin nennt er auf der untersten Ebene die „kognitive Interaktivität" (oder „interpretative Partizipation am Text"): Sie beschreibt den Prozess der Fabelkonstruktion durch den Leser. Dass dieses ursprünglich einmal als passiv aufgefasste „Empfangen" eines Redeinhaltes[79] zu einem Konzept der (Inter-)Aktivität aufgewertet wurde, geht auf Wolfgang Iser (1994, 257) zurück:

---

[77] Um eine vollständige Aufhebung zu erreichen, so Furtwängler (2001, 398) müsste eine Geschichte „on the fly' generiert und erfahrbar gemacht werden." Darüber, wie dies geschehen könnte und wie es dann zu beschreiben wäre, streitet die Wissenschaft noch. Furtwängler spielt hier auf Phänomene der Simulation an, die meiner Ansicht nach nicht mehr der Narrativität zuzurechnen wären, sondern einer eigenen Kategorie. Darauf wird im nächsten Kapitel näher eingegangen.

[78] Walter (2001, 72) ist sich dessen bewusst, wenn er definiert, dass Erzählabschnitte prinzipiell „aus zweiter Hand" produziert werden – siehe S. 45. Dass „erste und zweite Hand" aber auch gleichzeitig produzieren können, scheint für ihn ausgeschlossen. Das Beispiel der *scripted events* zeigt, dass es doch geht – das Abgrenzungskriterium bleibt dabei unangetastet.

[79] Siehe dazu Fußnote 19.

„Das Lesen als eine vom Text gelenkte Aktivität koppelt den Verarbeitungsprozess des Textes als Wirkung auf den Leser zurück. Dieses wechselseitige Einwirken aufeinander soll als Interaktion bezeichnet werden".

Die zweite Art der Interaktivität wird als „funktional" (oder „zweckgerichtete Partizipation am Text") bezeichnet: Sie beschreibt Prozesse, die sich weniger mit dem Text selbst als mit seinem Kontext auseinandersetzen, beispielsweise das Durchstöbern des Inhaltsverzeichnisses, das Reflektieren über die verwendeten Schrifttypen etc. Als drittes beschreibt Zimmerman (2004, 158) die „explizite Interaktion" (oder „Partizipation mit designierter Auswahl und Prozeduren in einem Text"): „This is ‚interaction' in the obvious sense of the word". Sie entspricht der oben von Furtwängler gegebenen Definition und damit der Auffassung, die auch im Folgenden für diesen Begriff reserviert sein soll. Viertens und letztens fügt sich dem noch die „Meta-Interaktivität" (oder „kulturelle Partizipation am Text") hinzu: Sie betrifft Aktivitäten, die sich außerhalb des Textes abspielen, diesen aber mittelbar betreffen – beispielsweise Phänomene der Fankultur. Diese vier Arten der Interaktion müssen stets auseinander gehalten werden, auch und vor allem weil sie bei der folgenden Diskussion der strukturellen Kopplungen miteinander in Wechselwirkung treten und so zu verschwimmen drohen.

Die für uns entscheidende Frage, die Furtwängler (2001, 400) an sein Konzept der Interaktivität stellt, betrifft die Art des Objektes, auf das jene gerichtet ist. Bei der Diskussion des beschriebenen Oszillierens zwischen interaktiven und narrativen Abschnitten im Spiel kommt er zu dem Schluss, „dass interaktive Einflussnahme kaum auf etwas anderes bezogen werden kann als auf eine nicht-interaktive Struktur." Wie auch die vorliegende Untersuchung interessiert sich Furtwängler hauptsächlich für narrative Strukturen als Bezugspunkte der Interaktion. Für die spätere Modellentwicklung ist jedoch zu überlegen, welche anderen Strukturen hier in Betracht zu ziehen sind. Furtwängler selbst gibt dazu keinen Vorschlag ab.[80] Der Streit zwischen Ludologen und Narratologen gibt aber Anlass zu der Vermutung, dass die Struktur der Simulation einen möglichen Kandidaten abgibt.

Mit ihren Modellen ziehen Walter und Furtwängler – ähnlich den Ludologen – eine scharfe Trennungslinie zwischen den Kategorien Spiel und Erzählung und kennzeichnen diese mit den strukturellen Merkmalen von Interaktivität und Narrativität. Im Gegensatz zu den Ludologen erklären sie die Unterscheidung aber nicht für absolut und normativ, sondern integrativ und sich zumindest hypothetisch wechselseitig befruchtend. So hält Furtwängler (ebd., 379) fest:

„Eine ‚friedliche' Koexistenz mehrerer Systemvermittlungsverfahren zwischen beiden Seiten des Interfaces (hier interaktiv und narrativ) ist nur dann gewährleistet, wenn sich das *eine* Prinzip in den Dienst des *anderen* stellt – sich integriert." (Herv.i.O.)

Es hat sich daher als sinnvoll erwiesen, die beiden als Strukturen zu behandeln, die in einen gemeinsamen Ablauf oder Prozess eingebunden sind. Nur so können die Kategorien aufeinander bezogen werden, ohne dass ihre genuinen Merkmale vernachlässigt würden.

Eine zentrale Kategorie hierfür bildet der Spieler, der in Form spezifischer Operationen und Kognitionen mit beiden Systemen eine konkrete Verbindung eingeht. Wichtige Hinweise zur

---

[80] Einzig an einer Stelle (Furtwängler 2001, 390) stellt er die Überlegung auf, dass auch räumliche Strukturen für eine Matrix der Interaktion mit dem Spiel in Betracht gezogen werden könnten. Er geht diesem Gedanken aber nicht weiter nach. Hierauf kommt Kapitel 4.3 zurück.

Beschreibung dieses Vorgangs liefert Walter (2001, 210), indem er die Interaktion mit dem Spiel als eine Entscheidungssituation modelliert, welche einen Befehl initiiert und somit auf Ebene der Erzählstruktur eine Handlung einleitet:

> „Da die narrativen Zielbereiche direkt aus dem spielerischen Zielhierarchiesystem abgeleitet werden, bilden Ziele die gesuchte Verbindung zwischen Spiel- und Erzählstrukturen. [...] Handlung und Entscheidungssituation hängen zum einen durch strukturelle Kopplung voneinander ab [...], zum anderen bestehen direkte Bezüge, da auf jede Entscheidung eine Handlung erfolgt, d.h. Entscheidung initiiert Handlung."

Der Ablauf eines Computerspiels wird so aus einer Rezipientenperspektive gedacht, welche nicht nur die formalen Aspekte des Spieles beschreibt, sondern in Ansätzen auch die kognitiven Prozesse berücksichtigt, die für das Spielen relevant sind. Ausgehend von diesen Feststellungen soll Walters Modell der strukturellen Kopplung im nächsten Kapitel um einen kognitivistischen Ansatz erweitert werden, da ein solcher in der Lage ist, sowohl die Vorgänge bei der Entscheidungsfindung, als auch das Interpretieren der Geschichte zu erklären.

3. Entwicklung eines Beschreibungsmodells für Analysezwecke

Die bisherige Untersuchung versuchte zu zeigen, dass Spiel und Erzählung zwei unterschiedliche Kategorien repräsentieren. Nichtsdestotrotz sind in Computerspielen Phänomene zu beobachten, die entweder der einen oder der anderen Kategorie zuzuordnen sind, nie aber einer gemeinsamen. Spiel und Erzählung sind – auch wenn die Grenzen bisweilen zu verwischen scheinen – jederzeit voneinander abstrahierbar.

Dies führte innerhalb des akademischen Diskurses zu einer Reihe von Missverständnissen, irrigen Annahmen und übertriebenen Normativen. Auf der einen Seite wurde das Spiel lediglich als eine Erweiterung traditioneller Erzählmedien wahrgenommen. Auf der anderen Seite formierten sich gegen diese Position die Ludologen und fielen dabei unnötigerweise ins verkehrte Extrem, indem sie jedwede narrative Bestrebung in Spielen verurteilten und entsprechende Formalismen in ihren terminologischen Apparaten nicht vorsahen.

Dementsprechend defizitär fallen die jeweiligen Beschreibungsmodelle aus, da sie sich auf die eigens privilegierten Aspekte versteifen und andere mit Vorliebe ignorieren. Die vorliegende Untersuchung strebt jedoch an, die narrativen Verfahren und Strategien in Computerspielen zu benennen, sie zu isolieren und auf ihre Funktion für die Struktur des Spiels hin zu überprüfen. Es muss also – unter Zuhilfenahme der im vorigen Kapitel vorgestellten Theorien – ein eigenes Modell entwickelt werden, das für dieses Vorhaben geeignet ist und mit Einschränkung beiden Positionen gerecht wird. Eine solche „vereinheitlichte Theorie" ist gar nicht so abwegig, wie es auf den ersten Blick scheint oder wie es einzelne Vertreter der jeweiligen Schulen bisweilen gerne hätten, sind die Unterschiede in vielerlei Hinsicht doch eher ideologischer und heuristischer als wirklich kategorischer Natur. So ist vor allem in den Analysen der Ludologen ein heimlicher Hang zu narratologischen Begrifflichkeiten zu erkennen, deren Konsequenzen für die Theorie aber von ihren Akteuren vehement bestritten werden.

Das notwendige Fundament für ein solches Beschreibungsmodell wurde bei der Diskussion der einzelnen Positionen im vorigen Kapitel bereits gelegt. Dabei wurde festgestellt, dass der Schlüssel zum Verständnis des Computerspiels nicht in der Analyse des Spiels und seiner Regeln begründet liegt, sondern in der Analyse des damit verbundenen Prozesses – dem Spielen (*play*) – oder wie Neitzel (2000, 13) es ausdrückt: „Bloße Spielregeln sind kein Spiel. Es will gespielt werden, ebenso wie die Erzählung erzählt werden will." Im Gegensatz zu den Ludologen soll hier aber nicht behauptet werden, dass narrative Verfahren in diesem Prozess keine Rolle spielen. Im Gegenteil: Die Analyse setzt den Fokus dort an, wo solche Phänomene nicht nur als Oberflächeneffekte zum Einsatz kommen, sondern für den Prozess selbst einen notwendigen Faktor darstellen.

Für die Beschreibung narrativer Verfahren in Computerspielen erwies sich Neitzels Erweiterung der Genetteschen Narratologie als äußerst hilfreich.[81] Allerdings zeigte sich, dass damit die Beschreibung von spezifischen Spiel- und Erzählelementen in Computerspielen unmöglich wird, da die beiden in Neitzels Terminologie zu der gemeinsamen Kategorie einer „gespielten Geschichte" vereinigt sind. Es muss daher auf ein Modell zurückgegriffen werden, das den struktu-

---

[81] Siehe Kapitel 2.1.2

rellen Unterschied zwischen Spiel und Erzählung anerkennt, aber dennoch in der Lage ist, beide Phänomene in einen gemeinsamen Prozess zu integrieren.

Hierfür bot Walters Ansatz einen wichtigen Anhaltspunkt, indem er Spiel und Erzählung als getrennte Strukturen denkt, die nicht nur in einen gemeinsamen Prozess eingebettet sind, sondern einander außerdem Stellen zur strukturellen Kopplung offerieren. Aber wie zu sehen war, ist sein Modell für allgemeine Zwecke nur bedingt geeignet, zum einen weil er den Prozess selbst nur ungenügend beschreibt, zum anderen weil er andere für das Spiel relevante Faktoren, wie die Simulation, ignoriert. Letzteres ist auch Furtwängler vorzuwerfen, dessen Modell jedoch insofern präziser ausfällt, als er zur Beschreibung des Spielablaufs ein kybernetisches Interaktionsmodell vorsieht.

Ein solches findet sich in gut ausgearbeiteter Form bei den Ludologen. Ausgehend von Aarseths System des ergodischen Textes widmen jene sich ausführlich den verschiedenen im Spiel ablaufenden Prozessen. Zudem erkennen sie mit dem Konzept der Simulation ein Grundprinzip des Computerspiels an, das in rein narratologischen Untersuchungen gerne vernachlässigt oder gar nicht erst als solches wahrgenommen wird.

Aus dem Gesagten leiten sich folgende Voraussetzungen ab, die das gesuchte Modell erfüllen muss: 1) Es muss die Strukturen von Spiel und Erzählung als solche anerkennen und ihre Elemente beschreiben. 2) Es muss einen Prozess beschreiben, in dem das Spiel und der Spieler einander als Aktanten, als Akteure und Teile, als Subjekte und Objekte des Prozesses enthalten sind. 3) Es muss definieren, was das Produkt dieses Prozesses ist, und Methoden und Heuristiken zur Analyse dieses Produktes bereit stellen.

Auf Basis dieses Modells soll dann überlegt werden, wo mögliche strukturelle Kopplungen vermutet werden können und wie diese zu behandeln sind. Die bisherigen Überlegungen führten zu der Vermutung, dass sie ausschließlich auf Ebene des Prozesses (also unter Punkt 2) anzutreffen sind, da die beiden Kategorien auf Ebene der Strukturen (Punkt 1) noch getrennt sind und auf Ebene des Produktes (Punkt 3) nicht mehr unterschieden werden können.

Narratologische Ansätze, die lediglich Punkt 3 berücksichtigen, sind daher meiner Ansicht nach ebenso zum Scheitern verurteilt, wie rein formale Begriffsapparate, die sich nur mit Punkt 1 beschäftigen. Wie dargelegt halte ich es für unabdingbar, den Prozess und darin ablaufende Operationen in die Überlegungen mit einzubeziehen. Diesbezüglich sehe ich den Rückgriff auf zwei Theorien als viel versprechend an: einen kybernetischen Ansatz, der die Operationen des Spiels und seine Interaktion mit dem Spieler beschreibt. Und ein konstruktivistisch-kognitivistischer Ansatz, der die Operationen des Spielers und seine Interaktion mit dem Spiel beschreibt.

3.1 Der Prozess des Spielens

Wie schon mehrfach dargelegt möchte ich den Prozess, der durch die Interaktion des Spielers mit dem Spiel entsteht, mithilfe eines kybernetischen Ansatzes modellieren. Ein solcher berücksichtigt, dass dem Spielen ein dynamisches System zugrunde liegt, welches auf Regeln, spezifische Elemente und verschiedene integrierte Strukturen zurückgreift, um den Ablauf anzuleiten. Jener Ablauf ist damit weder statisch noch beliebig, sondern dynamisch und regelbestimmt. Der

Spieler muss in diesem Prozess nicht-triviale Arbeit aufwenden, die Spielregeln applizieren, Strategien und Taktiken hierfür entwickeln und seine Strukturen verstehen oder verstehen lernen. Die Betrachtung dieses Prozesses muss daher nicht nur berücksichtigen, dass jener „ergodisch" ist, d.h. dass der Spieler Arbeit verrichten muss, um den Text zu durchqueren, sondern vor allem auch fragen, worin diese Arbeit besteht. Da hier das Verhältnis von Spiel und Erzählung untersucht wird, werden kognitive Arbeitsaufwendungen bei der Analyse privilegiert.[82]

Anhand von Furtwänglers Ausführungen war zu sehen, dass der gesuchte Prozess auf der Grundstruktur der Interaktivität basiert, die auf davon unterschiedene Strukturen gerichtet ist.[83] Ein entsprechendes Modell der Interaktion wird daher begriffen als ein System, das Eingaben des Nutzers verarbeitet, um dann Antwortreaktionen des Computers zu generieren und diese auf einer Ebene der audio-visuellen Repräsentation auszugeben. Auf diese Weise entsteht ein Ablauf, der das *play* konstituiert und einen „Diskurs" als dessen Produkt ausgibt. Der Ablauf des Spielens ist somit in einen kommunikativen Prozess eingebettet, der sich aus zwei Akteuren zusammensetzt: Spieler und Spiel, Nutzer und Programm.

Die diesbezüglich zu klärenden Fragen betreffen daher zum einen die unterschiedlichen Strukturen, die im System des Spiels wirken und auf die sich der Prozess richtet. Und zum anderen die Operationen, die innerhalb des Prozesses ablaufen und so das System aufrecht erhalten.

Ausgehen möchte ich hierfür von den im vorigen Kapitel vorgestellten Ansätzen von Walter und Furtwängler, die den Prozess des Spielens als ein Wechselwirken zweier Strukturen modellieren: Interaktivität und Narrativität. Wie gesehen war dieser Ansatz allerdings für die Beschreibung bestimmter Phänomene – etwa *scripted events* oder Simulationsroutinen – nicht ausreichend, weswegen er im Anschluss um entsprechende Aspekte erweitert werden muss. Insbesondere Walters Modell kann daher als der spezielle Fall des hier gesuchten und auf einer höheren Abstraktionsebene angesiedelten Modells verstanden werden. Beginnen wir die Entwicklung mit jenem speziellen Fall und arbeiten uns dann im Allgemeinheitsgrad langsam empor.

In Walters Modell des Spielprozesses wechseln sich zwei diskrete Phasen kontinuierlich ab: Interaktivität und Narrativität, Spielabschnitt und Erzählabschnitt, Entscheidungssituation und Animation. Der typische Ablauf eines Spiels sieht demnach wie folgt aus: Zunächst steht am Anfang eines jeden Spielabschnittes die Aufforderung zur Interaktion. „Der Rechner erwartet eine Eingabe des Users, die vom sogenannten ‚Parser' interpretiert wird und im Weiteren eine Rückkopplung einleitet." (Furtwängler 2001, 374) Hat der Spieler seine Handlungsmöglichkeiten eruiert, Ziele und Hindernisse bei den Überlegungen berücksichtigt und schließlich eine Auswahl für seine Selektion getroffen, erteilt er einen Befehl an das Programm und wartet nun seinerseits auf die Antwort. Das Spiel wertet die Eingabe aus, greift auf den Katalog des narrativen Systems mit seinen vorgefertigten Animationen und Filmszenen zu und spielt als Antwort eine dieser Sequenzen ab. Welche Sequenz dies ist, ist üblicherweise determiniert und im Regel-

---

[82] Wie gesehen (siehe S. 29) sind neben kognitiven auch sensomotorische und affektive Arbeiten für die Analyse von Computerspielen von Bedeutung. Diese sind für die vorliegende Untersuchung jedoch weniger relevant.

[83] „Interaktivität [...] ist [...] unbestritten das konstitutive Prinzip des Computerspiels. [...] [I]nteraktive Einflussnahme [kann] kaum auf etwas anderes bezogen werden [...] als auf eine nicht-interaktive Struktur." (Furtwängler 2001, 372,400)

werk des Spiels verankert. Die Animation zeigt die eingeleitete Handlung, ihre Konsequenzen oder ihr Misslingen innerhalb der Diegese an und leitet eine neue Phase der Interaktivität ein, in der sich der Spieler wiederum einem Entscheidungsproblem gegenüber sieht, für das nunmehr eine veränderte Ausgangssituation berücksichtigt werden muss.

Hierzu ein Beispiel aus dem in Kapitel 5 ausführlich behandelten Adventurespiel *Gabriel Knight II: The Beast within*. Das Spiel beginnt mit einem längeren „Intro", in dem der Spieler über die Vorgeschichte und die Ausgangssituation des Spiels in Kenntnis gesetzt wird.[84] Nach Beendigung dieser als selbstablaufender „Film" präsentierten Sequenz sehen wir den Protagonisten Gabriel in seinem Zimmer stehend und auf die Eingabe des Nutzers „wartend". Wir befinden uns also ab da in der von Walter als „Spielabschnitt" bezeichneten Phase, in welcher der Spieler bisher erhaltene Informationen auswertet, eine Entscheidung für die nächste Handlung trifft und hierfür die Elemente des Spieles und seine Regeln berücksichtigen muss. Ist eine Entscheidung gefallen und wurde der entsprechende Befehl erteilt, so gibt das Spiel die Konsequenzen wiederum in Form einer selbstablaufenden Animation (einer Zwischensequenz) aus. In diesem Beispiel gibt der Spieler die Anweisung, eine Tasche zu öffnen.

Establishing Shot von „Schloss Ritter"   Gabriel erwacht   Gabriel „wartet" auf einen Befehl

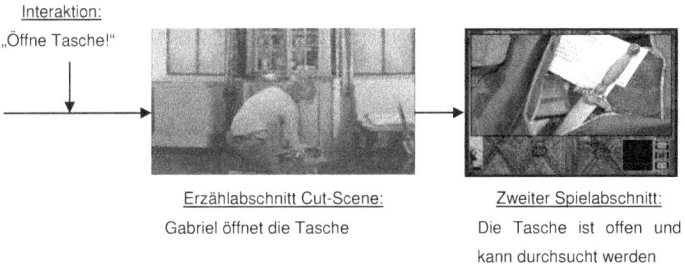

Interaktion: „Öffne Tasche!"

Erzählabschnitt Cut-Scene: Zweiter Spielabschnitt:
Gabriel öffnet die Tasche   Die Tasche ist offen und kann durchsucht werden

Abb. 3.1a-e Spiel- und Erzählabschnitte in *Gabriel Knight II*

Nach Beendigung der Sequenz sind die Spielmaterialien erfolgreich manipuliert, die Spielwelt aktualisiert, die „Story" ist in ihrem Ablauf fortgeschritten, der Spieler hat neue Informationen für künftige Handlungen erhalten und sieht sich erneut mit der Entscheidungssituation eines Spielabschnitts konfrontiert. Nach diesem Muster funktioniert das gesamte Spiel: Das Spiel oszilliert zwischen Entscheidungssituationen und Animationssequenzen. Letztere sind in Form der verwendeten *full motion video*-Szenen vollständig durch die Produzentenseite determiniert und

---

[84] Eine ausführliche Beschreibung des Spiels und seiner Geschichte findet sich zu Beginn von Kapitel 5.1.

vorgefertigt. Die Aufgabe des Spielers besteht darin, durch korrekte Eingaben die Geschichte voranzubringen und so zu aktualisieren. Dieser Ablauf ist in Übereinstimmung mit Furtwängler und Walter als Prozess zweier Strukturen zu beschreiben: Interaktivität und Narrativität.

In diesem Modell tritt die interaktive Struktur des Spieles mit einem narrativen System in Wechselwirkung, indem es Verfahren der Narrativität auslöst und auf sich selbst rückkoppelt. Wie zu vermuten, findet die Rückkopplung über die audio-visuelle Oberfläche statt – oder anders gesprochen: dem Diskurs. Der Diskurs enthält die Informationen und Hinweise, die sowohl zum Durchführen weiterer Interaktionen als auch zur Konstruktion der Fabel notwendig sind.

Im Gegensatz zu Walter halte ich es jedoch nicht für sinnvoll, eine Unterscheidung zwischen Interaktivität und Narrativität anhand disjunkter Zeitfenster – also einzelner „Abschnitte" – vorzunehmen. Stattdessen nehme ich an, dass hinter jeder Struktur unabhängig voneinander behandelbare Systeme wirken, deren Elemente, Phänomene und Operationen über ihre Produktionsinstanzen definiert und durch spezifische Eigenschaften unterschieden werden. Jene Elemente müssen im Diskurs des Spiels jeweils isoliert behandelt, durch das Modell beschreibbar gemacht und anschließend dem Prozess wieder eingefügt werden.

Für jedes Element, das im Lichte dieses Modells einer narrativen Struktur zugehört, möchte ich im Folgenden den neoformalistischen Ausdruck „Verfahren" (device) reservieren: Nach Thompson (1988, 416) meint das Wort Verfahren „jedes einzelne Element oder jede Struktur, die im Kunstwerk eine Rolle spielt – eine Kamerabewegung, eine Rahmenhandlung, ein wiederholtes Wort, ein Kostüm, ein Thema usw." Während Walter einzig und allein Animationen und Zwischensequenzen als Elemente des Narrativen behandelt, umfasst der Begriff in der hier verwendeten Bedeutung sämtliche Phänomene, die über folgende Eigenschaften verfügen: Narrative devices werden grundsätzlich aus zweiter Hand produziert, sie enthalten existents und events, die von einer organisierenden Instanz ausgewählt und angeordnet wurden, und sie sind in eine Rezeptionssituation mit mindestens zwei realen Akteuren eingebettet – dem Autoren des device und seinem Rezipienten. Neben den erwähnten Zwischensequenzen gehören damit u.a. auch Charakteranimationen, Sprachsamples, scripted events, Wandtexturen, Schrifteinblendungen oder Hintergrundmusik dazu. Wichtig für die Analyse ist jedoch, dass niemals der Diskurs selbst, sondern immer nur seine isolierten Elemente als narratives Phänomen beschrieben werden dürfen.

In diesem Sinne konstituiert der Ausdruck „Narrativität"[85] ein erzählendes System, das dem Spiel eingeschrieben ist, davon aber unterschieden wird. Jenes System enthält Elemente und Verfahren, auf die das übergeordnete System des Spiels im laufenden Prozess zurückgreift, um Antwortreaktionen auf die interaktiven Eingaben des Spielers zu generieren. Der Prozess des Spielens wiederum verankert die Elemente in einer Struktur, die als solche analysiert werden kann. Narrativität ist dabei keineswegs gleichzusetzen mit einer Erzählung – auch wenn die

---

[85] Vgl. zum Begriff „Narrativität" auch Furtwängler 2001, 375.

produzierte Struktur mitunter so erscheinen mag. Narrativität ist eine Eigenschaft bestimmter Verfahren und Elemente, von denen das Spiel systematischen Gebrauch macht, um sich und seinen Ablauf zu organisieren.

Das nächste Kapitel wird sich näher mit diesem Aspekt beschäftigen und klären, auf welche Weise narrative *devices* im Diskurs des Spieles analysiert und als Produkte des interaktiven Prozesses beschrieben werden können. Daher sollen die Ausführungen zum gegenwärtigen Zeitpunkt genügen. Vorerst gilt es der Frage nachzugehen, wie die Narrativität in das System des Spiels eingebunden ist und welche sonstigen Strukturen in dem Prozess eine Rolle spielen. Meiner Ansicht nach beruht ein Großteil der Narratologen-vs.-Ludologen-Debatte darauf, dass beide jeweils nur eine der hierfür in Frage kommenden Strukturen berücksichtigen und diejenigen der anderen Fraktion übersehen oder verleugnen.

Am Besten lassen sich diese Fragen an einem Beispiel diskutieren. Betrachten wir hierzu eines der ersten und simpelsten Computerspiele überhaupt: das Tennisspiel *Pong* (USA 1972, Atari). Dort steuern zwei Spieler jeweils einen „Schläger" (Strich) am linken bzw. rechten Bildschirmrand auf und ab, um einen „Ball" (Punkt) zwischen den beiden Kontrahenten hin und her zu „schlagen". Wer den Ball verfehlt, verliert, und der Gegner erhält einen Punkt.

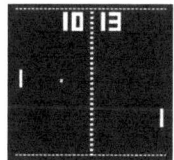

Abb. 3.2 Vier in Einem: Interaktion, Simulation, Repräsentation und Ludus von *Pong*

Vier Faktoren sind bereits an diesem einfachen Beispiel abzulesen: Zunächst fällt das konstitutive Prinzip der Interaktivität auf, das über ein Interface die Interaktion mit den Spielmaterialen (dem Schläger) erlaubt und diese Interaktion strukturiert. Doch – im Gegensatz zu Furtwänglers (2001, 372-373) Auffassung – ist Interaktivität nicht die einzige Struktur, die in *Pong* zu beobachten ist: Mit dem Flug des Balles und den Regeln, die seine Flugbahn festlegen, verfügt das Spiel über mindestens ein Phänomen, das als nicht-interaktiv gelten muss, da der Spieler nicht direkt oder nur mittelbar darauf Einfluss nimmt. Es ist offenbar einer Struktur zugehörig, auf die die Interaktivität zielt, selbst aber kein Teil davon ist. Folglich stellt sich die Frage, welchem System es zuzuordnen ist.

Ein narratives *device* kommt hierfür schwerlich in Betracht, da das Phänomen kaum den soeben formulierten Bedingungen an ein solches gerecht wird. Indem das gesuchte System aber offenbar das regelbestimmte Verhalten eines Objektes imitiert – auch wenn dieses Regelsystem außerordentlich simpel ist und lediglich aus dem physikalischen Gesetz vom Einfalls- und Ausfallswinkel besteht –, lässt es doch in Ansätzen eine Struktur der Simulation erkennen.[86]

---

[86] Wie auf S. 36 ausgeführt, definiert Frasca eine Simulation als ein System, welches das Verhalten eines anderen Systems imitiert.

Als Drittes verfügt das Spiel über allgemeine (Ludus-)Regeln, die festlegen, wie Punkte vergeben und der Gewinner ermittelt wird.[87] Diese Regeln sind nicht Bestandteil anderer Strukturen, bilden aber für diese einen Bezugsrahmen, der sie miteinander abgleicht und auf den Prozess ausrichtet.

Viertens enthält das Spiel eine Ebene der Repräsentation, die den Ablauf des Spiels darstellt, seinen aktuellen Zustand und seine Elemente anzeigt und die Bedingungen für weitere Interaktionen festlegt. In der Tat ist – wie Juul ausführt[88] – diese Repräsentation in bestimmten Graden austauschbar (was daran zu erkennen ist, dass dasselbe Spielprinzip mal als Tennis-, mal als Eishockeyspiel verkauft wurde) und in der vorliegenden Form gar kaum als solche (als Tennisspiel) zu erkennen ist. Es wird an gegebener Stelle noch zu klären sein, welchen Stellenwert die Repräsentation innerhalb des Spielsystems besitzt und wie sie sich in das Gesamtmodell einreiht.

Eine „Geschichte" scheint in *Pong* jedoch nicht vorzukommen.[89] Narrativität scheint in diesem Sinne für Spiele keine Grundbedingung darzustellen, während sich Interaktivität alleine als nicht ausreichend für einen ergodischen Prozess erweist. Kücklich (2001) schlägt daher ein dreigliedriges Schema vor, innerhalb dessen sich Computerspiele bewegen können:

> „Die einzelnen Computerspielgenres zeichnen sich also einerseits durch verschiedene Grade der ‚Narrativität' aus – wodurch sich das einseitige Interesse literaturwissenschaftlicher Betrachtungsweisen erklärt –, andererseits lassen sich Computerspiele anhand der Kriterien ‚Offenheit' und ‚Interaktivität' unterscheiden."

Er stellt damit eine ähnliche Typologie für Computerspiele auf, wie sie auch Fritz (2003b, 5-6) mit seinen drei Kategorien „Action", „Denken" und „Geschichten" entwirft.[90] Im Gegensatz zu Fritz, dem es vordergründig um eine Klassifikation verschiedener Spielgenres anhand eher willkürlich beobachteter Merkmale geht, versucht sich Kücklich an einer allgemeinen Einteilung der im Spiel zu beobachtenden Strukturen.[91] Es ist jedoch zu beachten, dass Kücklich mit seinen Kategorien „Narrativität", „Offenheit" und „Interaktivität" keine strukturelle Beschreibung von Computerspielen anstrebt, sondern lediglich Kriterien für den Versuch einer Genretheorie aufstellt. Allerdings sind seine Beobachtungen für das hier entwickelte Modell äußerst nützlich. Indem er nämlich die verschiedenen Spiele in einer Dreiecksmatrix zwischen den genannten Polen anordnet, erkennt er sowohl erzählende Spielkomponenten an, als auch die Tatsache, dass jedes Computerspiel bis zu einem gewissen Grad über undeterminierte, offene Strukturen verfügt. Für die hier verfolgten Zwecke muss der Ansatz allerdings stark erweitert werden.

So wurde mit Furtwängler bereits dargelegt, dass die Interaktivität innerhalb dieser Matrix keine mit den anderen Strukturen gleichwertige Kategorie bildet, sondern eine Grundstruktur für das Spiel darstellt, welche als Voraussetzung für den ergodischen Prozess angesehen werden muss. Darüber hinaus repräsentiert sie diejenige Struktur, die den Spieler und seine Beziehung

---

[87] Bezeichnenderweise bestand die aussagekräftige, einzige Anweisung in den Spielregeln aus dem Satz: „Avoid missing ball for highscore." Vgl. Poole 2000, 33.

[88] Siehe S. 18.

[89] Mit Vorgriff auf das fertige Modell und die Analyse in Kapitel 4.1 ist diese Aussage nicht ganz korrekt und muss an gegebener Stelle revidiert werden. Vorläufig soll sie jedoch so stehen bleiben.

[90] Siehe Fußnote 38.

[91] Fritz' Klassifikation macht einen etwas inkohärenten Eindruck, da er sich mit seinen Polen „Action" und „Denken" auf Aktivitäten des Spielers bezieht, mit „Geschichten" aber auf eine strukturelle Komponente.

zum Spiel beschreibt, während die anderen beiden (Narrativität und Offenheit) dem Spiel und seinen Regeln eingeschrieben sind.[92]

Ich schlage daher vor, das Spiel neu zu konzipieren als ein System, das mehrere Teilsysteme enthält. Jedes Teilsystem wird unabhängig von den anderen konzipiert und bildet eine eigene Struktur innerhalb des Prozesses. Gemeinsam sind sie aber in der Struktur des Spieles verankert. Sie operieren mit und durch den Spieler vermittels des Konzepts der Interaktivität. Eine entsprechende Grafik sähe folgendermaßen aus:

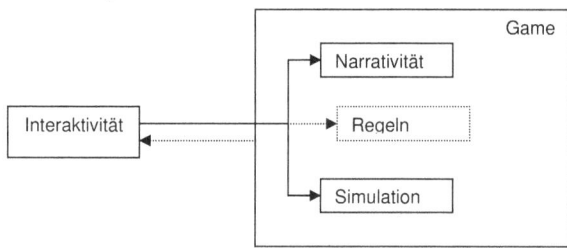

Dieses Modell beschreibt folgende Aspekte: Interaktivität ist ein Konzept, das es dem Spieler erlaubt mit dem System des Spiels in Wechselwirkung zu treten, seine Elemente zu beeinflussen und seine verschiedenen Strukturen in einem gemeinsamen Ablauf zu verankern. Als Produkt dieses Prozesses entsteht ein audio-visueller Diskurs, der die Reaktionen des Systems auf den Spieler rückkoppelt. Im Spiel (*game*) selbst enthalten sind mindestens zwei Systeme, von denen diejenige der Narrativität für die vorliegende Untersuchung maßgeblich ist, diejenige der Simulation aber nicht unberücksichtigt bleiben darf. Besonderes Kennzeichen narrativer Strukturelemente ist ihre vorproduzierte und häufig vollständig determinierte Beschaffenheit. Zwischensequenzen stellen das offensichtlichste narrative Verfahren dar, da in ihnen die interaktive Einflussnahme vollständig unterbunden und die Kontrolle über Sujet und Stil an die traditionelle Narration abgegeben wird. Sie sind aber nicht die einzige Methode, Interaktivität und Narrativität in einen gemeinsamen Ablauf zu bringen. Andere Elemente der Narrativität sind beispielsweise Animationen, Soundausgaben, ein Kameraschwenk oder der einprogrammierte „Tagesablauf" (das „Skript") einer virtuellen Figur.

Zu beobachten ist, dass diese *devices* häufig nicht nur gleichzeitig mit der Interaktivität operieren, sondern problemlos auch von Phänomenen der Simulation begleitet werden können. Es wird daher im Folgenden nicht behauptet, dass sich Spiel- und Erzähl-„Abschnitte" im Ablauf des Spiels abwechseln, sondern davon ausgegangen, dass das System dynamisch verschiedene Strukturelemente systematisch zu einem Diskurs kombiniert. Die Elemente der Simulationsstruktur unterscheiden sich von ihren narrativen Kollegen dadurch, dass sie keine vorgefertigten *events* abspielen, sondern allgemeine Gesetzmäßigkeiten heranziehen, um ein Verhalten individuell und auf Basis eines beliebig komplexen Modells zu generieren. Zu den Verfahren der Simulation gehören beispielsweise die Physik-Engine, Künstliche Intelligenz oder Algorithmen

---

[92] Im Folgenden werde ich nicht den Begriff „Offenheit" verwenden, sondern „Simulation": zum einen, um damit die Forschungsarbeiten der Ludologen in mein Modell zu integrieren, zum anderen, weil „Offenheit" weniger eine eigene Struktur, sondern eher ein als Effekt erfahrenes Phänomen der Simulation bzw. des Spiels bezeichnet.

zur Berechnung eines Wirtschaftskreislaufes. Hinzu kommen Elemente der Spielregeln, wie etwa Siegbedingungen, oder Phänomene der Interaktivität, beispielsweise Buttons, Fenster und Befehle. Jedes dieser Elemente muss im Diskurs isoliert behandelt, seiner jeweiligen Struktur zugeordnet und dann im Kontext des dynamischen Prozesses analysiert werden. Narrativität und Simulation sind auf diese Weise tief in das Spiel und sein Regelwerk eingebettet. Als Systeme sind sie immer ein Teil dieser Regeln, niemals aber die Regeln selbst: Sie sind als Strukturen vielmehr als deren ästhetischer Effekt zu verstehen. Da sie als solche den Konventionen spielfremder Kategorien verpflichtet sind, sind sie jedoch jederzeit von den Regeln abstrahierbar. Das Regelwerk wiederum geht stets über die einzelnen Strukturen hinaus: Es enthält diese einerseits, verfügt andererseits aber auch über spezifische Elemente, beispielsweise Ludus-Regeln, Regeln zur Navigation im Raum, Verbote und Sanktionen. Als organisierende Struktur legt das Regelwerk ebenso die Wechselwirkung zwischen der Interaktivität und den anderen Systemen fest und stellt hierfür das Interface bereit, das sich genau an der Schnittstelle von Interaktivität und *game* befindet. Dieses regelt die Art und den Umfang der Interaktion des Spielers mit dem Spiel und verknüpft seine Eingaben mit den Elementen der jeweiligen Systeme. In der schematischen Darstellung finden sich die Regeln in einer gestrichelten Umrahmung, da der Spieler selten direkt mit ihnen interagiert. Stattdessen leiten sie das Geschehen sozusagen aus dem Hintergrund an, ohne sich darin wiederzufinden.

Was in diesem Modell bisher noch nicht vorkommt, ist eine Ebene der Repräsentation. Prinzipiell sehe ich drei Möglichkeiten, eine solche dem System einzufügen: Erstens könnte sie – wie Aarseth (1997, 104) meint – eine eigene Struktur innerhalb des ergodischen Prozesses aufspannen; zweitens könnte sie nach Juul (1998) der Narrativität zugeordnet werden, da sich bekanntlich die Erzählung durch ihren repräsentierenden Charakter auszeichnet; und drittens könnte sie ein gemeinsames Phänomen der Strukturen von Interaktivität, Narrativität und Simulation darstellen, in keiner von diesen aber unmittelbar enthalten oder gar mit einer davon identisch sein. Ich werde für eine Kombination dieser Positionen plädieren.

Meiner Ansicht nach stellt die Repräsentation kein eigenes System dar. Stattdessen können bei der Analyse bestimmte stilistische Elemente isoliert und definiert werden, die repräsentierende Funktionen übernehmen. Diese sind als Teilmenge vor allem der narrativen Struktur eingeschrieben. Als solche können sie in unterschiedlichster Ausführung vorkommen: als das gezeichnete Bild eines UFOs in *Space Invaders*, als das dreidimensionale Drahtgittermodell einer Spielfigur wie Lara Croft, deren Animationsskript oder als eine Wandtextur. Diese Verfahren bestehen zumeist aus grafischen Elementen und den Operationen, durch die sie hervorgebracht werden. Sie wurden in der Regel durch einen „Autoren" vorproduziert, sind in ihrem Aussehen und/oder Verhalten nach determiniert, vom Spiel und seinen Elementen abstrahierbar und in ihrer Darstellung statisch und reproduzierbar.

Dabei darf jedoch nicht übersehen werden, dass diese Verfahren häufig privilegierte Verbindungen zu den übrigen Strukturen eingehen und zumindest einige von ihnen somit auch jenen angehen. Insbesondere das Simulationssystem nimmt beträchtlichen Einfluss auf repräsentierende Verfahren: Beispiele hierfür sind etwa komplexe Berechnungen des Lichteinfalls oder des Schattenwurfes, dem Chaosprinzip gehorchende Partikeleffekte bei Explosionen, das auf physikalischen Gesetzmäßigkeiten basierende Wogen der Wellen oder die bis ins Detail modellierte Radaufhängung eines Rennautos. Es gilt demnach bei der Analyse oberste Vorsicht walten zu lassen und stets zu unterscheiden, welcher Kategorie ein konkretes Repräsentations-Verfahren im Einzelfall zuzuordnen ist. Die Beschreibung der im Spiel ablaufenden Operationen kann so außerordentlich kompliziert werden, weil an einem einzelnen Objekt gleichzeitig mehrere, wenn nicht sämtliche vorhandenen Systeme wirken: Die Narrativität repräsentiert es, die Interaktivität steuert es, die Simulation beeinflusst es und das Spiel regelt alles. Jede einzelne dieser Komponenten muss durch die Analyse berücksichtigt werden. Ich bin geneigt, diese Komplikation als Schwachpunkt meines Modells auszulegen, halte aber die Alternativen aus den genannten Gründen für unspezifisch und unterkomplex. Denn nur unter diesen Voraussetzungen wird eine präzise Differenzierung der im Spielprozess wirkenden Strukturen und Operationen gewährleistet und eine Vermischung zu Grauzonen, wie sie in der Vergangenheit immer wieder vorkamen, vermieden.

In dem bisher erarbeiteten Modell wird das Spiel (*game)* zusammenfassend gedacht als ein formales System, das sich aus Regeln, Materialien und bestimmten Strukturelementen zusammensetzt. Jene Elemente rekurrieren auf konventionalisierte Strukturen, die sich das Spiel gewissermaßen funktional „ausborgt". Mit ihrer Hilfe generiert das Spiel Antwortreaktionen auf Eingaben des Nutzers, welche durch das Konzept der Interaktivität wiederum strukturiert werden und über den Diskurs auf den Spieler rückgekoppelt sind. Einen ähnlichen, wenn auch weniger ausführlichen Ansatz vertritt Juul (1998), wenn er das Computerspiel aus zwei Systemen zusammengesetzt denkt: Zum einen das „Material", das aus einer Art Datenbank von Grafiken, Animationen, Sound, Text usw. besteht. Zum anderen das „Programm", das die Elemente des Materials abruft, kombiniert und für eine dritte Ebene aufbereitet: den „Output". Auch wenn Juuls Kategorie des Materials mit dem hier definierten System der Narrativität und sein „Output" mit meinem „Diskurs" vergleichbar sind, ist sein Modell für die hier verfolgten Zwecke nicht ausreichend, da es weder zwischen den verschiedenen im Spiel anzutreffenden Strukturen differenziert, noch den Spieler und seine Operationen in den Prozess mit einbindet.

Auch in dem bis hierhin erarbeiteten Modell wurden lediglich verschiedene Systeme und Strukturen definiert, die im Spiel in Wechselwirkung treten, um an einem gemeinsamen Diskurs mitzuschreiben. Damit der dadurch in Gang gesetzte Prozess vollständig erfasst werden kann, muss noch geklärt werden, von welcher Art die Operationen sind, welche die einzelnen Systemkomponenten miteinander verknüpfen, ihre Anschlussmöglichkeiten bezeichnen und auf diese Weise den Prozess als solchen hervorrufen und aufrecht erhalten.

Selbstverständlich stellt der Spieler hierfür eine Schlüsselkategorie dar. Er ist dem System der Interaktivität eingeschrieben und tritt mit dem Spiel in einen Akt der operativen Kommunikation. Die primäre Operation hierfür lautet schlicht und einfach: „Interaktion". Die Interaktion stellt immer eine Eingabe dar, die durch das System verarbeitet und ausgewertet wird und so auf dessen interne Struktur einwirkt und seinen Zustand verändert. Die Art dieser Eingabe kann unterschiedliche Formen annehmen und ist abhängig von der Beschaffenheit des Interface, von dem designierten Zweck, dem sie zugeordnet ist, von der Struktur, auf die sie gerichtet ist, und von den Kognitionen der Entscheidungssituation, die ihr vorausgehen.

Walter bezeichnete eine analoge Operation in seinem entscheidungstheoretischen Modell als „Selektion". Dieser Ausdruck beschreibt das Ergebnis einer Entscheidungssituation und die Handlung, in der sie sich manifestiert, und ist daher geeignet, die verknüpfende Interaktion des Spielers mit dem narrativen System zu bezeichnen. Neitzel verwendete hierfür den Begriff „Narration", da sie im Spieler einen implizierten Autoren sieht, der spezifische Auswahlentscheidungen bezüglich des Geschehens vornimmt.[93] Ich möchte hier jedoch den Begriff der Narration in seiner traditionellen Bedeutung beibehalten und stattdessen Walters Konzept der „Selektion" übernehmen, der insofern mit Neitzels Modell konform geht, da Selektion, wie mehrfach festgestellt, zu den wesentlichen Operationen der Narration gehört.

Auch die verknüpfende Operation zwischen den Strukturen der Interaktivität und der Simulation kann mit einem eigenen Begriff versehen werden: Ich möchte hierfür Caillois' *paidia* vorschlagen. Wie in Kapitel 2.2 dargelegt, repräsentiert *paidia* das „ziellose Herumspielen" mit den Objekten eines Spiels und wird von den Ludologen als Grundkonzept simulierender Spiele privilegiert. Die Verwendung dieses Ausdrucks ist zwar insofern missverständlich, da auch in Simulationen schlechterdings Ziele und Aufgaben existieren, allerdings ist zu beobachten, dass diese in Spielen wie *Sim City* oder *Flight Simulator* (USA 1982, Microsoft) hinter das Vergnügen zurückstehen, mit dem simulierenden System selbst in Kontakt zu treten.

Bleibt noch zu prüfen, inwiefern dem System die Möglichkeit zur operativen Selbstreferenzialität gegeben ist: Vor allem im Falle der Simulation ist eine solche offensichtlich, da eine Simulation prinzipiell auf keinen Nutzer angewiesen ist und immer auch ohne diesen ablaufen kann. Allerdings wäre dies auf lange Sicht nicht „im Sinne" des Spiels. In Ermangelung eines adäquaten Ausdrucks wird die entsprechende Operation im Folgenden etwas missverständlich ebenfalls als „Simulation" bezeichnet – was dem Umstand geschuldet ist, dass die zugehörige Struktur eigentlich „Simulativität" heißen müsste.

Auch die Narrativität ist in der Lage auf sich selbst zu verweisen: Die zugehörige Operation ist mit der „Narration" im traditionellen Sinne identisch. Auch sie kann bis zu einem gewissen Grad ohne Einflussnahme des Nutzers operieren:[94] Gut zu sehen ist dies am Beispiel von Zwischensequenzen, in denen die Narration über einen längeren Zeitraum das Geschehen und seine Darstellung vollständig kontrolliert.

Schlussendlich sind auch Wechselwirkungen zwischen narrativer und simulierender Struktur möglich, z.B. im Falle gegnerischer Spielfiguren, die durch ein narratives *device* grafisch repräsentiert und gleichzeitig durch eine simulierte KI gesteuert werden. Zu beachten ist allerdings, dass diese Operationen als Teile der Programmstruktur dem Nutzer nicht oder nur indirekt über den durch sie produzierten Diskurs zugänglich sind und daher auch nur als solche analysiert werden dürfen.

Der auf diese Weise entstandene Diskurs wirft den Prozess auf den Spieler zurück und fordert von ihm ein Wahrnehmen und Interpretieren der produzierten Zeichen, damit weitere Entscheidungen für die nächste Interaktion getroffen werden können. Die in diesem Schritt ablaufenden selbstreferenziellen Operationen der Interaktivität sind für die vorliegende Untersuchung von

---

[93] Siehe S. 17.
[94] Operiert sie vollständig ohne diesen, handelt es sich zweifellos um ein traditionelles Erzählmedium.

zentraler Bedeutung, da sie den Anknüpfungspunkt bilden, der die interaktiven Eingaben des Spielers an seine kognitiven Arbeitsaufwendungen koppelt und so den Prozess der Fabelkonstruktion in den übergeordneten Prozess des Spielens einbettet. Mit einer detaillierten Beschreibung dieses Vorgangs beschäftigt sich das nächste Kapitel.

Bleibt noch die Frage: Gibt es Überschneidungen oder gar eine Schnittmenge zwischen den einzelnen Strukturen? In der Tat ist es gelegentlich nur schwer möglich, bestimmte Verfahren eindeutig der narrativen oder simulierenden Struktur zuzuordnen. Ein charakteristisches Beispiel hierfür ist die Künstliche Intelligenz (KI) von Nicht-Spieler-Charakteren: Eine KI der Simulation berücksichtigt eine ganze Bandbreite von Faktoren und Parametern und berechnet daraus individuell und dynamisch ein nicht vorhersehbares Verhalten. Vor allem in älteren Actionspielen, wie z.b. *Space Invaders*, ist jedoch zu beobachten, dass die Figuren festgelegten Bahnen folgen und so ihr Verhalten auf Operationen zurückzuführen ist, die der Narration zugeschrieben werden müssen. Dass die Grenzen zwischen den beiden Modi fließend sind, liegt auf der Hand. Trotz dieser Schwierigkeit sollte es jedoch immer Anliegen der Analyse sein, größtmögliche Präzision walten zu lassen.

So lässt sich nun am Ende dieses Kapitels der Prozess des Spielens (*play*) in vollständiger schematischer Darstellung angeben. Das Spielen entsteht in diesem Sinne aus der Wechselwirkung verschiedener Systeme, die im Spiel verankert sind und für die die Interaktivität das Grundprinzip darstellt. Der Prozess wird aufrecht erhalten und gebildet durch spezifische Operationen, durch welche die Systeme wechselwirken und so ihren Zustand aktualisieren. Als Produkt geht aus dem Prozess eine konkrete Konfiguration der Spielmaterialien auf dem Spielfeld hervor, ein aktueller Spielstand und ein Diskurs, der all diese Elemente auf der Ebene einer audio-visuellen Ausgabe auf dem Bildschirm repräsentiert und sie so als semantische Form an den Spieler zurückgibt. Wie dieser sodann den Diskurs verarbeitet und sich so in den Gesamtprozess einfügt, wird im nächsten Kapitel behandelt.

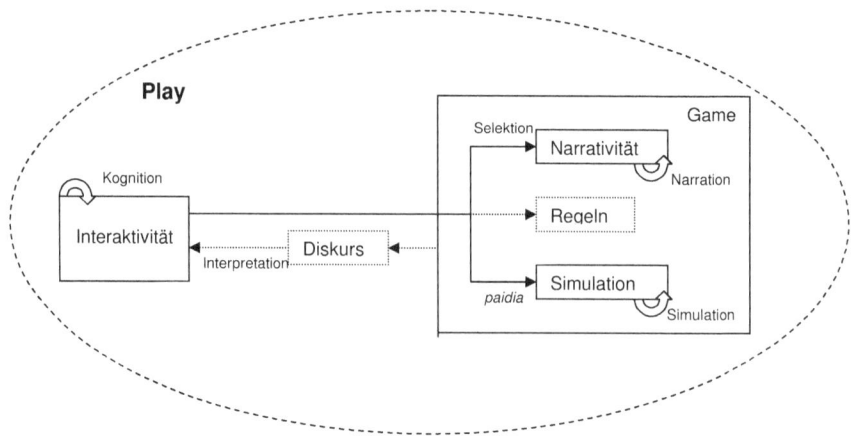

3.2 Der Diskurs des Spielens

Der Prozess des Spielens wurde im letzten Kapitel beschrieben als ein Kontinuum spezifischer Operationen, die eine Wechselwirkung verschiedener Systeme herstellen. Als Produkt dieses Prozesses entsteht ein Zeichengebilde: Im Falle von Brettspielen ist dies die Konfiguration der Spielfiguren und -materialien auf dem Spielbrett, im Falle eines Würfelspiels ist dies die Zahl der Würfelaugen und der notierte Punktestand, und im Falle von Computerspielen ist dies eine Grafik auf dem Monitor, ein Ton aus dem Lautsprecher und unter Umständen das Rütteln eines Force-Feedback-Lenkrades. Für dieses Produkt wird hier der Begriff „Diskurs" verwendet, da es unter gewissen Gesichtspunkten dem Genetteschen Diskurs ähnelt, der bekanntlich als Produkt aus einem Erzählprozess hervorgeht. Allerdings lassen sich zwei signifikante Unterscheide zwischen den beiden Diskurstypen erkennen: Zum einen enthält der Diskurs des Spieles auch Elemente, die nicht narrativ interpretiert werden können, weil sie direkt auf das Spielsystem Bezug nehmen, z.B. Phänomene des Interface, Einblendungen des Punktestandes oder Aufforderungen zum Drücken einer bestimmten Taste. Zum anderen unterscheidet sich der Diskurs des Spiels von der Erzählung durch die Prozesse, durch die sie jeweils entstanden sind.

Eine Analyse darf daher nie allein den Diskurs betreffen, sondern muss immer auch den Prozess seiner Entstehung miteinbeziehen. Dieser Prozess ist – im Gegensatz zur Erzählung – nicht mit der Narration identisch, sondern beinhaltet parallel dazu Operationen der Interaktion und der Simulation. Im Folgenden soll daher ein Modell entwickelt werden, dass es erlaubt, den Diskurs des Spielens – unter narrativen Gesichtspunkten – zu beschreiben, ohne dabei spezifische Phänomene des Spieles außer acht zu lassen. Dies macht ein erweitertes Rezipientenmodell notwendig, welches nicht nur die Operationen der Fabelkonstruktion beschreibt, sondern darüber hinaus ein Konzept der Interaktivität enthält, durch das der Spieler den Diskurs aktiv mit hervorruft und hierfür nötige Informationen verarbeitet.

Zu diesem Zweck erscheint mir Bordwells neoformalistischer Ansatz viel versprechend: Zum einen, weil er über ein ausgearbeitetes Rezipientenmodell verfügt, das als kognitivistisches Modell die informationsverarbeitenden Operationen des Zuschauers berücksichtigt und somit in der Lage ist, diesen als Akteur in den Prozess zu integrieren. Zum anderen weil er als konstruktivistischer Ansatz das Produkt der wirkenden Prozesse als ein Wechselspiel zwischen Zuschauer und Kunstwerk beschreibt.[95]

Ähnlich wie Genette und in Anlehnung an die Begrifflichkeiten der russischen Formalisten unterscheidet Bordwell zwischen Narration, Fabel (*fabula*), Sujet (*syuzhet*) und Stil (*style*).[96] Im Gegensatz zu Genettes *histoire* repräsentiert die Fabel nicht das Bezeichnete eines Textes, sondern sie stellt das Konstrukt dar, das der Zuschauer auf Basis der durch das Kunstwerk vergebenen Informationen und durch die Aktivierung seiner kognitiven Schemata kreiert. „[T]he fabula embodies the action as a chronological, cause-and-effect chain of events occuring within a given duration and a spatial field" (Bordwell 1985, 49).

Das Sujet hingegen besteht aus dem tatsächlichen Arrangement der Fabelereignisse, wie sie sich im Text darstellen. Auch hier unterscheidet sich Bordwells (ebd., 50) Begriff von Genettes Pendant *discours*, da er unter dem Sujet nicht den Text selbst oder dessen Signifikanten versteht, sondern ein diesem zugrunde liegendes abstraktes System. Das Sujet und seine Organisation sind daher – im Gegensatz zu Genettes Diskursbegriff – immer noch medienunabhängig.[97]

Medienspezifische Aspekte kommen erst durch das System des Stils zum Tragen. Zwar wird der Begriff auch für den charakteristischen oder wiederkehrenden Gebrauch bestimmter Techniken verwendet – beispielsweise als typischer „Stil" eines Autoren oder einer künstlerischen Epoche –, doch bezeichnet er in diesem Kontext ausschließlich den systematischen Gebrauch filmischer Verfahren.

Die Narration schließlich „is the process whereby the film's syuzhet and style interact in the course of cueing and channeling the spectator's construction of the fabula" (ebd., 53). Die Narration kontrolliert die Systeme von Sujet und Stil und leitet den Zuschauer an, Hypothesen bezüglich der Fabelereignisse aufzustellen. Das von Bordwell (ebd., 50) übernommene Schema hierzu sieht folgendermaßen aus (auf den Begriff „Excess" wird später eingegangen):

---

[95] Im Kontext dieser Analogie sei auf eine drohende Verwechslungsgefahr hingewiesen: Das Konstrukt des Filmzuschauers ist immer die Fabel, nicht der Diskurs. Im Computerspiel dagegen konstruiert der Zuschauer sowohl Fabel als auch (anteilig) das Sujet. Das eine darf bei der Beschreibung nicht mit dem anderen vermischt werden.

[96] Wo es möglich ist, werde ich neoformalistische Begriffe im Folgenden in der deutschen Übersetzung nach Margret Albers und Johannes von Moltke in Thompson 1988 verwenden. Bei der erstmaligen Nennung und wenn es der Verständlichkeit dient, wird der entsprechende englische Ausdruck angegeben.

[97] Die Medienunabhängigkeit stellt ein weiteres Kriterium dar, das die Verwendung des Neoformalismus für den vorliegenden Kontext sinnvoll erscheinen lässt.

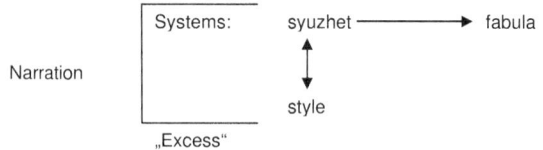

Für eine Integration in das bisher erarbeitete Modell erweist sich als produktiv, dass der Neo-formalismus das Erzählen und Rezipieren anhand zweier Prozesse konzipiert, für die der Text als gemeinsam verhandelter Gegenstand die Schnittstelle bildet. Da ist auf der einen Seite der Prozess, in dem der Spieler anhand der Informationen, die er dem Diskurs entnimmt, Hypothesen bildet und die Fabel konstruiert. Und auf der anderen Seite steht die Narration, die mit Sujet und Stil zwei Systeme kontrolliert, wodurch das Prozesshafte am Erzählen selbst betont wird. Allerdings darf unter keinen Umständen übersehen werden, dass der Diskurs eines Computerspiels nicht Produkt der Narration ist. Er entsteht vielmehr als Zusammenschluss verschiedener Strukturen, von denen insbesondere auch der Zuschauer ein Element ist. Eine ausschließlich narrativ fundierte Analyse würde daher nur zu Irrtümern führen oder unterkomplexe Ergebnisse liefern. Stattdessen muss sie anerkennen, dass der Diskurs des Spieles scheinbar mit dem Diskurs einer Erzählung identisch ist, aber sie muss gleichzeitig den dynamischen Prozess beschreiben, durch den er hervorgegangen ist. Zu diesem Zweck wurde in Kapitel 3.1 ein Analysemodell entwickelt, das in der Lage ist, einzelne Elemente innerhalb des Diskurses zu isolieren und sie den verschiedenen Akteuren des Prozesses zuzuordnen.

Um den neoformalistischen Ansatz in dieses Modell zu integrieren, muss dieser noch so modifiziert werden, dass er den Zuschauer in den Prozess der Diskursproduktion mit einbindet. Wie in Kapitel 2.1.2 dargelegt, betrachtet Neitzel (2000, 128ff.) daher den Spieler als einen Teil der Narration, genauer: als implizierten Autoren, der im Verbund mit dem Programm den Text produziert. Auch wenn ich dieses Konzept für äußerst plausibel halte, möchte ich davon absehen, den Zuschauer mit der Narration gleichzusetzen, da ich es für einen Vergleich von Spiel und Erzählung sinnvoller halte, die traditionellen Begriffe aufrecht zu erhalten und keine Mischformen zuzulassen. Dennoch muss das erweiterte Modell berücksichtigen, dass der Spieler an der Produktion des Sujets (und mit Einschränkung auch des Stils) beteiligt ist. Es müsste daher folgendermaßen aussehen:

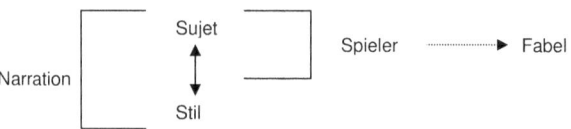

Wie in dem Schema zu sehen ist, ist der Spieler in zweierlei Prozesse eingebunden: Er produziert zusammen mit dem Programm einen Diskurs. Und er nimmt diesen Diskurs wahr und konstruiert daraus eine Fabel.[98] Auf diese Weise ist eine Verbindung zwischen dem Neoformalis-

---

[98] Mortensen (2002): „The player will construct the meaning of the game, but through his physical actions and game-choices he will also construct the game session."

mus und dem in Kapitel 3.1 erarbeiteten Modell hergestellt: Das erweiterte Schema berücksichtigt nun, dass dem Spielen ein ergodischer Prozess zugrunde liegt, aus dem etwas hervorgeht, das als Erzählung interpretiert werden kann. Es wird aber auch betont, dass die Narration nur einen Teil dieses Prozesses ausmacht, während der andere Teil an den Spieler delegiert ist. Insofern ist zu fragen, wie sich dieser andere Teil zusammensetzt, wie der Spieler die narrativen Elemente verarbeitet, wie er mit dem Spiel interagiert und wie er beides miteinander abgleicht.

Zur Beschreibung dieser Prozesse drängt sich das Rezipientenmodell des Neoformalismus mit seinem kognitivistischen Ansatz des Hypothesentestens geradezu auf. Der Zuschauer ist dort weder eine konkrete, noch statistisch erfassbare Person und auch kein „idealer Leser", sondern eine hypothetische Entität, die durch eine Reihe von perzeptiven, emotionalen und kognitiven Aktivitäten mit dem Werk interagiert.[99] Der Prozess des Wahrnehmens und Verstehens ist – gemäß der konstruktivistischen Theorie – aktiv und ziel-orientiert.[100] Er leitet den Zuschauer an, auf Basis des Wahrgenommenen bestimmte Annahmen (*inferences*) zu treffen, die durch Erwartungen, Hintergrundwissen, Problemlöse-Prozesse und andere kognitive Operationen determiniert sind. Auf diese Weise wird ein Vorgang in Gang gesetzt, in dem der Zuschauer Hypothesen bezüglich des Wahrgenommenen und Erwartbaren aufstellt und diese kontinuierlich an neu erhaltenen Informationen testet. Im weiteren Verlauf werden so die Hypothesen entweder bekräftigt, in Frage gestellt, widerlegt oder ersetzt.

All diese Aktivitäten werden angeleitet durch mentale Muster oder organisierte Wissenscluster, auf die der Zuschauer zum Zwecke der Hypothesenbildung zurückgreift: die sogenannten Schemata. „Schemata may be of variuos kinds – prototypes (the bird image for example), or templates (like filing systems), or procedural patterns (a skilled behaviour, such as knowing how to ride a bicycle)" (Bordwell 1985, 31). Um die Aktivitäten des Hypothesenbildens und -testens und der Fabelkonstruktion zu steuern, vergibt das Werk Hinweise (*cues*), die vom Zuschauer aktiv verarbeitet und mit seinen Wahrnehmungsfähigkeiten und Denkprozessen abgeglichen werden.

Das neoformalistische Zuschauermodell eignet sich hervorragend für eine Übertragung auf das Spiel, weil es den Zuschauer in den Prozess des Verstehens und Verarbeitens der Geschichte einbindet und die Aktivitäten und Taktiken beschreibt, die er für seinen Umgang mit dem Werk benötigt. Um auch auf Computerspiele angewandt werden zu können, muss das Konzept allerdings berücksichtigen, dass der Rezipient den Diskurs eines Spieles anders wahrnimmt als den Diskurs eines Filmes, da er ihn nicht nur nach Hinweisen auf die Fabel befragt, sondern ihn auch gezielt nach Informationen bezüglich des Spiels und möglicher Siegstrategien absucht. Eskelinen/Tronstad (2003, 208) stellen daher fest:

> „Games contain other kinds of dominant cues and constraints: rules, goals, the necessary manipulation of equipment, and the effect of possible other players, for starters. This means that information is distributed differently (invested in formal rules for example), it is to be ob-

---

[99] „Interagieren" ist in diesem Kontext von obiger Definition der Interaktion oder Interaktivität zu unterscheiden. Der Begriff beschreibt hier psychologische Operationen, die den Zuschauer auf das Werk reagieren lassen und seine Wirkungen festlegen.
[100] Vgl. dazu und für das Folgende Bordwell 1985, 31ff.

tained differently (by manipulating the equipment), and it is to be used differently (in moving toward the goal)."

Es muss daher immer zwischen *cues* unterschieden werden, die auf der einen Seite die Fabel und auf der anderen Seite das Spiel und seine Regeln betreffen. Hierzu gehört auch, dass der Spieler zunächst einmal Kenntnis darüber hat, dass er es mit einem Spiel – und nicht etwa einer Geschichte – zu tun hat und dass einem Spiel ein System zugrunde liegt, das er verstehen und dem er sich anpassen muss.

Dass Eskelinen/Tronstad von den Game-*cues* als „dominanten *cues*" sprechen, ist kein Zufall: In der Tat ist die Fabelkonstruktion für viele Spiele nur eine Begleiterscheinung. Die primären kognitiven und sensomotorischen Aktivitäten richtet der Spieler für gewöhnlich auf das Spiel und den Umgang damit, auf die Regeln und den Wunsch, das Spiel zu gewinnen. Wichtiger als die Fabel-*cues* sind demnach solche durch das Spiel vergebene *cues*, die die Regeln, Aufgabenziele oder Interaktionsmöglichkeiten betreffen. Diese *cues* können unterschiedlichste Formen annehmen: Sie können sehr explizit sein, z.B.: „Würfle eine 6, um zu gewinnen." Sie können in die Darstellung der Spielwelt eingebettet sein, z.B. ist eine Wand ein Hinweis darauf, dass es hier nicht weitergeht (oder auch dass eine Leiter zum Einsatz kommen könnte). Oder sie können in „narrativ aufbereiteter" Form vorliegen, z.B.: „Bekämpfe alle Monster, um die Welt zu retten."

Mithilfe dieser Hinweise entwickelt der Spieler dann Hypothesen über die Konsequenzen möglicher Interaktionen, die Einsatzmöglichkeiten der Spielmaterialien oder die grundlegenden Mechaniken des Spiels etc. Hierfür wendet er Schemata an, die er durch seine Erfahrungen mit der Alltagswelt, anderen Spielen, Filmen etc. gewonnen hat. Beispielsweise lässt ihn seine Kenntnis über die übliche Funktionsweise einer Pistole den Hinweis verstehen, diese zum Schießen einzusetzen. Ist die Hypothese richtig, bestätigt sie das Spiel: Die Pistole schießt, die Welt kann gerettet werden. Tut sie es nicht, ist sie vielleicht nicht geladen. Oder es wurde die falsche Taste gedrückt. Oder bei dem Spiel handelt es sich nicht um einen Shooter, sondern um ein Adventure. Oder wir sind einem Programmfehler erlegen. Usw. Wir sehen: Es gibt im Spielprozess keinen Mangel an *cues*, Hypothesen und Schemata.

An dieser Stelle soll weder ein vollständiger kognitivistischer Ansatz für Computerspiele, noch eine neoformalistische Erzähltheorie für interaktive oder „ergodische" Medien entwickelt werden. Die hier angedachte Skizze kann bestenfalls eine Richtung hierfür andeuten. Sie im Detail auszuarbeiten, würde zu weit führen. Die angestellten Überlegungen dienen primär dem Zweck, zu einem Begriff der strukturellen Kopplung von Spiel und Erzählung zu gelangen. Die Definition eines solchen ist nun endlich möglich: Eine strukturelle Kopplung zwischen Spiel und Erzählung liegt dann vor, wenn das Spiel ein *device* seines narrativen Systems aufwendet, um damit *cues* zu vergeben, die nicht nur der Fabelkonstruktion dienen, sondern darüber hinaus das Spiel und seine Elemente, seine Regeln, Materialien und Ziele betreffen. Diese *cues* werden vom Spieler wahrgenommen, interpretiert, verarbeitet und für weitere Interaktionen im laufenden Spielprozess produktiv gemacht. Von einer strukturellen Kopplung wird dann gesprochen, wenn sich diejenigen kognitiven Operationen gegenseitig bedingen oder gar zusammenfallen, die der Spieler zum Verstehen und Konstruieren der Fabel einerseits und für seinen Umgang mit den Elementen des Spiels, zum Erkennen und Verfolgen der Spielziele und zum Einhalten und Anwenden der Regeln andererseits ausführt. Im Falle einer erfolgreichen Kopplung wird der Spieler auf Basis seiner konstruierten Fabel Hypothesen aufstellen, die ihm bei seinen Interaktionen mit dem Spiel unterstützen oder diese überhaupt erst möglich machen. Die Beziehung der wirkenden Strukturen untereinander kann dann als „funktional" bezeichnet werden. Zu beachten ist daher, dass es für den eben vorgestellten Begriff einer strukturellen Kopplung von Spiel und Erzählung nicht ausreichend ist, wenn ein Spiel narrative Verfahren, z.B. Zwischensequenzen, verwendet, sondern nur wenn das Wahrnehmen, Verstehen und Interpretieren dieser Verfahren einen maßgeblichen bis notwendigen Beitrag zum Aufrechterhalten des Spielprozesses leistet.

3.3 Vorstellung einer Analysemethode

Die bisherigen Ausführungen beschäftigten sich damit, wie Spieler und Spiel im gemeinsamen Prozess zusammenwirken, welche Strukturen an diesem Prozess beteiligt sind, was das Produkt dieses Prozesses ist und wie der Spieler in diesen integriert ist. Es soll hier aber nicht nur darum gehen, den Prozess des Spielens theoretisch zu beschreiben, sondern Methoden zu finden, wie sich spezielle narrative Verfahren und Strategien in Spielen analysieren lassen. Daher bleibt nun die Frage zu klären, wie eine Analyse mit Hilfe des bis hierhin entwickelten Modells durchgeführt werden kann. Auffallend in dieser Hinsicht ist zunächst, dass sich der Diskurs insofern nicht als Analyseobjekt eignet, da er individuell erzeugt wird, nicht reproduzierbar ist und vor dem eigentlichen Spielen nur als Möglichkeit existiert. Frank Degler (2004, 59) lehnt es daher ab, von der „Geschichte" eines Spieles zu sprechen, und schlägt stattdessen den Begriff „Narratem" vor:

> „Das ‚Narratem' gehört dabei weder ganz auf die Seite der ‚Form' noch auf die des ‚Stoffs', sondern ist als ‚Stoff *plus* die Potenzialität seiner Ausformung' zu denken. Seine funktionale Stellung ist zwischen ‚Geschichte' einerseits und ‚Erzählen' andererseits angesiedelt als ein noch ungesättigter Kern des Handlungsverlaufs, der erst im Vollzug der Interaktion gefüllt wird. Die im Programmcode hinterlegte Geschichte wird durch das jeweilige Spiel zu einer einmaligen Erzählung, indem die Narrateme, aus denen die Geschichte besteht, gesättigt werden." (Herv.i.O.)

Dieser Aspekt wurde hier als das „Problem der Diskursproliferation" bezeichnet und muss durch das Modell im Folgenden berücksichtigt werden.

Für eine Lösung dieses Problems bieten sich mehrere Möglichkeiten an: Erstens könnte der Diskurs individuell und konkret als das Produkt einer realen Partie beschrieben werden. An einem solchen Gegenstand können narrative Strategien diskutiert und Verfahren des Spiels und der Erzählung miteinander verglichen werden. Es ist jedoch zu bezweifeln, ob eine solche Methode der Komplexität und Dynamik eines Spiels gerecht würde. Eine andere Möglichkeit bestünde darin, die Analyse auf die Programmstruktur zu fokussieren und so weniger einen narrativen Diskurs als vielmehr die Algorithmen zu untersuchen, die ihn generieren. Obwohl ein solches Vorgehen mit Sicherheit interessante Ergebnisse liefern würde, möchte ich lieber einen Weg einschlagen, der näher an einer narratologischen Analyse ist. Ob und wie eine solche verwirklicht werden kann, ist Gegenstand dieses Kapitels.

Das bis hierher erarbeitete Modell legt diesbezüglich zwei Methoden nahe: eine allgemeine und eine spezielle, wobei die spezielle in der allgemeinen zwar enthalten ist, im Einzelfall die Analyse aber erheblich erleichtert, weswegen sie an dieser Stelle im Detail ausgearbeitet werden soll. Gehen wir für den allgemeinen Fall zunächst vom Extrem aus, d.h. von Spielen, die wenig oder gar keinen Gebrauch von narrativen Verfahren machen. In diesem Fall ist zunächst einmal festzustellen, dass der Spieler zwar zu jedem Diskurs eine Fabel konstruieren kann, dies aber nicht muss: Für eher abstrakte Spiele wie *Tetris* (SU 1985, Elorg) oder Poker ist es vermutlich kaum angebracht, ein Erzählmodell für die Analyse zugrunde zu legen – auch wenn dies prinzipiell möglich wäre.[101] Deutlicher wird das Problem bei Spielen, die über eine ausgeprägte und komplexe Simulationsstruktur verfügen und so ein Geschehen und ein Verhalten erzeugen, das zwar einer Erzählung zum Verwechseln ähnlich sieht, aber nicht deren Merkmale der Determiniertheit, Reproduzierbarkeit und Geschlossenheit aufweist. Jenkins (2004, 128) nennt jene Form von Geschichten, wie sie etwa in *The Sims* (USA 2000, Maxis) generiert werden, „emergent narratives": „Emergent narratives are not prestructured or preprogrammed, taking shape through the game play [...] itself."

Dieser scheinbare gordische Knoten, in den sich narratologische Betrachtungen beim Versuch, ihre Begriffe auf das Computerspiel zu übertragen, regelmäßig verstricken, löst sich durch mein Modell vollständig auf und bildet dessen eigentliche Stärke. Denn aus gutem Grund wurde hier stets vermieden, das Produkt des Spielprozesses eine „Erzählung" zu nennen oder als solche beschreibbar zu machen. Stattdessen wird angenommen, dass das Spiel Elemente verwenden kann, die für sich betrachtet die Eigenschaften eines narrativen *device* vollständig erfüllen. Als solche sind sie in den Prozess des Spielens eingebettet und manifestieren sich dort in einer Struktur, die eine konkrete Verbindung zu den anderen Strukturen eingeht und durch die Analyse identifiziert und narratologisch beschrieben werden kann. Im Beispiel von *The Sims* stellt das narrative System Animationen und Grafiken, Soundsamples und Skripts zur Verfügung, die allesamt auf sehr ausgeprägten interaktiven und simulierenden Strukturen aufsetzen. Die Analyse darf daher nie das *gameplay* als Ganzes narrativ beschreiben oder den Diskurs behandeln, als sei er eine Erzählung, sondern sie muss einzelne Verfahren isolieren und dann ihre Korrelationen zu den anderen Verfahren untersuchen, sowie den Prozess, in den sie eingebunden sind. Dabei ist es nicht von Belang, ob das einzelne *device* aus einer kompletten Storyline mit zahlreichen Zwischensequenzen besteht oder lediglich aus einer simplen Grafik oder Animation.[102] Die Analyse ist ausschließlich an der Funktion interessiert, die das *device* für den Prozess ausübt, an den Effekten, die es bewirkt, der Motivation, aus der es hervorgeht, und der Struktur, die es in Kombination mit den anderen Verfahren aufspannt.

Wie gesehen nehmen die meisten erzähltheoretischen Analysen diese Unterscheidung nicht vor: Stattdessen behandeln sie entweder den gesamten audio-visuellen Diskurs wie eine Erzählung oder sie gliedern das Spiel in einzelne Abschnitte, die dann entsprechend mit den Etiketten

---

[101] Denn selbst ein abstraktes Spiel wie *Tetris* verfügt über narrative *devices*, z.B. ein System der Darstellung, Animationen und Skripte.

[102] Ein solcher Unterschied schlägt sich lediglich in den jeweiligen Komplexitätsgraden struktureller Kopplungen nieder. Aus diesem Grund werde ich bei der späteren Analyse Kopplungen unterschiedlicher Ordnung definieren.

„interaktiv" und „narrativ" versehen werden. Ein gutes Beispiel für dieses Missverhältnis in der theoretischen Beschreibung bietet das Spiel *Wing Commander* (USA 1991, Origin): Hier werden die einzelnen Level, in denen der Spieler ein Raumschiff durch Weltraumkämpfe manövriert, durch aufwändig inszenierte Zwischensequenzen miteinander verknüpft, die zum einen als „Belohnung" fürs erfolgreiche Spielen dienen, zum anderen das Spiel in einzelne Abschnitte gliedern. Aufgrund der Prägnanz dieser Filmszenen wird das Spiel jedoch immer wieder an den „Pol des ‚storytelling'" eingeordnet, was Furtwängler (2001, 378) zu Recht kritisiert: „Niemand kann ernsthaft behaupten, *Pong* sei ‚interaktiver' organisiert als eine komplexe Raumschlacht der interaktiven Sequenzen von *Wing Commander*." (Herv.i.O.) Für eine Heuristik der Analyse bedeutet dies, dass sie sich niemals auf die narrativen Verfahren versteifen darf und jederzeit den Simulations- und Interaktivitätscharakter der „Spielabschnitte" anerkennen muss.

Gleichwohl darf sie nicht im Umkehrschluss den Fehler machen, dem „Spielabschnitt" seine narrativen Qualitäten abzusprechen. Denn so etwas wie einen reinen „Interaktivitätsabschnitt" gibt es nicht. Vielmehr wirken in den vermeintlichen Spielabschnitten interaktive, narrative und simulierende Strukturen parallel und müssen dementsprechend kategorisiert und analysiert werden. Beispielsweise sitzen in *Wing Commander* narrative Verfahren wie Animationen, Funksprüche und *scripted events* auf simulierenden Elementen wie der Künstlichen Intelligenz der Gegner oder dem Flugverhalten des eigenen Raumschiffs auf.

 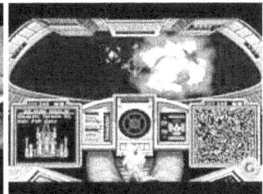

Abb. 3.1a+b Nur vermeintlich: Abschnitte der Narrativität und Interaktivität in *Wing Commander*

Dennoch kann gerade am Beispiel von *Wing Commander* beobachtet werden, dass die Geschichte, die in den zahlreichen Zwischensequenzen erzählt wird, ebenso determiniert, reproduzierbar und linear ist wie die einer traditionellen Erzählung, da ihr Erzähltwerden einzig und allein davon abhängt, ob der jeweilige Level in der aktuellen Partie erfolgreich absolviert wurde oder nicht. Insofern muss der mögliche Einwand untersucht werden, ob sich hinter der „Erzählung" eines Spiels nicht schlicht und einfach nur die Gesamtmenge aller Erzählsequenzen bei gleichzeitigem Ausblenden der Interaktivitätsstruktur verbirgt.

Dem ist selbstverständlich nicht so: Zwar lassen sich auf diese Weise in der Tat bei manchen Spielen – vor allem jenen, die massiven Gebrauch von narrativen Einspielungen machen, z.B. Adventurespielen – basale Aussagen über die Story, ihre Figuren, deren Absichten und Ziele und gar ganze Handlungsstränge machen, allerdings wäre ein auf diese Weise entstandener Plot viel zu lückenhaft, um für eine Deskription in Betracht zu kommen. Zudem wären bei einer solchen „Patchwork-Analyse" schwerlich Aussagen über kausal-chronologische Zusammenhänge möglich. Und selbstverständlich ließe sie außer Acht, dass in den „Spielabschnitten" jede Menge narrativer Verfahren am Werk sind. Die Überlegung wirft jedoch den Gedanken auf, die Beziehung, welche narrative und interaktive Verfahren im Diskurs miteinander eingehen, nach bestimmten Kriterien der Determiniertheit und der Relevanz zu bewerten, um so die Komplexität des proliferierenden Geschehens zu reduzieren und die Analyse zu vereinfachen.

Betrachten wir daher einmal genauer die Verbindung, die interaktive und narrative Elemente im Spiel eingehen und den Spielprozess sich zu einer Struktur verdichten lassen. Claus Pias (2002, 142ff.) greift zu diesem Zweck auf Roland Barthes' strukturale Erzählanalyse zurück. Diese zerlegt eine Erzählung in partikuläre Segmente, die mit dem hier verwendeten Begriff der *devices* vergleichbar sind und nach ihrer Funktionalität und Relevanz unterschieden werden. Eine Geschichte, also ein zusammenhängender Sinn, ergibt sich dann, weil Korrelationen zwischen den einzelnen Segmenten ausgemacht werden können.

Die Funktionen unterteilt Barthes (1988, 111ff.) in die Klassen „distributionell" und „integrativ". Die integrativen Elemente werden wiederum in Indizien und Informationen unterschieden. Indizien beziehen sich auf „Charakter, Gefühl und Atmosphäre", Informanten dienen „dem Erkennen des Raums und der Orientierung" (Pias 2002, 144-145). Jene sind für die vorliegende Untersuchung zunächst von geringerer Bedeutung.

Wichtiger sind hingegen die distributionellen Funktionsklassen. Diese bezeichnen korrelative Funktionen im engeren Sinne: „Der Kauf eines Revolvers korreliert mit einem späteren Schießen oder Zögern" (ebd., 143). Innerhalb der distributionellen Segmente wird ferner zwischen Kardinalfunktionen (oder Kernen) und Katalysen unterschieden. Die Kerne eröffnen „eine für den Fortgang der Geschichte folgentragende Alternative" (Barthes 1988, 113). Pias (2002, 144) nimmt daher an, dass unter diese Kategorie solche Operationen fallen, die hier als „Selektion" bezeichnet wurden, also solche, bei denen der Spieler eine Aktion ausführt und so eine narrative Sequenz einleitet, die sich in einer messbaren Konsequenz für den Fortgang des Spieles niederschlägt:

> „Die Kardinalfunktionen sind folglich die Risikomomente der Erzählung, die Stellen, an denen der Spieler Entscheidungen zu treffen hat, die Katalysen hingegen die Sicherheitszonen und Ruhepausen, Momente, in denen das Spiel luxuriert und der Spieler mit interesselosem Wohlgefallen einem Spielfortschritt zuschauen darf, den er zwar heraufgeführt hat, in den er aber nicht eingreifen kann."

In dieser Lesart werden interaktive Operationen ihren narrativen Begleitern gegenüber privilegiert: Sie stellen die Verzweigungspunkte innerhalb des Spielablaufs dar und spannen den Diskursbaum auf, während die narrativen Verfahren lediglich Übergangsmomente hierfür bilden. Bevor Pias' Ausführungen allerdings für das hier vorgestellte Modell produktiv gemacht werden können, müssen sie in zweierlei Hinsicht noch ergänzt werden: Zum einen kann die Behauptung nicht aufrecht erhalten werden, die Geschehnisse der Erzählabschnitte seien nicht relevant für die Geschichte. Im Gegenteil: Als dominantes narratives Verfahren sind sie diesbezüglich sogar maßgeblich. Es könnte allenfalls gesagt werden, sie seien für den Fortgang des Spieles nicht relevant, aber auch das ist nicht ganz richtig, da sie ja häufig eine neue Ausgangssituation für weitere Aktionen schaffen – indem sie beispielsweise den Übergang zu einem neuen Level bilden. Zum anderen scheint es mir nicht angebracht, Selektionen von vornherein als „folgentragend" oder „relevant" zu klassifizieren. Stattdessen erweisen sich vermutlich gar die Mehrzahl aller ausgeführten Handlungen als unwichtig – beispielsweise wenn der Spieler eine Zeitlang nur im Kreis läuft oder Aktionen ausführt, die sich als nutzlos herausstellen. Auf diese Weise wäre lediglich Redundanz erzeugt.

Es scheint daher angebracht, das Bündel potenzieller Diskurse in seiner Komplexität dadurch zu reduzieren, dass solche Redundanzen bei der Analyse ausgeblendet werden. Unter „Redundanzen" verstehe ich sämtliche Spielzüge, die gewissermaßen einen „Stillstand" im Spielprozess erzeugen. Darunter fallen beispielsweise alle überflüssigen Ortswechsel und Pausen, in denen der Spieler über seine nächste Aktion nachdenkt. Auch der Tod des Avatars oder das erneute Beginnen einer Partie soll als redundant behandelt und von der Analyse ausgeschlossen werden. Nur in einem speziellen Fall sind solche redundanten Ereignisse für den Spielprozess von Bedeutung, nämlich dann, wenn so zu sagen Informationen von der einen Partie in die andere „mitgenommen" werden: Fällt die Spielfigur beispielsweise einer nicht vorhersehbaren Falle zum Opfer, ist der Spieler in der nächsten Partie auf diese vorbereitet und somit in der Lage, sie zu umgehen. Da der Protagonist in dem beschriebenen Fall offenbar über Informationen verfügt, die ihm gewissermaßen „von außerhalb" der Diegese zugeflüstert wurden, scheint mir für solche Phänomene Genettes (1998, 168) Begriff der „Metalepsen" angebracht: Metalepsen stehen für „[j]edes Eindringen des extradiegetischen Erzählers oder narrativen Adressaten ins diegetische Universum".[103]

Eine Kategorie, in der die Aspekte von Relevanz und Redundanz wieder auftauchen und dort eine Bedeutung bezeichnen, die jenseits des Narrativen, jenseits von Konnotation und Denotation liegen, ist Barthes' „dritte Bedeutung": Kristin Thompson erforscht dieses Phänomen näher unter dem Begriff „Exzess" (*excess*). Nach Thompson gehört es zur Aufgabe der Analyse, Relationen und Korrelationen zwischen den einzelnen Verfahren in einem Werk zu identifizieren, indem diese nach ihren Motivationen befragt werden. Da Verfahren der Narration stets motiviert sind, durch andere Verfahren gerechtfertigt werden und ihren Gebrauch so „natürlich" erscheinen lassen, streben sie nach Einheit und Homogenität. Doch gibt es auch Verfahren, die jenen vereinheitlichenden Tendenzen entgegenwirken: Verfahren des Exzess. „[E]xcess implies a gap or lag in motivation." (Thompson 1981, 134)

Ein Charakteristikum des Exzess ist, dass das entsprechende Verfahren, wenn nicht redundant, so doch zumindest problemlos austauschbar ist, ohne die Kohärenz des Werkes zu zerstören: „[N]arrative function may justify the presence of a device, but it doesn't always motivate *the specific form that individual element will take.*" (ebd., 135, Herv.i.O.) Der Exzess eignet sich hervorragend, um die Beziehung zwischen Verfahren der Interaktivität und der Narration, etwa die zwischen dem „Spielabschnitt" und den Zwischensequenzen eines Strategie- oder Actionspiels, zu beschreiben, wie sie oben am Beispiel von *Wing Commander* diskutiert wurde. So ist für die Geschichte eines Spieles von Interesse, worin das jeweilige Missionsziel besteht und wie es motiviert wird; auch der erfolgreiche Abschluss einer Mission stellt ein relevantes Ereignis dar und wird daher in der Regel in einer Zwischensequenz rekapituliert und in seiner Bedeutung bestätigt. Wie dieses Ziel jedoch letztlich erreicht wird, welche Handlungen im Einzelnen hierzu

---

[103] Janet Murray (1997, 36) fasst daher die missglückte Partie als bloßen Versuch oder als „Simulation" des „Ernstfalls" – also der erfolgreichen Partie – auf und vergleicht sie mit den verschiedenen Variationen des „Groundhog Day" aus dem gleichnamigen Film (USA 1993, Harold Ramis).

ausgeführt und welche Strategien angewandt werden, mag zwar für den Spieler und den Ablauf des Spiels von Relevanz sein, für die Geschichte allerdings kaum. Ob Lara Croft links oder rechts um die Säule herum läuft, ob sie den Gegner mit der Pistole oder dem Maschinengewehr überwindet und ob sie dafür zwei Sekunden oder zwei Minuten braucht[104], ist aus Sicht einer narrativen Analyse letzten Endes egal. Wichtig ist aber, dass sie es tut: Exzessive Verfahren sind in diesem Sinne nicht redundant; sie stellen keine Lücken im Diskurs dar. Auch stehen sie nicht isoliert neben den narrativen Verfahren, sondern gehen mit diesen eine konkrete Beziehung ein. Sie sind aber austauschbar. Während in traditionellen Erzählmedien diese Austauschbarkeit nur hypothetisch als Möglichkeit vorhanden ist, wird sie im Computerspiel konkret, indem exzessive Verfahren von Partie zu Partie tatsächlich variieren. Auf diese Weise wird es möglich, den Diskurs eines Spieles zu beschreiben, indem nicht sämtliche denkbaren Diskurse berücksichtigt werden müssen, sondern nur die notwendigen Verfahren. Alle anderen Verfahren können als Exzess behandelt werden.

Es wäre allerdings unzulässig, exzessive Verfahren vollständig auszublenden, da sie immer noch von korrelativer Bedeutung sind: Wer etwa versucht, die Geschichte von *Wing Commander* nachzuerzählen, wird sich schwer tun, wenn er die „Spielabschnitte" dabei unberücksichtigt lässt. Als exzessive Sequenzen dienen sie nämlich als notwendige Verknüpfungspunkte für die Kerne der Erzählung. Bei der Analyse müssen sie demzufolge auch als solche behandelt werden: Ein Muster hierfür könnte darin bestehen, den „Patchwork-Plot" um Sätze zu ergänzen wie: „Dann wird gekämpft und am Ende gewonnen..."

Der umgekehrte Schritt ist da schon eher möglich: Ein Spiel kann jederzeit von seinen narrativen Elementen abstrahiert und auf seine Formalia reduziert werden – im Extremfall bestünde dann die Deskription ausschließlich aus einer Reihe von Zustandsvariablen und deren Änderungsvektoren.[105] Allerdings wären viele Spiele auf einem solchen Abstraktionsniveau kaum noch verständlich. Die spätere Analyse struktureller Kopplungen soll in diesem Sinne jene Fälle aufzeigen, in denen das Spielen unter solchen Bedingungen unmöglich wird.

In diesem Zusammenhang lässt sich auch Juuls Argument entkräften, die Oberfläche sei deshalb für die Analyse von Computerspielen kein lohnenswertes Objekt, weil sie ohnehin austauschbar sei.[106] Aus neoformalistischer Perspektive ist diese Behauptung haltlos, da *devices* des Stils immer und in sämtlichen Medien bis zu einem bestimmten Grad austauschbar sein können – man spricht dann von „funktionalen Äquivalenten" – oder sie sind nicht motiviert, also: exzessiv. Sie sind aber niemals in sich selbst logisch und immer funktionell – es sei denn, es handelt sich um einen Fehler. Die Analyse sollte daher Phänomene der Oberfläche nicht ausblenden, sondern sie sollte fragen, welche Funktionen sie ausüben, warum und bis zu welchen Grenzen sie austauschbar sind, welche Wirkungen sie auf den Spieler haben können, welche Konventionen sie erfüllen usw.[107]

---

[104] Dies entspricht dem zweiten Typus des Exzess, den Thompson (1981, 135) beschreibt: „Motivation is insufficient to determine *how long* a device needs to be on the screen in order to serve ist purpose." (Herv.i.O.)

[105] Vgl. dazu Juuls (2004, 132-133) Modell des Computerspiels als eine *state machine* – siehe S. 18.

[106] Siehe S. 18.

[107] Mit seiner Argumentation scheint mir Juul daher genauso naiv vorzugehen wie ein Filmzuschauer, der hinter jedem Verfahren eine realistische Motivation vermutet.

So besteht der Grund dafür, dass die Geschichte von *Star Wars* aus dem entsprechenden „Spiel zum Film" nicht extrahierbar ist, mitnichten darin, dass Spiele grundsätzlich keine Geschichten erzählen könnten, wie Juul (2001) meint,[108] sondern darin, dass sich das Spiel primär die exzessiven Passagen des Films aneignet und dabei die narrative Struktur vernachlässigt.

Unter diesen Gesichtspunkten ergeben sich interessante Einblicke in die Adaptionsmechanismen von Computerspielen: Während Film und Buch in der Lage sind, „dieselbe" Geschichte zu erzählen, indem sie das Sujet beim Übertragen von einem Erzählmedium auf das andere beibehalten und nur die spezifischen Erzähltechniken, also den Stil, anpassen, imitieren Computerspiele in erster Linie ebenjene Techniken – hauptsächlich des Films, im Falle von Textadventuren aber auch der Literatur – und scheitern bei der Integration des Plots in ihre interaktiven Handlungsstrukturen. Daher lagern sie in der Regel die Geschichte in sporadisch auftretende Zwischensequenzen aus und widmen sich ansonsten den exzessiven Passagen der Vorlage.

In diesem Sinne offenbaren Spiel und Erzählung im Moment des Exzess eine strukturelle Gemeinsamkeit, die von den Machern auf beiden Seiten erkannt und nutzbar gemacht wird. Nicht zufälligerweise vergleicht David Thomson (2001) in seiner Kritik am aktuellen Blockbuster-Kino exzessive Filme wie *Pearl Harbor* (USA 2001, Michael Bay) und deren Effekte wiederholt mit den sensomotorisch-affektiven Erfahrungen in Computerspielen.[109] Typisch für solche Filme ist, dass narrative Verfahren nicht mehr dazu dienen, eine Geschichte zu erzählen und so Effekte beim Zuschauer hervorrufen, sondern die Effekte für sich stehen, den eigentlichen Zweck des Films ausmachen und von der „Story" lediglich strukturiert werden. Crogan (2003, 288) fasst dies folgendermaßen zusammen:

> „Pearl Harbor's conventional storyline supports the film's staging of the sequence. After Manovich, the resulting sequence may be called a form of narrative inasmuch as it evinces a temporal progression from event to event. Its purpose, however, is no longer the interpretative construction of temporality outlined by narrative theorists such as Metz and White. This transformed narrative is no longer a mechanism for plotting events into ordered and significant relations–an interpretation machine–but another kind of operation. Narrative becomes the plotting of a trajectory of tasks to accomplish."

Diese Mechanismen sind auch in umgekehrter Adaptionsrichtung zu beobachten: Statt sich von den Geschichten der Spiele inspirieren zu lassen, bedient sich Hollywood bei seinen Verfilmungen lieber zweier Alternativen: einerseits der Ikonographie, d.h. insbesondere Figuren-Typen wie Lara Croft oder Super Mario, andererseits dem Exzess. Nur so ist zu erklären, dass ausgerechnet Spiele wie *Mortal Kombat* (USA 1992, Midway) verfilmt werden, die über keinerlei Geschichte verfügen und daher auch als Film fast ausschließlich aus exzessiven Action-Szenen bestehen, während narrative Verfahren allenfalls eingesetzt werden, um jene in einzelne Abschnitte zu gliedern.

Die Spieleindustrie ist sich derweil bewusst, dass „Handlung" in ihrer wörtlichen Bedeutung als „Action", also in Form von Exzess, am einfachsten in „Inter-Action" übersetzt werden kann:

> „[N]atürlich muss der Inhalt überhaupt übertragbar sein. Bei dialoglastigen Filmen wie etwa *Vier Hochzeiten und ein Todesfall* ist das schwierig. Um Aufgaben für den Spieler zu defi-

---

[108] Siehe S. 37.
[109] Ähnliche Schlussfolgerungen zieht Buckland (2002, 146), der dem Film *The Fifth Element* (F 1997, Luc Besson) eine „video game logic" nachweist.

nieren, muss der Film actionlastig sein. Dies ist meistens die wichtigste Voraussetzung."
(Serge Hascoët, zitiert nach Holowaty 2006, 35)

Die Analyse struktureller Kopplungen wird selbstverständlich auf dieses Thema zurückkommen und sich insbesondere der Frage widmen, in welcher Hinsicht die Merkmale des Exzess noch – auch und vor allem abseits der reinen „Action" – für das Spiel und die Konzeption seiner Geschichte produktiv gemacht werden können.[110]

Die angestellten Überlegungen erlauben nun in speziellen Fällen eine Vereinfachung der Analysemethode, die das Problem der Diskursproliferation vollständig ausräumt: Denn wenn ein Großteil des Spielgeschehens als redundant oder exzessiv behandelt wird, schrumpft die Bandbreite möglicher Diskurse auf ein überschaubares Maß zusammen. Kombiniert mit der Tatsache, dass die Verknüpfung der einzelnen Exzess-Abschnitte zu einer Levelkette in zahlreichen Spielen determiniert und linear ist, lässt sich – u.a. im oben zitierten *Wing Commander* – beobachten, dass die mögliche Geschichte eines Spiels wieder ebenso statisch und reproduzierbar wird, wie sie es in traditionellen Erzählmedien ist. Diese Feststellung korrespondiert mit der bereits an anderer Stelle getätigten Vermutung, dass in vielen Spielen die „Erzählung" als Bestandteil der narrativen Struktur von vornherein im Spiel enthalten ist und vom Spieler lediglich durch korrekte Eingaben ausgelöst und aktualisiert wird.

> „Verschiedene Spielverläufe sind nur scheiternde Versuche der Disambiguierung einer im Programm verschlüsselt vorliegenden, eindeutigen ‚Botschaft' oder Instruktion [...]" (Pias 2002, 134)

---

[110] Vorwegnehmend sei gesagt: Gerade *Vier Hochzeiten und ein Todesfall* (*Four Weddings and a Funeral*, GB 1994, Mike Newell) würde sich meiner Ansicht nach für ein Spiel andienen, da Humor auch eine Form von Exzess darstellt.

Abb. 3.2 Trotz allem überschaubar: Kerne und Katalysen von *Wing Commander*

Ich möchte daher für solche Fälle die Existenz eines idealen Spielablaufs (*play*) postulieren, welcher nur einen einzigen möglichen Diskurs zur Folge hat. Das gelungene Spielen eines Spieles kann dann mit Pias (ebd., 172) unter das ökonomische „Problem des kürzesten Weges" gefasst werden: Dem gemäß ist es Anliegen des Spielers, das Spiel schnellstmöglich zu einem erfolgreichen Ende zu bringen. In diesem Sinne entspricht das ideale *play* der Partie eines idealen Spielers,[111] welche den kürzest möglichen Weg zur Grundlage hat und auf die sich die Analyse im Weiteren berufen kann. Manovich (2000, 223) formuliert dieses Verhältnis, durch das der Spieler an der Logik des Algorithmus teilhat, als eine jedes Spiel konstituierende Spielanweisung: „execute the algorithm in order to win."

Für das Konzept des idealen *play* soll daher angenommen werden, dass der Prozess aus Interaktivität und Narrativität insofern determiniert ist, als die Verknüpfung notwendiger Handlungskerne in ihrem Ablauf vorgeschrieben und durch einen idealen Spieler jederzeit reproduzierbar ist.[112] Mögliche Verzweigungen im Diskursgraphen müssen in diesen Fällen als Exzess behandelbar sein. In der Praxis kann eine solche Reduktion erreicht werden, indem der Analyse ein in Fachzeitschriften, Büchern oder auf Internet-Seiten angebotener *walkthrough* als Musterlösung zugrunde gelegt wird. Der narrative Diskurs eines Spieles im Sinne dieses vereinfachten Modells ist dann durch die Anwendung des *walkthroughs* auf das konkrete Spiel zu realisieren. Ein solches ideales *play* ruft nur noch einen einzigen möglichen Diskurs hervor, der in seiner Vollständigkeit ausnahmsweise und vollständig als „Erzählung", als „Nacherzählung", aufgefasst werden kann, da er genau wie traditionelle Erzählformen statisch, determiniert und jederzeit

---

[111] Siehe S. 27 und 28. Hier wurde auf Ecos Konzept des „idealen Lesers" Bezug genommen, um einen „idealen Spieler" zu definieren, der sich im Spielzustand der „Automation" befindet.
[112] Siehe hierzu auch S. 33. „Determiniertheit" wurde dort von Aarseth als Eigenschaft ergodischer Texte definiert, die dann vorliegt, wenn ein *scripton* jedes Mal dasselbe *texton* generiert.

reproduzierbar ist.[113] Das ideale *play* könnte so etwa als Aufzeichnung auf Video vorliegen und das eigentliche Spiel als Analyseobjekt ersetzen. Es gilt jedoch unbedingt zu beachten, dass die Analyse eines idealen Diskurses immer noch berücksichtigen muss, dass sich der Prozess, durch den er hervorgegangen ist, von dem einer Erzählung grundlegend unterscheidet.

Sollte sich ferner herausstellen, dass mehrere ideale Spielabläufe für ein Spiel möglich sind – etwa weil für ein Problem mehrere Lösungen existieren oder sich die Handlung an einer Stelle kurzzeitig „verzweigt" –, so stellt dies das vereinfachte Modell ebenfalls vor keine größeren Schwierigkeiten, denn die Abweichungen können in solchen Fällen – vorausgesetzt sie stellen nur geringfügige Variationen im Diskurs dar – wiederum als Exzess behandelt werden, weil sie ja dann austauschbar sind. Oder die Analyse untersucht keinen idealen Diskurs, sondern ein entsprechendes, endlich großes Diskursbündel.

Es sei jedoch darauf hingewiesen, dass die Existenz eines idealen *play* keine Voraussetzung für das narrative Funktionieren eines Spieles darstellt, sondern bereits auf eine spezifische (und noch dazu sehr simple) Erzählstrategie verweist. Da sie aber so häufig angewandt wird und direkt den Eigenschaften der Spielstruktur zu entspringen scheint, gilt es ihr bei der Analyse entsprechender Strategien besondere Aufmerksamkeit zu schenken.

Was ist nun aber, wenn für ein Spiel kein idealer Diskurs angenommen werden kann? In der Tat ist davon auszugehen, dass ein solcher vor allem bei verstärktem Wirken einer simulierenden Struktur nicht gegeben ist und die getroffenen Vereinfachungen selbst bei einer etwas komplexeren narrativen Struktur schnell hinfällig werden.[114] Für diese Fälle bietet das spezielle Modell immerhin noch die Möglichkeit, den idealen Diskurs nicht auf das gesamte Spiel hin ausgedehnt zu denken, sondern ihn auf diskrete Abschnitte anzuwenden. Ein solches Vorgehen erleichtert die Analyse ebenfalls immens, da so immerhin einzelne „Szenen" oder Züge beschrieben werden können, ohne sich in übertriebene Komplexität oder gar einen infiniten Regress zu manövrieren.

In allen anderen Fällen muss sich die Analyse allerdings auf die eingangs vorgestellte allgemeine Methode zurückziehen. Ihr Anliegen ist es dann, den Prozess des Spielens, die einzelnen Verfahren und deren Zusammenwirken innerhalb der verschiedenen Strukturen zu untersuchen. Sie kann zwar nicht mehr annehmen, dass dem Spiel so etwas wie eine „Erzählung" immanent ist, aber sie kann die Strategien beschreiben, die das Spiel verfolgt, um eine solche zu synthetisieren. Die Analyse hat die Aufgabe, Korrelationen, Funktionen und Motivationen der einzelnen Verfahren zu benennen, und sie muss aufdecken, welche Rolle diese im Prozess des Spielens und im Prozess des Hypothesentestens einnehmen. Einzelne Diskurselemente können dann nur noch losgelöst von ihrem Kontext, fragmentarisch, unspezifisch und dynamisch beschrieben werden, was vor allem die Deskription erschwert, nicht aber deren Ergebnisse schmälert.

---

[113] Neitzel (2000, 6): „Spiele lassen sich erzählen, genauer: *nach*erzählen." Allerdings ist jede Nacherzählung von der jeweils gespielten Partie abhängig und unterliegt somit dem Problem der Diskursproliferation. Nur im Falle eines vorhandenen idealen *play* kann die Nacherzählung auch für die Analyse herangezogen werden.

[114] Beispielsweise wenn die „Erzählabschnitte" nicht linear, sondern „rhizomatisch" verknüpft sind – siehe hierzu Kapitel 4.3.

4. Analyse struktureller Kopplungen

Im folgenden Kapitel soll nun endlich das Verhältnis von Spiel und Erzählung an konkreten Beispielen untersucht werden. Hierfür schlage ich eine diachrone Vorgehensweise vor: Zum einen möchte ich strukturelle Kopplungen aus der Theorie, d.h. dem im vorigen Kapitel entwickelten Modell, heraus postulieren, am Gegenstand nachweisen und dort analysieren. Zum anderen werde ich aber auch Kopplungsarten induktiv einem Spiel oder der akademischen Diskussion entnehmen, überprüfen, ob es sich bei dem Phänomen tatsächlich um die vermutete Kopplung handelt, und dann zur Analyse übergehen.

Zum wiederholten Male sei darauf hingewiesen, dass es hier nicht um das Erstellen eines vollständigen Katalogs denkbarer Kopplungsstrategien geht. Stattdessen werden ausgesuchte Fälle und Möglichkeiten behandelt, die mir aufgefallen, eingefallen und für interessant befunden sind. Während sich Kapitel 5 ausführlicher mit einem einzigen Beispiel und darin enthaltenen Kopplungsarten befasst, möchte ich in diesem hier einen kompakten Überblick über einfache Formen der strukturellen Kopplung geben.

Wichtig in diesem Zusammenhang erscheint es mir herauszustellen, dass eine strukturelle Kopplung keine beliebige Verbindung von Spiel und Erzählung darstellt, sondern der in Kapitel 3.2 gegebenen Definition entsprechen muss. Es muss daher bei der Diskussion der analysierten Verfahren und Operationen immer zunächst die Frage im Vordergrund stehen, ob es sich bei dem festgestellten Phänomen lediglich um ein narratives *device*, eine strukturelle Kopplung oder eine Analogie handelt. Meiner Ansicht nach entstehen zahlreiche Missverständnisse bei der Diskussion von Spiel und Erzählung durch unrechtmäßige Vermischungen dieser Kategorien. Dies ist auch der Grund, warum die beiden in den ersten Kapiteln so ausführlich voneinander abgegrenzt werden mussten und ein entsprechendes Modell entwickelt wurde, das diesbezüglich Klarheit zu verschaffen imstande ist. Das folgende Kapitel betrachtet daher zunächst ein paar Fälle, die auf den ersten Blick als „Kopplungskandidaten" in Betracht kommen, aber über den feinen Unterschied zwischen Kopplung und Nicht-Kopplung Aufschluss geben werden.

4.1 Kopplungen 0. und 1. Ordnung: Repräsentation, Setting, Figur

Die vielleicht einfachste mir bekannte, wenn auch etwas kuriose Strategie zur Verbindung von Spiel und Erzählung findet sich in modernen Flipperautomaten – insbesondere solchen, deren Design sich an aktuellen Kinofilmen orientiert. Das Spielprinzip selbst ist fast vollständig abstrakt: Es besteht aus den Materialien (Ball, Schläger, Rampen, Bumper etc.), dem Spielfeld (der Flippertisch), Ludus-Regeln (die festlegen, wie Punkte vergeben werden und wann das Spiel gewonnen bzw. verloren ist), impliziten Regeln (physikalische Gesetze wie „Einfallswinkel = Ausfallswinkel" oder das Verhalten von Kugeln auf schiefen Ebenen), einem Interface (die Knöpfe zum Steuern der Paddel) usw. Kein Mensch würde wohl je die Kugeln oder Schläger für die Helden einer Geschichte halten oder auf die Idee kommen, eine Fabel aus dem Geschehen auf dem Tisch zu konstruieren.

Und doch behaupten die zahlreichen Einspielungen auf dem angegliederten Bildschirm etwas anderes: Dort wird der Spieler aufgefordert, ein Asteroidenfeld zu durchfliegen oder den „Todesstern" zu zerstören. Unter Einfluss dieser Sequenzen entfaltet sich so im Verlauf eine vollständige Erzählung, in die das Spielgeschehen eingebettet ist. Die Illusion, an einer Geschichte teilzuhaben, wird zusätzlich verstärkt, indem Figuren, Objekte oder Szenen aus den Filmen in das Design des Tisches integriert sind.

In der Historie des Computerspiels lassen sich zahlreiche ähnliche Beispiele finden, in denen narrative Verfahren aufgewendet werden, ohne dass diese Verfahren nennenswerte Aussagen über das Spiel machten. Eric Zimmerman (2004, 162) zitiert diesbezüglich *Ms. Pac-Man* (USA 1987, Atari), dessen Spielfeld von etlichen Comicbildern umrahmt wird, um der Hatz zwischen einem gelben Mund und ein paar Gespenstern durch ein Labyrinth einen erzählenden Kontext zu verleihen:

> „[T]here are many story elements to *Ms. Pac-Man* that are not directly related to the gameplay. [...] [W]hile these story-components are important parts of the larger *Ms. Pac-Man* experience, they are not at the heart of what distinguishes Ms. Pac-Man as a *game-*story." (Herv.i.O.)

Abb. 4.1 Ornamentale Geschichten: *Ms. Pac-Man*

Zimmerman betrachtet jene narrativen Verfahren demzufolge als eine Art ornamentale Verzierung, die zwar einer ganzheitlichen Erfahrung des Unterhaltungsmediums zugehört, aber keinen wesentlichen Beitrag zur Geschichte des Spiels leistet, allenfalls ein Bezugssystem für die Fantasie des Spielers angesichts der abstrakten Grafik zur Verfügung stellt.

Jene „schmückenden" Verfahren der Narration oder der Repräsentation bezeichnet Jenkins (2004, 121ff.) als „environmental storytelling": Sie dienen nicht dem Zweck, eine traditionelle Geschichte wiederzugeben, sondern eine bestimmte Atmosphäre zu schaffen, in die der Zuschauer oder Spieler gewissermaßen seine eigene Geschichte hineinlegt. Das beste Beispiel für diese Art des Geschichtenerzählens liefern die zahlreichen *attraction rides* der Vergnügungsparks. Die Prozesse der Fabelkonstruktion, die bei der Rezeption stattfinden, ähneln in diesen Fällen weniger der traditionellen Perzeption eines Buches oder Films als vielmehr dem Betrachten eines Gemäldes: Anhand der dargestellten Kulissen, Figuren und Szenen, reduziert zu Momentaufnahmen, erschließt sich dem Zuschauer eine Fabel, deren Sinn auf Immersion und Spektakel anstatt auf Geschlossenheit und Kausalität zielt:

> „The story element is infused into the physical space a guest walks or rides through. It is the physical space that does much of the work of conveying the story [...]. Armed only with their knowledge of the world, and those visions collected from movies and books, the audience is ripe to be dropped into your adventure." (Don Carson zitiert nach Jenkins 2004, 123)[115]

---

[115] Don Carson ist Senior Show Designer bei Walt Disney Imagineering.

78

Ryan (2001) ist daher der Ansicht, die Verwendung von „individuated characters, concrete setting and naturalizable goals and actions" im Spiel diene vor allem dem Zweck, eine immersive Erfahrung zu ermöglichen und den Spieler so in die Spielwelt zu „locken". Aus diesem Grund werde auch verstärkt zu Beginn des Spiels – vor allem im Intro – auf narrative Verfahren zurückgegriffen, um bestimmte Assoziationen zu wecken, das Spielkonzept zu konnotieren und Kontinuität herzustellen. Im späteren Verlauf, wenn die Bindung des Spielers an das Spiel und seine Welt geglückt ist, werden diese Eingriffe der Narration dann für gewöhnlich seltener.

Allgemein gesagt scheint die repräsentierende Darstellung der Spielwelt eine Naturalisierungsstrategie darzustellen, die zur Funktion hat, die Abstraktheiten des Regelwerkes zum Verschwinden zu bringen. Narrative Kontexte können für diese Zwecke äußerst hilfreich sein: Insbesondere in der frühen Spielgeschichte war dies von Bedeutung, da hier aus technischen Gründen die Grafiken selbst nurmehr abstrakt ausfielen. Eine angegliederte Geschichte wurde so zum primären Marketingargument, das häufig das einzige, zumindest aber das herausstechende Mittel ausmachte, um das kaum greifbare Konzept des Spieles zu vermitteln und zu verkaufen. Mark J. P. Wolf (2003, 58) führt dies anhand früher Verpackungsillustrationen vor, die mithilfe quasi-narrativer Impressionen einen Eindruck von dem Spiel vermitteln sollten: Dass diese aufwändig gestalteten Paratexte die eher abstrakten Grafiken und Geschehnisse der Spiele nicht getreu wiedergaben, ist ihnen nicht vorzuhalten, sondern stellt ihre primäre Funktion heraus:[116]

> „The home game [...] was bought by stores based mainly on the packaging, allowing games to be advertised as representational despite their highly abstract graphics". (ebd.)

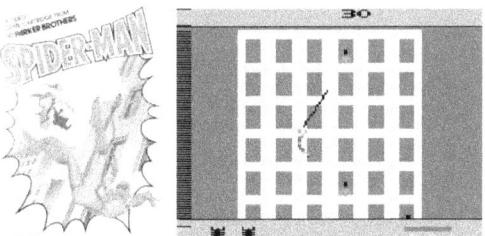

Abb. 4.2a+b Schein und Sein: Cover und Screenshot von *Spider-Man* (USA 1982, Parker)

Symptomatisch für dieses Vorgehen wurde es schließlich mit der fortschreitenden technischen Entwicklung, dem Spielgeschehen nicht nur mit der grafischen Darstellung einen sinnstiftenden Anschlusspunkt beizufügen, sondern es mit einem illustrativen Intro in das Setting und die Ereignisse einer Geschichte zu verankern. Ein solches Intro verstärkt die immersiven Effekte des Spieles und seiner Repräsentation und versorgt den Spieler mit einem vertrauten Sinnzusammenhang, der die Ikonographien und Geschehnisse der Spielwelt für ihn lesbar macht.

---

[116] Dasselbe Vorgehen ist mittlerweile auch in fast sämtlichen Brettspielen zu beobachten: Es kommt kaum noch ein Spiel auf den Markt, das sich so abstrakt präsentiert wie Go oder „Abalone". Stattdessen benutzen sie alle – von „Scotland Yard" bis „Die Siedler von Catan" – ein Setting oder gar eine komplette Hintergrundgeschichte. Selbst Klassiker wie „Risiko" oder „Monopoly" werden heutzutage im Gewand von *Star Wars* oder *Der Herr der Ringe* neu aufgelegt.

Eine Intensivierung dieser Strategie erfährt das Spiel später mit der Erfindung von Zwischensequenzen, die in den Ablauf des Spieles eingewoben sind und diesen in einzelne Abschnitte gliedern. Ohne allzu große erzählerische Bestrebungen dienten diese aufwändig erstellten Grafiken ursprünglich als eine Belohnung für das erfolgreiche Absolvieren eines Levels.[117] Da Zwischensequenzen und Intro sich zumeist selbstgenügsam sind und nicht die Präsentation spielrelevanter Informationen zur Aufgabe haben, sondern häufig nur das neue Setting für den nächsten Spielabschnitt vorstellen, zieht Andreas Wolfsteiner (2004, 162) einen Vergleich mit dem im Film üblichen Establishing Shot:

„Zwischen einem und dem nächsten Level liegen kleine filmische Einschübe, die im Wesentlichen dazu da sind, wie im Film der *Establishing Shot*, die nächste Station zu etablieren. Gleichsam sind diese Momente der Vorführung Pausen im Spielfluss." (Herv.i.O.)

Spiel und Erzählung lösen sich auf diese Weise in der bereits des Öfteren beschriebenen Regelmäßigkeit gegenseitig ab, sind dabei aber nicht aufeinander angewiesen. Aus diesem Grund können Zwischensequenzen auch häufig übersprungen werden, ohne dass dabei spielrelevante Informationen verloren gingen.

In der Blütezeit dieser Strategie Mitte der 90er Jahre führte das so weit, dass Spiele in Sachen Produktionsaufwand und „Filmlänge" mit Hollywoodproduktion gleichzogen und auch über entsprechend ausgearbeitete Geschichten mit zahlreichen Figuren und Handlungsfäden verfügten, in die die zugehörigen Spielabschnitte jedoch nur noch lose eingewoben waren und dabei relativ beliebig wirkten. Der Interaktive Spielfilm *The 7th Guest* (USA 1993, Trilobyte) beispielsweise schickte den Spieler auf eine Reise durch ein Geisterhaus, in deren Verlauf er dem morbiden Geheimnis um einen wahnsinnigen Spielzeugmacher auf die Spur kam und dabei Zeuge eines verworrenen Kammerspiels unter den übrigen sechs titelgebenden Gästen wurde. Um die Handlung voranzubringen und die jeweils nächste Filmsequenz zugänglich zu machen, musste der Spieler Aufgaben lösen, die jeden Zusammenhang mit der Geschichte vermissen ließen und eher einem beliebigen Rätselbuch entnommen und dem Spiel transplantiert schienen.

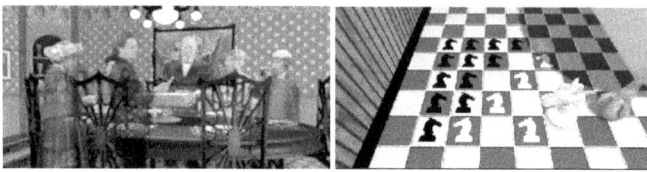

Abb. 4.3a+b Rätselbuch mit Film: *The 7th Guest*

Ein ähnliches Beispiel, das dem eingangs diskutierten Flipperspiel verwandt ist, findet sich im Klassiker *Arkanoid* (J Taito, 1986): Während Intro und Handbuch des Spiels auf gleichsam schmückende wie überflüssige Weise von einem Raumschiff berichten, das nach einem interstellaren Krieg durch zahlreiche Gefahren seinen Weg nach Hause antritt, ist dieses Szenario im anschließenden Spiel nur schwerlich wiederzufinden:[118] Hier steuert der Spieler einen

---

[117] Juul (2001) hält ihren Belohnungscharakter für die einzige sinnvolle Funktion einer Geschichte im Spiel: „A narrative may be used [...] as rewards for playing."
[118] Vgl. zu diesem Beispiel auch Furtwängler 2001, 381ff.

Schläger am unteren Bildschirmrand, um mit einem auf und ab springenden Ball eine Reihe von Blöcken zu treffen, die sich daraufhin auflösen und Punkte bringen.

 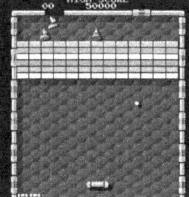

Abb. 4.4a+b Pingpong im Weltraum: *Arkanoid*

Die einleitende Erzählung steht in keinerlei erkennbarem Zusammenhang mit der Repräsentation des Spiels. Zwar ist eine abstrakte Darstellung noch kein Grund, einem Spiel seine narrativen Qualitäten abzusprechen, doch können die Ereignisse auf dem Bildschirm auch beim besten Willen nicht mit dem identifiziert werden, was sie nach eigenen Aussagen bezeichnen sollen. Selbst wenn man in dem Schläger ein Raumschiff und in den statischen Blöcken eine Gruppe von Fieslingen oder Asteroiden, die sich ihm in den Weg stellen, zu sehen bereit ist, so ist doch schwerlich ein sinnhaftes Geschehen, geschweige denn eine Fabel rekonstruierbar.

All diesen Beispielen ist gemein, dass sie sich narrativer Verfahren und Strategien bedienen, deren Geschichten von den Elementen des Spieles lediglich ausgelöst, jedoch nicht bedeutet werden. Keine davon schreibt sich in die Struktur des Spieles ein, allenfalls stellen sie sich ihm als Referenzsystem zur Verfügung. Der Grund hierfür scheint mir zu sein, dass Spiel und Erzählung in diesen Fällen über keine gemeinsamen Signifikanten verfügen. Zwar bewirken beide jeweils ein Geschehen und die Ereignisse dieses Geschehens sind sogar in einen gemeinsamen Prozess eingebunden, weil sie sich gegenseitig aus- und ablösen, allerdings werden dabei zwei logisch differente Diskurse produziert: Ein Diskurs des Spiels und einer der Erzählung. Um eine strukturelle Kopplung eingehen zu können, müssen Spiel und Erzählung jedoch an einem gemeinsamen Diskurs mitschreiben. Hierfür ist es unbedingt notwendig, dass der Ereignisraum des Spieles und die Diegese der Geschichte identisch sind. Nur wenn die *devices* und *cues* der Erzählung in die Welt des Spieles eingebunden sind, können sie mehr sein als bloße Verzierungen. Denn auf dem Flippertisch handeln keine Personen, fliegen keine Raumschiffe und explodieren keine Todessterne; und umgekehrt kullern in der Erzählung keine Kugeln über Rampen. Stattdessen belohnt das Spiel erfolgreiches Spielen mit einer Geschichte, und die Geschichte „verschönert" die Spielerfahrung. Ein engerer Zusammenhang besteht nicht.

In diesem Sinne bildet eine Analogieebene der audio-visuellen Oberfläche, auf der die Signifikanten von Spiel und Erzählung zusammenfallen, eine notwendige Bedingung für eine strukturelle Kopplung. Erst wenn Spielfigur und Protagonist, Spielmaterial und Requisit, Spielzug und *event*, Spielfeld und Diegese identisch scheinen, sind sie in der Lage, *cues* zu vergeben, die in einer strukturellen Kopplung wechselseitig aufeinander referieren.

Die Folge dieses identischen Zeichensystems ist, dass der so produzierte Diskurs – beispielsweise die Aufzeichnung einer gespielten Partie – als (wenn auch vermutlich minder interessante) Erzählung rezipierbar wird. Raum, Figuren und Ereignisse sind demzufolge als strukturelle Analogien zwischen Spiel und Erzählung zu verstehen: Sie stellen Elemente dar, die von der einen Struktur auf die jeweils andere abgebildet und durch gemeinsame Signifikanten ausgedrückt werden können.[119] Einer strukturellen Kopplung genügen sie zwar noch nicht zur hinreichenden Bedingung, es ist aber wahrscheinlich, dass sie einer solchen stets vorausgehen. Daher möchte ich von solchen Fällen als einer „strukturellen Kopplung 0. Ordnung" sprechen.

Bei einer Kopplung dieser Art bedient sich das Spiel narrativer Verfahren und Strategien und organisiert sie zu einem Diskurs, der es dem Zuschauer ermöglicht, aus den Ereignissen des Spiels eine Fabel zu konstruieren. Strukturelle Kopplungen 0. Ordnung sind die Grundbedingung für eine narrative Rezeption des *gameplay*. Sie stellen spezifische Verbindungen zwischen Elementen der Strukturen Spiel und Erzählung her und weisen ihnen einen gemeinsamen Referenten zu. Über dies hinaus macht keine der angeschlossenen Kategorien Aussagen über die andere oder begibt sich in ein Verhältnis der funktionalen Abhängigkeit.

Aus ähnlichen Überlegungen heraus ist Juul (2001) daher der Ansicht, der Rückgriff auf *representational devices* diene primär dem Zweck, das Spielgeschehen „nacherzählbar" zu machen: So könne ein Spieler leichter einem anderen berichten, was er im Spiel getan oder erlebt habe, oder ihm erklären, was dieser tun müsse, um selber voran zu kommen.

Repräsentierende Darstellungen erfüllen aber weitaus mehr Funktionen. Eine davon findet sich im bereits zitierten Beispiel *Pong*, das konzeptionell eng an die eben diskutierten Spiele anknüpft: Auch dort gibt es Schläger, einen Ball und einen Spielablauf, der demjenigen auf dem Flippertisch zum Verwechseln ähnlich sieht. Jedoch ist *Pong* im Unterschied dazu in keinen (an den Haaren herbeigezogenen) Erzählkontext eingebettet. Sein einziges narratives *device* ist in der Tat die repräsentierende Darstellung, d.h. obwohl die Grafik aus technischen Gründen abstrakt anmutet, so sollen die Spielobjekte doch etwas Gegenständliches bedeuten: zwei Tennisspieler und den entsprechenden Ball.

Das System der Repräsentation kann in diesem Sinne als ein Mittel verstanden werden, das dem Spieler *cues* für ein leichteres Verständnis der Spielmechanik anbietet und so bei ihm *prototype* und *procedural* Schemata aktiviert, die ihn die Materialien und Regeln intuitiv verstehen lassen.[120] Wie Douglas/Hargadon (2004, 1997) ausführen, war ein solches Vorgehen insbesondere in der frühen Spielehistorie notwendig, als der Umgang mit der neuen Technik wenig vertraut und die Grafiken äußerst abstrakt waren:

> „Early video games such as *Pong* stuck to the simple, rigid schema of a ball game with the ball batted between players or against walls. [...] The result: a game which imposed rigid rules, drawn from already familiar games which could thus be immediately grasped by users [...]"

Auf diese Weise versorgt die konventionalisierte Darstellung den Spieler mit den notwendigen Informationen für seine Entscheidungen und Handlungen: Indem das Spiel den Strich als Pingpongschläger und den Punkt als Ball definiert, sagt es dem Spieler indirekt, was dieser zu tun hat.

---

[119] In ähnlicher Form wurde auf dieses Analogieverhältnis bereits bei der Diskussion von *existents* und *events* hingewiesen. Und auch Frasca bezeichnete die audio-visuelle Oberfläche als diejenige Ebene, die Spielen und Erzählungen gemein ist – siehe S. 26.

[120] Vgl. zu den Schemata S. 65 und Bordwell 1985, 31-36. *Prototype schemata* werden beim Erkennen von vertrauten Objekten aktiviert; *procedural schemata* beim Durchführen erlernter Verhaltensweisen.

Kognitivistisch gesprochen bewirken die *devices* der Repräsentation einen starken *primacy effect*: Der *primacy effect* basiert auf einem ersten Eindruck und provoziert Hypothesen, die vom Wahrnehmenden als äußerst wahrscheinlich eingestuft werden und daher spätere Hypothesen und Annahmen maßgeblich beeinflussen.[121] Ohne etwas über die Regeln des Spieles zu wissen, ist der Spieler daher in der Lage allein aufgrund der durch die Darstellung geweckten Assoziationen und des damit verbundenen *primacy effect*, Aussagen über die Grundzüge des Spiels zu machen und sich „instinktiv" damit zurecht zu finden. Da eine erleichterte Zugänglichkeit die vorrangige Funktion dieser Naturalisierungsstrategie darstellt, ist ferner zu erwarten, dass die Hypothesen des *primacy effect* im weiteren Verlauf nicht attackiert oder wiederlegt, sondern allenfalls geringfügig modifiziert werden:[122] Beispielsweise könnte der Spieler zunächst verwirrt sein, weil sich die Spielfiguren von *Pong* – im Gegensatz zum „echten" Tennis – nur zur Seite, nicht aber nach vorne und hinten bewegen lassen. Der Spieler hat sich diesen veränderten Umständen mit neuen Hypothesen und Folgerungen anzupassen.

An diesem – zugegeben denkbar simplen – Beispiel ist demzufolge erstmals eine strukturelle Kopplung zu beobachten: Im Folgenden sollen solche Fälle, in denen die narrative Repräsentation eines Spielobjektes wesentliche *cues* auf die Funktion oder das Verhalten dieses Objektes liefert, eine „strukturelle Kopplung 1. Ordnung" genannt werden. Voraussetzung hierfür ist, dass das entsprechende *device* auch tatsächlich der Narrativitätsstruktur zugehörig ist – was, wie dargelegt, zwar häufig, aber nicht zwangsläufig der Fall ist.[123] Basierend auf seiner kognitiven Verarbeitung des *cue*, generiert der Spieler Annahmen über Spielregeln und Materialien und macht diese für mögliche Interaktionen produktiv. Wie an dem Beispiel von *Pong* zu sehen war, ist für eine Kopplung 1. Ordnung nur ein einziges narratives *device* notwendig, das eines oder auch zahlreiche Spielelemente gleichzeitig konnotiert. Nicht notwendig für das Verarbeiten dieses *cue* ist es hingegen, eine vollständige Fabel zu konstruieren: Es genügt, deren Objekte wahrzunehmen und nach ihren möglichen Funktionen abzutasten. Besagtes Objekt kann eine Figur sein (Lara Croft...), ein Spielzug (...kann gehen, springen und schwimmen...), ein Gegenstand (...mit den Pistolen in der Hand kann sie schießen...) oder ein Landschaftsmerkmal (...aber sie kann nicht über die Mauer fliegen).

Espen Aarseth (2004, 49) ist da anderer Meinung:

> „Lara Croft's physique goes beyond the gameplay. But that doesn't mean it tells us much, if anything, about the gameplay, does it?"

Meiner Ansicht nach lässt diese Aussage zwei Lesarten zu: Die eine ist wahr, aber trivial, die andere im eben genannten Sinne falsch. Denn selbstverständlich sagen zahlreiche ihrer äußeren Eigenschaften und Merkmale wenig über das Spiel aus. Das ist aber keineswegs überraschend: Die wenigsten narrativen *devices* verfügen tatsächlich über eine diskrete Funktion, egal ob in Spiel oder Erzählung. Kristin Thompson hält die meisten repräsentierenden Verfahren daher auch für exzessiv: Welche Kleidung Lara Croft im Speziellen trägt, ob sie von Angelina

---

[121] Vgl. ebd., 38
[122] Dass der *primacy effect* in der Regel von den *cues* des Spieles nicht infrage gestellt wird, heißt nicht, dass dies nicht prinzipiell möglich wäre: In dieser Richtung sind jedoch eher avantgardistische Spiele zu vermuten.
[123] Siehe S. 59.

Jolie oder aber einer anderen Schauspielerin gespielt wird oder welchem Schönheitsideal sie entspricht, mag zwar für den einen oder anderen nebensächlichen Effekt relevant sein, für die Geschichte ist es vollkommen unerheblich. Nicht-exzessiv fallen dagegen diejenigen Merkmale aus, die auf spezifische Funktionen hindeuten und damit die strukturelle Kopplung bewirken: Würde Lara Croft nicht Pistolen, sondern Besen und Schaufel mit sich herumtragen, würde sie die Welt vermutlich nicht von üblen Zeitgenossen, sondern von Staub und Schmutz befreien; trüge sie anstatt ihres neutralen Outfits ein Superman-Kostüm, könnte sie vielleicht auch über die Mauer hinwegfliegen; und säße sie im Rollstuhl, wären kaum akrobatische Höchstleistungen von ihr zu erwarten.

Diese Ausführungen decken sich mit der Beobachtung von Eskelinen/Tronstad, dass Spielfiguren im Gegensatz zu den Figuren einer Geschichte nicht psychologisch definiert sind, sondern funktional.[124] Genau diese Funktionen sind es aber, die dank des narrativen Systems direkt auf dem Spielfeld dargestellt und den Hypothesen und Folgerungen der eigenen Fabelkonstruktion entnommen werden können. Fiele dagegen die Darstellung der Spielmaterialien ganzheitlich abstrakt aus – das Strategiespiel „Go" bietet hierfür ein gutes Beispiel –, so muss der Spieler die zugehörigen Regeln und Funktionen zunächst der Anleitung entnehmen und sich durch Lernen aneignen. Werden die Figuren dagegen durch Soldaten, Panzer oder Kampfjets repräsentiert, kann schnell und einfach etwa auf den Bewegungsradius, die Feuerkraft oder die Anschaffungskosten der jeweiligen Einheit geschlossen werden.

Dass verschiedene darstellende Verfahren in diesem Prozess ein und dieselbe Funktion ausüben können, ist selbstverständlich. Der Neoformalismus spricht dann von „funktionalen Äquivalenten":[125] Lara Croft, Max Payne und Tommy Vercetti sehen zwar alle anders aus und stellen die Helden ganz unterschiedlicher Geschichten dar.[126] Sie verfügen aber alle über die gleichen funktionalen Eigenschaften und aktivieren dieselben Schemata: Sie alle können gehen, rennen, springen und – vorausgesetzt sie halten eine Waffe in Händen – auch schießen.

Das konkrete Aussehen der Figuren, ihre psychologischen Eigenschaften und Beweggründe fügen dem Spiel funktional gesehen keine nennenswerten Informationen hinzu; sie leisten keinen Beitrag zur strukturellen Kopplung. Folglich driften entsprechende Verfahren in ihrer Funktion für Spiel- und Erzählstruktur auseinander: Während es für die Geschichte von *Tomb Raider* (GB 1994, Core Design) von Relevanz ist zu erfahren, warum sich Lara Croft auf ihre abenteuerliche Reise begibt, erweist sich diese Information für das Spiel als unerheblich. Jenes verlangt vor allem nach Hinweisen darauf, was im Einzelnen zu tun ist und wie es erreicht werden kann.

Dass den Spielfiguren in der Praxis häufig fiktive Biographien und Charakterbeschreibungen angeheftet werden, die mitunter sehr detailliert und präzise ausfallen, dient somit nicht der strukturellen Kopplung, sondern dazu, Atmosphäre und Immersion zu verstärken.[127] Solche Verfahren sind daher genauso zu bewerten, wie die eingangs diskutierten schmückenden Ver-

---

[124] Siehe S. 38.
[125] Siehe dazu auch S. 72.
[126] Max Payne ist der Held im Spiel gleichen Namens (FI 2001, Remedy). Tommy Vercetti ist der Protagonist der *Grand Theft Auto*-Serie (USA 1998-2002, Rockstar).
[127] Vgl. dazu auch Schröters (2000, 128-129) Analyse der Spielfigur Lara Croft.

fahren des *environmental storytelling*. Mit Strategien, die über diese Redundanzmuster hinausgehen, wird sich das nächste Kapitel beschäftigen.

4.2 Strukturelle Kopplungen 1. und 2. Ordnung: Konflikt, Ziel, Retardation

In seiner Untersuchung über den klassischen Hollywoodfilm charakterisiert David Bordwell (1985, 157ff.) dessen Sujet als eine Erzählung über psychologisch definierte Individuen, die sich mit anderen Personen oder äußeren Umständen in einem Konflikt befinden, welcher am Ende üblicherweise gelöst wird. Damit entspricht der Hollywoodfilm dem kanonischen Format mit einem Ausgangszustand, einer Störung, einem Kampf oder einem Abenteuer und schließlich der Wiederherstellung des ungestörten Zustandes. Kausalität bildet für diesen Verlauf das grundlegende Prinzip: Die verwendeten Verfahren erscheinen in der Regel realistisch gerechtfertigt, werden aber von kompositorischen Motivationen dominiert, d.h. alles, was geschieht, wirkt so, als könnte es genau so passiert sein, fast jedes *device* ordnet sich aber seiner Funktion unter, nämlich die Geschichte auf eine ökonomische Weise voranzubringen und den Zuschauer mit den notwendigen Informationen hierfür zu versorgen. Primärer kausaler *agent* für diese Entwicklung ist ein zielorientierter Held oder Protagonist, auf den die Erzählung in der Regel fokalisiert ist.

Letzterem Aspekt – dem Ziel – maß bereits Klaus Walter (2001, 207-210) einen besonderen Stellenwert bei, da die Ausrichtung der Geschichte und ihrer Figuren auf konkrete Ziele eine Verbindung zwischen Spiel- und Erzählstruktur zuließ.[128] Dies macht sie auch für diese Untersuchung interessant. Denn bekanntermaßen erkannten Caillois und Frasca im Ziel die Grundkonstante des Ludus:[129] Das Ziel etabliert einen dem Spiel inhärenten Konflikt, der entscheidet, ob eine Partie gewonnen oder verloren wird. Der Konflikt kann zwischen einzelnen oder mehreren Spielern und Teams bestehen, etwa den Kontrahenten beim „Go" oder den Mannschaften beim Fußball. Oder aber er besteht zwischen dem Spieler und sich selbst, seinen selbst gesteckten Zielen, seiner eigenen Rundenbestzeit oder seinem persönlichen High-Score. Als Kopplung 1. Ordnung lesbar wird der Konflikt, wenn die Spielfiguren beispielsweise verfeindeten Nationen (z.B. in *Civilization* (USA 1990, Micro Prose)) oder anderweitig opponierenden Gruppen zugehören (z.B. Terroristen und Spezialeinheit in *Counter-Strike* (USA 2000, Valve)). Aber auch ohne Rückgriff auf Erzählkonventionen wird der Konflikt in Spielen üblicherweise durch die im vorigen Kapitel diskutierten *representational devices* etabliert – und sei es nur durch die Farbe der Spielfiguren (z.B. im „Mensch, ärgere dich nicht").

Mehrspieler-Spiele sollen hier nur am Rande behandelt werden, da sie am wenigsten Anleihen bei narrativen Strategien nehmen – vermutlich zum einen, weil sie keinen individualisierten Helden, sondern mehrere gleichwertige Parteien zum Gegenstand haben, und zum anderen, weil vermutet werden kann, dass die Geschichte eines Einzelspieler-Spiels als Ersatz für den dort fehlenden Konflikt mit anderen Spielern fungiert: Während etwa *Pong* seinen Konflikt als Wettkampf zweier Tennisspieler internalisiert, geht dieser beim vollzogenen Schritt zum konzeptionell ähnlichen *Arkanoid* verloren, das eher dem Spiel eines einzelnen Tennisspielers entspricht,

---

[128] Siehe S. 45.
[129] Siehe S. 25.

der den Ball zur Übung gegen eine Wand schlägt. Das veränderte Ziel erhält durch die bei-gefügte Geschichte vom Raumschiff auf seinem Weg nach Hause eine neue Begründung, für die zwar prinzipiell kein Bedarf, offenbar aber ein Bedürfnis besteht. Aus diesem Grund bedienen sich zahlreiche Spiele der von Bordwell beschriebenen Form des klassischen Hollywoodfilms, indem sie das Ziel des Einzelspieler-Spiels auf eine angeschlosse-ne Erzählung abbilden und die abstrakten Spielelemente in narrative Ereignisse übersetzen. Der auf Kundenseite vermutlich als minder interessant eingestufte Wettstreit des Spielers mit sich selbst, der Zeit oder vom Spiel auferlegten Herausforderungen erneuert sich so als Konflikt zwischen dem Helden und einem Antagonisten, einer Deadline oder dem Kampf mit „äußeren Umständen".

Mit Konflikt und Ziel scheinen somit zwei strukturelle Gemeinsamkeiten zwischen Spiel und Erzählung vorzuliegen:

> „Narrative enters such games on two levels – in terms of broadly defined goals or conflicts and on the level of localized incidents." (Jenkins 2004, 124)

Im Folgenden gilt es daher zu untersuchen, wie diese Verbindung im Spiel realisiert wird und ob sich dadurch strukturelle Kopplungen herstellen lassen. Zu diesem Zweck möchte ich das Spiel *Knights of the Old Republic* (USA 2003, Bioware) heranziehen. *Knights of the Old Republic* ist der Gattung nach ein Rollenspiel: Dieses vom traditionellen Pen&Paper-Rollenspiel inspirierte Genre schickt den Spieler für gewöhnlich auf eine abenteuerliche Reise durch ein Fantasy-Szenario, in dem er Aufgaben zu bestreiten, Kämpfe zu bestehen, Artefakte zu sammeln und typischerweise am Ende die Welt vor einem Schurken zu retten hat. Hierzu steuert der Spieler einen oder mehrere Charaktere, die durch ein Bündel spezifischer Eigenschaften, Fähigkeiten und Talente beschrieben werden. Diese Attribute werden in exakten Zahlenwerten ausgedrückt und für das Bewältigen der einzelnen Aufgaben benötigt.

Die Handlung von *Knights of the Old Republic* spielt im *Star Wars*-Universum, erzählt aber nicht einen der Filme nach. Stattdessen setzt sie 4000 Jahre davor ein, während eines interstellaren Krieges zwischen Jedi und Sith. Das Spiel beginnt mit einem Intro, das den Spieler in Form der für die Serie typischen Laufschrift in die aktuellen Geschehnisse einführt (Abb. 4.5b): Demzu-folge hat der böse Sith-Lord Darth Malak eine scheinbar übermächtige Armee um sich geschart und dem Jedi-Orden den Krieg erklärt. Die Jedi sind überwältigt von der zahlenmäßigen Über-legenheit des Feindes und stehen kurz vor der Vernichtung, als eine Schlacht im Orbit um den Planeten Taris die Wende bringen soll. Die Laufschrift verschwindet im Hintergrund, und die Kamera schwenkt nach unten, wo sich ein riesiger Raumkreuzer, die „Endar Spire", ins Bild schiebt. Zahllose kleinere Jäger umschwirren das Schiff und feuern mit den vertrauten, farbig leuchtenden Laserstrahlen aufeinander (Abb. 4.5c). Schnitt. Der Held der Geschichte erwacht auf einer Pritsche,[130] die sich augenscheinlich auf der Krankenstation der Endar Spire befindet (Abb. 4.5d). In der Ferne sind Laserschüsse und Explosionen zu hören, das Schiff erbebt unter

---

[130] Der Held von *Knights of the Old Republic* verfügt über keinen festgelegten Namen – stattdessen kann der Spieler ihn mit seinem eigenen versehen. Dieses Vorgehen soll offenbar die Bindung des Spielers an die Figur verstärken – siehe hierzu auch S. 118ff. Dies erschwert ein wenig die Verständlichkeit der Deskription, da immer nur vom namenlosen „Helden" gesprochen werden kann. Zu beachten ist, dass es falsch wäre, hierfür vom „Spieler" zu sprechen: Der Begriff „Spieler" ist für die hypothetische reale Person reserviert, die das Spiel spielt, nicht aber die Figur.

einem direkten Treffer. Da öffnet sich die Tür, und der Soldat Trask Ulgo stürmt herein, der den Helden warnt (Abb. 4.5e): „Wir sind in einen Hinterhalt der Sith geraten! Die Endar Spire steht unter schwerem Beschuss! Rasch! Wir haben nicht viel Zeit."[131] Das Spiel hält für den Moment inne und lässt den Spieler eine passende Erwiderung aus einer Liste auswählen (Abb. 4.5f).

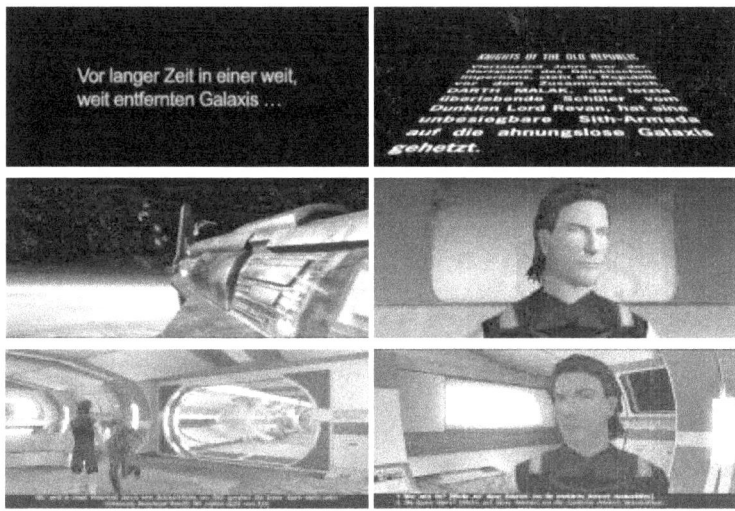

Abb. 4.5a-f Vor langer Zeit: Das Intro von _Knights of the Old Republic_

Auch wir halten kurz inne und wollen das Beschriebene reflektieren: Bis hierhin wird das Spielgeschehen komplett durch die Narration kontrolliert. Das gesamte Intro ist eine einzige Filmsequenz, in die der Nutzer nicht eingreifen kann.[132] Zunächst war der bekannte _Star Wars_-Schriftzug und die Laufschrift zu sehen und dazu die berühmte Titelmelodie zu hören, die den Spieler in ein vertrautes Setting einführt – vorausgesetzt er kennt die entsprechenden Filme. Das Spiel aktiviert bei ihm Schemata, die er sich in seinem Umgang mit anderen Werken angeeignet hat und die ihn Annahmen über das zu Erwartende treffen lassen: Dies sind vor allem Annahmen über das Setting (außerirdische Kreaturen, fremde Planeten, futuristische Technik), aber auch über die bevorstehende Geschichte (ein interstellarer Krieg, spektakuläre Action) oder archetypische Motive (der Kampf zwischen Gut und Böse). Das Intro verrät nichts über das Spiel und seine Regeln. Hierfür ist ein Blick ins beiliegende Handbuch notwendig, das auf gut 70 Seiten das komplizierte Regelwerk des Rollenspiels vorstellt. Zahlreiche der Regeln, etwa die Berechnungsformeln für Kämpfe, die einen Großteil der Pen&Paper-Spiele ausmachen, bleiben implizit, d.h. der Computer nimmt diese Rechnungen vor; der Spieler kann sie nur oberflächlich durchschauen. Selbst Angaben über das eigentliche Spielziel bleiben im Unklaren:

---

[131] Die im Folgenden beschriebenen Szenen und zitierten Dialoge wurden von mir zum Teil sinnwahrend gekürzt und verändert. Die Auslassungen sind zum Zwecke der besseren Lesbarkeit nicht als solche gekennzeichnet.
[132] Bei der Schilderung wurde ausgeklammert, dass der Spieler noch vor dem Intro seinen „Charakter" zusammenstellt, d.h. seine Spielfigur auswählt und sie mit funktionalen Eigenschaften und Fertigkeiten ausstattet. Die Charaktererstellung ist noch nicht Teil der Geschichte und eher als eine Vorbereitung auf das Spiel einzustufen – ähnlich dem Aufstellen des Spielbrettes und der Figuren bei Brettspielen.

Zwar etabliert das Intro den grundlegenden Konflikt zwischen den guten Jedi und den bösen Sith, woraus gefolgert werden kann, dass das Ziel in einem ungefähren Zusammenhang damit steht, selbst das Handbuch schweigt sich jedoch darüber aus, auf welche Siegbedingungen die Handlungen des Spielers abzielen sollen. Tatsächlich erfährt der Spieler das konkrete globale Ziel erst nach ca. $^2/_3$ des Spiels: Im übertragenen Sinne könnte daher von einer „verzögerten Exposition des Spielziels" gesprochen werden. Es ist allerdings davon auszugehen, dass der Spieler mit der Grundstruktur des Rollenspiel-Genres vertraut ist und daher ungefähr weiß, was zu tun bzw. zu erwarten ist.[133]

Der einleitende Lauftext versorgt den Spieler mit dem aktuellen Stand der Geschehnisse und gibt einen kleinen Einblick in die unmittelbare Vorgeschichte. Der Spieler konstruiert auf Basis dieser *cues* eine Fabel, die der gegenwärtigen Handlung vorausgeht: eine Analepse. Dies entspricht einem typischen Verfahren der Exposition, birgt aber keinen relevanten Hinweis auf die Spielelemente.[134]

Der Lauftext weicht schließlich einer Einstellung von der Endar Spire, die sich inmitten einer tosenden Raumschlacht befindet: ein klassischer Establishing Shot. Der Spieler wird so über den Ort und die Umstände seiner Position und Gegenwart informiert und erhält außerdem einen Eindruck von der unmittelbaren Gefahr, in der er sich befindet. Der zuvor noch abstrakte Konflikt zwischen Jedi und Sith wird auf einmal akut, da er sich in Form der kämpfenden Raumschiffe manifestiert.

Vielen Spielen genügt der Einsatz narrativer Strategien an dieser Stelle schon: Ein Setting wurde vorgestellt, ein Konflikt initiiert und ein ungefähres Ziel (kämpfen und überleben) definiert. Bis auf den *Star Wars*-Kontext ist die Geschichte von *Knights of the Old Republic* mit dem im vorigen Kapitel beschriebenen Intro von *Arkanoid* nahezu identisch. Auch *Space Invaders*, das von der versuchten Invasion fliegender Untertassen auf die Erde berichtet, verfügt über eine Geschichte nur, insofern sie Exposition des Konflikts ist. Bis hierhin sind auch nur strukturelle Kopplungen 0. Ordnung zu beobachten: Das Sujet dient ausschließlich dazu, den abstrakten Spielablauf an eine repräsentierende, audio-visuelle Oberfläche zu binden.

Fahren wir aber mit der Analyse fort: Der Held erwacht. Trask betritt den Raum und warnt ihn vor der Bedrohung durch die Sith. Hier erhält der Spieler nun zum dritten Mal, nachdem er bereits sowohl im Lauftext als auch dem Establishing Shot darauf hingewiesen wurde, ein und dieselbe Information: Die Sith greifen das Raumschiff des Helden an. *Knights of the Old Republic* erfüllt damit eine Strategie des Hollywoodfilms, dem Bordwell (1985, 161) attestiert: „Hollywood narratives are highly redundant." Zwar zielt die Hollywoodnarration immer auf ein ökonomisches, zügiges Entwickeln der Geschichte, wichtige Informationen müssen aber zum leichte-

---

[133] Dass hier zu Beginn kein eindeutiges Ziel definiert wird, mag für ein Spiel verwirrend oder ungewöhnlich erscheinen, ist aber eine übliche Vorgehensweise für Erzählungen: In *Star Wars* – um thematisch in der Nähe zu bleiben – erfährt Luke Skywalker auch erst kurz vor Ende des Films, dass sein eigentliches Ziel darin besteht, den Todesstern zu vernichten. Der Weg dorthin wurde den ganzen Film über gepflastert von zahlreichen vorläufigen, lokalen Zielen. Hierauf wird am Ende des Kapitels noch einmal eingegangen.

[134] Mit Erzählstrategien, die systematischen Gebrauch von diesen Zeitkonstruktionen machen, beschäftigt sich Kapitel 5.3.

ren Verständnis mehrmals platziert werden. Oder wie Bordwell an anderer Stelle eine Drehbuchweisheit zitiert:

> „[S]tate every fact three times, once for the smart viewer, once for the average viewer, and once for slow Joe in the back row." (Bordwell et al. 1985, 31)

Auch der *style* der Filmsequenz hält sich an die Konventionen des klassischen Kinos: Nach einem Close-Up des erwachenden Helden springt die Kamera zurück in die Totale und gibt einen Establishing Shot des momentanen Schauplatzes: der Krankenstation. Ferner antizipiert die Narration bereits das Öffnen der Tür, da sie exakt den Raum zwischen selbiger und dem Helden kadriert. Es kann daher vermutet werden, dass die Narration der Cut-Scenes in ähnlicher Weise allwissend, wenig selbstbezogen und hoch mitteilungsbereit sein könnte, wie sie es im klassischen Hollywood ist.[135]

Diese Vermutung bewahrheitet sich im nächsten Moment: Der nun folgende Dialog zwischen dem Helden und Trask wird im Schuss-Gegenschuss-Verfahren aufgelöst, welche die Selbstbezogenheit (*self-consciousness*) der Narration minimal hält und die Funktion besitzt, den Spieler unauffällig über sämtliche relevanten Fakten zu informieren. Typisch für den Hollywoodfilm ist, dass – wenn überhaupt – eine selbstbezogene Narration vor allem am Anfang des Films zu finden ist, wie es auch hier zu beobachten war: in Form des Lauftextes. Anschließend nimmt sie sich für gewöhnlich zurück, um das Geschehen „natürlich" erscheinen zu lassen.

Der nächste Satz von Trask („Rasch! Wir haben nicht viel Zeit.") markiert eine weitere typische Sujettaktik des klassischen Films: eine Deadline. Die Helden der Geschichte müssen eine bestimmte Aufgabe innerhalb eines begrenzten Zeitfensters erfüllen. Dies erzeugt Spannung, da instantan zwei exklusive Hypothesen zur Disposition stehen: Entweder die Helden schaffen es rechtzeitig oder sie schaffen es nicht und müssen deshalb sterben. Da der Spieler im Spiel höchstpersönlich für das Einhalten der Deadline verantwortlich ist, wäre zu vermuten, dass der Spannungseffekt noch stärker als im Film ausfällt, da sich – mit Aarseth gesprochen – die *intrigue* des Spieles nicht nur indirekt, sondern direkt gegen ihn wendet.[136] Andererseits könnte aber auch der umgekehrte Fall eintreten, etwa wenn die Schwierigkeit der gestellten Aufgabe zu hoch ist: Dann weicht die Spannung schnell der Frustration, und der Spieler tauscht seine enge Bindung an das Spiel gegen eine distanzierte Haltung. Ob und wie das Spiel Effekte der Immersion und *agency* erzeugt, ist daher ein äußerst diffiziler Prozess und soll hier nur am Rande behandelt werden.

Mit der Deadline liegt nun endlich eine erste Andockstelle zur strukturellen Kopplung vor, da hier ein expliziter *cue* vergeben wird, der auf die begrenzte Spieldauer und die damit verbundene Möglichkeit des „Game Over" hindeutet. Wie sich allerdings herausstellt, gibt es in den Regeln des Spiels keine entsprechende zeitliche Beschränkung; sie wird lediglich von der Erzählung behauptet. Realiter kann sich der Spieler so viel Zeit nehmen, wie er möchte. Dennoch wird er psychologisch unter Druck gesetzt, und Atmosphäre und Spannung werden verstärkt.

An diesem Beispiel ist wieder zu sehen, wie weit doch Spiel und Erzählung im Einzelnen auseinander driften: Während die Deadline für die Geschichte einen Kern darstellt, ist sie für das

---

[135] Vgl. zu den Eigenschaften der klassischen Narration Bordwell 1985, 160.
[136] Siehe S. 40.

Spiel lediglich eine Verzierung oder – mit Barthes (1988, 111) – ein Indiz: Indizien dieser Art enthalten „Anmerkungen zur ‚Atmosphäre'", sie geben aber keine notwendigen Informationen über das Geschehen.

Die Filmsequenz ist damit an ihr Ende gelangt, und der Spieler findet sich fürs Erste in einem interaktiven Dialogabschnitt, in dem er Fragen und Antworten aus einer vorgegeben Liste auswählt. Bis zum Ende des Dialogs fluktuiert das Spiel zwischen Entscheidungsabschnitt und Erzählabschnitt: Der Spieler wählt einen vorgefertigten Satz aus und erfährt in einer Zwischensequenz Tarsks Erwiderung darauf. Im gesamten Dialog sind keinerlei Kopplungsverfahren zu entdecken: Sämtliche erhaltenen Informationen stellen lediglich Indizien dar und dienen der Exposition: So erfahren wir etwas über Tarsk, den Helden selbst, die Endar Spire, den Angriff der Sith usw.

Erst am Ende des Dialogabschnittes gibt Tarsk einen entscheidenden Hinweis: „Wir müssen Bastila finden und dafür sorgen, dass sie lebend vom Schiff kommt!" Endlich ist ein konkretes Ziel definiert, auch wenn der Spieler noch keine Ahnung hat, wie dieses (ausschließlich narrativ präsentierte) Ziel zu erreichen ist. Doch er kann den Hinweis benutzen, um Hypothesen darüber zu entwickeln, welche Handlungen ein Erfüllen des Zieles wahrscheinlicher werden lassen. Ob es sich bei dem Ziel um das eigentliche (globale) Spielziel oder nur ein lokales Ziel handelt, ist nicht eindeutig zu sagen; letztere Hypothese scheint aber wahrscheinlicher.

Auf Nachfrage gibt Tarsk an, dass Bastila eine hochrangige Jedi sei, die über besondere, kriegsentscheidende Fähigkeiten verfügt und daher unbedingt gerettet werden müsse. Das Aufgabenziel erhält auf diese Weise eine narrative Begründung: Während Prinzessinnen eben gerettet werden, weil sie ein lohnenswertes Objekt der Begierde für einen Helden darstellen, muss Bastila gerettet werden, weil sie den grundlegenden (narrativen) Konflikt des Spiels zugunsten des Spielers lösen kann. Auffallend an dieser Rechtfertigungsstrategie ist, dass die Motivationen von Held und Spieler nicht zusammenfallen: Der Held möchte Bastila retten, weil es ihm aufgetragen wird und weil es ihm für den Verlauf des Krieges wichtig erscheint. Der Spieler dagegen möchte einfach nur das Spiel gewinnen: Im Gegensatz zur Erzählung benötigt ein Spiel niemals eine Begründung für sein Ziel.

Der Spieler muss aber in der Lage sein zu erkennen, worin das Ziel besteht und welche Spielzüge auszuführen sind, um es zu erreichen. Hierfür ist es in *Knights of the Old Republic* unabdingbar, die *cues* der Erzählung zu interpretieren und daraus eine entsprechende Fabel zu konstruieren: Wir haben es also mit einer strukturellen Kopplung zu tun. Im Gegensatz zu den im vorigen Kapitel beschriebenen Kopplungen 1. Ordnung, bei denen es lediglich notwendig war, eine Figur oder einen Gegenstand nach deren Eigenschaften und möglichen Funktionen für das Spiel zu befragen, ergibt der *cue* in diesem Fall nur dann einen Sinn, wenn der Spieler zumindest in Ansätzen eine zeitlich kohärente, kausal zusammenhängende Fabel konstruiert: Erst wenn er das Setting als das Innere eines Raumschiffes, seine Spielfigur als den Helden der Geschehnisse, Tarsk als eine Helferfigur, den grundlegenden Konflikt als einen Krieg zwischen verfeindeten Völkern usw. begreift, ist er in der Lage, den Begriffen „Bastila" und „retten" einen Sinn zuzuweisen, der sie auf das Spiel anwendbar macht. Solche Operationen möchte ich als „strukturelle Kopplungen 2. Ordnung" bezeichnen: Kopplungen 2. Ordnung liegen dann vor, wenn der Fabel-*cue*, der eine Verbindung mit einem Game-*cue* eingeht, nur im Lichte mindestens eines anderen Fabel-*cues* Sinn ergibt. Notwendig für eine Kopplung 2. Ordnung ist es, dass der Spieler das Geschehen des Spieles und/oder einer entsprechenden Vorgeschichte zu einer kohärenten Fabel verbindet und dieser eine notwendige Information über das Spiel und seine Regeln entnimmt. Die vielleicht typischste Form dieser Kopplungsart ist die eben beschriebene narrative Formulierung des Spielzieles.

Auffällig ist, dass narrativ ausformulierte Ziele in Computerspielen in der Regel durch ein Höchstmaß an Redundanz gekennzeichnet werden: Die zahlreichen Informationen, die der Spieler den Dialogen, dem Sujet und der Darstellung der Spielwelt entnimmt, lassen sich als Spielregel üblicherweise sehr einfach und effektiv ausdrücken: „Durchquere, ohne zu ‚sterben', den Level bis zu seinem Ende, um in den nächsten Abschnitt zu gelangen." Schön zu sehen ist dies beispielsweise an den Mission-Briefings im Strategiespiel *Heroes of Might and Magic IV* (USA 2002, New World Computing): Die Motivation des Helden, seine Aufgaben und Ziele werden, den Konventionen des Fantasy-Genres entsprechend, in das Gewand „epischer" Erzählungen mit genausten Beschreibungen der kämpfenden Völker, ihrer Historie usw. gehüllt. Der Spieler kann diese Narrativierung aber auch nach Belieben ausblenden und sich nur die einzig wirklich wichtige Anweisung anzeigen lassen, die für gewöhnlich lautet: „Besiege die gegnerische Armee."[137]

Der nun folgende Dialogabschnitt in *Knights of the Old Republic* ist äußerst ungewöhnlich – selbst für ein Computerspiel. Tarsk fordert den Helden auf, sich anzuziehen und seine Ausrüstung aufzunehmen. Auf Rückfrage, wo die Ausrüstung zu finden sei, antwortet Tarsk: „Bewege die Maus über die Feldkiste, und klicke sie mit der linken Maustaste an, um sie zu öffnen." Hier liegt zweifelsohne eine Verletzung der diegetischen Kohärenz vor – Genette spricht in solchen Fällen von einer „Metalepse". Die Erzählung gibt auf einmal explizite Hinweise auf die interaktive Grundstruktur des Spiels; Hinweise, die für die Erzählung selbst keinen Sinn ergeben. Der Spieler nimmt dies allerdings nur bedingt als Störung wahr, vielmehr erkennt er einen selbstbezogenen Versuch der Narration, ihn über die Funktionsweisen des Spieles zu unterrichten: Den Machern von *Knights of the Old Republic* ist so ein äußerst origineller Weg eingefallen, den Spieler mit dem Spiel vertraut zu machen, ohne dass ein umständliches und langweiliges Handbuchstudium oder das Absolvieren eines vom eigentlichen Spiel abgespalteten „Tutorial" nötig wäre. Stattdessen schickt es ihn gleich in medias res und ermöglicht ihm so, das Spiel quasi im Vorbeigehen zu erlernen. Nach einer ersten Eingewöhnungsphase verschwinden diese narrativen Übergriffe schnell wieder. Der Grund für diese plötzliche Explizitheit liegt offensichtlich darin, dass sich zwar so manche Spielregel naturalisieren lässt (durch Kopplungen 1. und 2. Ordnung), manchmal aber ein paar klar ausgesprochene Worte doch mehr sagen als tausend Bilder.

---

[137] Zu beachten ist, dass die Wörter „besiegen" und „Armee" bereits narrative Interpretationen darstellen. Richtiger müsste es heißen: „Werfe sämtliche Spielfiguren des Gegners aus dem Spiel." Die Tatsache, dass ein äußerst komplexes Strategiespiel wie *Heroes of Might and Magic IV* mit seinen über 60 Einheitentypen, dutzenden Gebäudearten und Landschaftsmerkmalen auf einer solchen Abstraktionsebene kaum noch verständlich wäre, weist auf die Bedeutung einer repräsentierenden Oberfläche für die Spielbarkeit hin.

Wir öffnen also die Kiste und entnehmen unsere Ausrüstung, u.a. eine Pistole, ein Schwert und unsere Kleidung. Um sie anzulegen, rufen wir das Charaktermenü auf und erhalten so einen Eindruck von Eskelinens Behauptung, Spielfiguren seien nicht durch psychologische Eigenschaften, sondern ihre Funktionen gekennzeichnet:[138] Unser Held wird dort durch diskrete Zahlenwerte beschrieben, die solche Attribute bewerten wie „Stärke", „Intelligenz" oder „Charisma". Außerdem verfügt er über Fähigkeiten wie „Reparieren", „Heilen" oder „Überreden" und über so genannte Talente wie „Waffenkenntnis Pistolen" oder „Sicherheitssysteme knacken". Jedes dieser Attribute repräsentiert eine ausschließlich funktionelle Komponente: entweder eine Handlungsoption (wer über die Eigenschaft „Reparieren" verfügt, kann diese Handlung an defekten Gerätschaften durchführen) und/oder einen Austauschwert (je größer der „Stärke"-Wert, umso höher der angerichtete Schaden im Nahkampf).

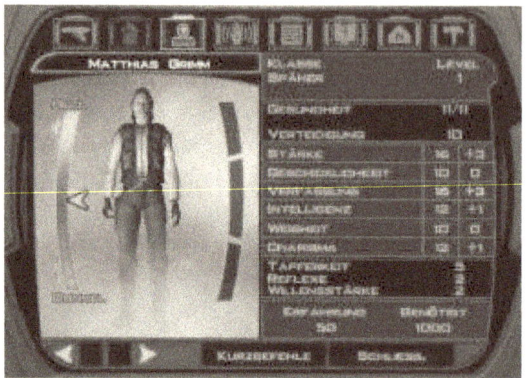

Abb. 4.6 Ontologie light: Charakterblatt von *Knights of the Old Republic*

Neoformalistisch könnte hier von einer kompositorischen (*compositional*) Motivation gesprochen werden: Eine kompositorische Funktion liegt dann vor, wenn ein Verfahren eine relevante Funktion für den Fortgang der Geschichte ausübt.[139] So führt beispielsweise die Szene von *Star Wars*, in der Luke Skywalker von Obi-Wan Kenobi in die Geheimnisse der „Macht" eingeführt wird, dazu, dass er dieses Wissen am Ende des Films anwenden kann, um sein globales Ziel – das Zerstören des Todessterns – zu erfüllen. Ohne diese finale *payoff*-Szene wären sämtliche Szenen, die sich mit den Aspekten der Macht auseinander setzen, und die Fähigkeiten, die sich Luke darin aneignet, nur schmückendes und letztlich überflüssiges Beiwerk. Wie im Hollywoodfilm werden kompositorische Motivationen im Spiel aber immer durch realistische Begründungen flankiert: So wird die jeweilige Funktion der Attribute verschleiert, indem sie als natürliches Merkmal der Person ausgegeben wird.

Die Charaktereigenschaften im Rollenspiel gehen aber über die kompositorische Funktion hinaus: Sie stellen vielmehr spezifische Werkzeuge dar, die vom Spieler eingesetzt werden können, um konkrete Probleme zu lösen. Sie sind damit auf einer ähnlichen Abstraktionsebene anzusiedeln wie die zahlreichen Gegenstände, die von der Spielfigur im Verlauf des Spieles

---

[138] Siehe S. 38.
[139] Vgl. Bordwell 1985, 36.

mitgenommen und zur Bewältigung bestimmter Aufgaben verwendet werden. Psychologische Attribute kommen in der Liste nur insofern vor, als sie eine entsprechende Funktion ausüben: Die Eigenschaft „Charisma" ermöglicht es beispielsweise, andere Figuren zu „überreden" – was letztlich auch nur eine Variante von „besiegen" konnotiert.

Gibt die Erzählung doch einmal Hinweise auf „wirkliche" Charaktereigenschaften einer Figur – beispielsweise lernt der Spieler in zahlreichen Gesprächen vieles über die Persönlichkeit seiner verschiedenen Helferfiguren – üben diese Informationen keinerlei oder nur selten eine Funktion für das Spiel aus, sondern dienen wiederum nur als Indizien der Atmosphäre. Faszinierend in dieser Hinsicht an *Knights of the Old Republic* ist der „Moral"-Wert, über den die Spielfigur verfügt: Je nachdem auf welche Weise der Spieler eine Aufgabe löst, wird sein Verhalten als „gut" oder „böse" bewertet und als solches im Charakterblatt festgehalten. So wendet sich der Held im Verlauf des Spiels zunehmend entweder der hellen oder der dunklen Seite der Macht zu. Dazu später mehr.

Die Dominanz der funktionalen Komponente privilegiert zweifelsfrei stereotype oder archetypische Figuren, d.h. Figuren, die durch wenige, klar erkennbare Merkmale gekennzeichnet sind und darin mit ihrer Funktion korrespondieren. Diesbezüglich von Interesse sind insbesondere die formalistischen Arbeiten von Vladimir Propp und Joseph Campbell, die einen Katalog möglicher Figurentypen und Handlungsmotive erstellen, wobei sie jene nicht nach ihrer psychologischen oder symbolischen Bedeutung klassifizieren, sondern ausschließlich eine Bewertung auf Basis ihrer Funktion für die Geschichte vornehmen: So sind uns etwa die von Propp beschriebenen Figuren des (unfreiwilligen) Helden, des Helfers oder des Gegenspielers sämtlich auch in *Knights of the Old Republic* schon begegnet. Auch entsprechende Handlungsmotive wie die (versuchte) Rettung eines Helfers, den Empfang eines Zaubermittels (Trask rüstet zu Beginn den Helden mit so genannten „Medikits" aus, welche die Gesundheit wiederherstellen) oder die Wegweisung konnten an der im vorigen Kapitel beschriebenen Passage bereits beobachtet werden. Da strukturelle Kopplungen nur dort zu erwarten sind, wo die kompositorische Motivation der Figuren mit ihrer spielerischen Funktion zur Deckung kommt, kann vermutet werden, dass die häufig von narratologischen Kritikern vorgebrachte Forderung nach „runden Charakteren" – um Forsters (1949, 77) Begriff aufzunehmen – wenig medienspezifisch ausfällt und jedwedes Bestreben in diese Richtung folglich narrativen „Mehrwert" produziert, der besser in das Entwickeln angemessener Kopplungsstrategien investiert wäre.

Aber zurück zum Spiel: Haben wir nun unsere Ausrüstung angelegt, kann die Suche nach Bastila beginnen. Zuvor jedoch schließt sich Tarsk unserer Gruppe – der so genannten „Party" – an. Der Spieler ist nun in der Lage, zwischen dem Helden und Tarsk hin und her zu schalten und je nach Bedarf dem einen oder anderen Befehle zu erteilen. Dieses Feature wirft unweigerlich Fragen nach der Fokalisierung des Spieles auf: Die Fokalisierung bezeichnet bei Genette (1998, 134ff.) die Bindung des Wissensstandes der Narration an eine oder mehrere diegetische Figuren. Für *Knights of the Old Republic* ist zunächst eine „variable Fokalisierung" zu vermuten, da der Spieler mehrere Figuren in einer Gruppe steuert und zwischen diesen nach Belieben wechselt. Betrachtet man jedoch die Geschichte des Spiels als Ganzes, so muss festgestellt werden, dass die Erzählung zweifellos auf den Helden fokalisiert ist: Er ist – im Unterschied zu den anderen Ensemblemitgliedern – in jeder Szene zugegen, er ist der primäre *agent* der Handlung, seine Person bestimmt die Wahrnehmung auf die Geschichte. Auch in den Szenen, in denen der Spieler als eine der Nebenfiguren handelt, ist immer noch klar, dass der Held die zentrale Figur in der Truppe ist und alles aus seinem Willen und seiner Wahrnehmung heraus geschieht.

Ferner handelt es sich um den speziellen Typ der „externen Fokalisierung": Der Spieler hat keinen Einblick in die Gedanken der Figur. Nun könnte diesbezüglich argumentiert werden, dass er dies sehr wohl hätte, wo er doch selbst die Gedanken der Figur denken würde. Doch die Gleichsetzung von Spieler und Figur ist speziell in dieser Beziehung unzulässig: Das Verhältnis zwischen Spieler und Figur ist eine der Fokalisierung, „Identifikation" und Interaktivität, aber keine der Identität. Am Besten ist dies an dem Wissensunterschied zu erkennen, der häufig zwischen Spieler und Figur besteht: Im Ego-Shooter *Star Trek: Voyager – Elite Force* (USA 2000, Raven Software) beispielsweise kämpft sich der Spieler im ersten Level durch ein Raumschiff der Borg mit dem Ziel, einige gefangen genommene Teamkameraden zu befreien. Just als dies erreicht zu sein scheint, unterläuft dem Protagonisten (in einer Zwischensequenz) jedoch ein Missgeschick, und sämtliche Kollegen sterben. Doch nur einen Augenblick später wird ersichtlich, dass es sich bei dem gesamten Geschehen lediglich um eine Trainingssimulation auf dem Holodeck handelte: Den Kameraden geht es demnach gut, die Überraschung ist groß, Erleichterung macht sich breit. Zweifellos war jedoch dem Protagonisten – im Gegensatz zum verdutzten Spieler – der Übungscharakter der Mission jederzeit bekannt. Die *surprise* ist erst dadurch möglich, dass dem Spieler Informationen vorenthalten werden, über die die Figur zweifelsfrei verfügt.

Insbesondere *suspense*-Strategien sind auf eine solche Wissensdifferenz angewiesen:[140] In einer Zwischensequenz von *Knights of the Old Republic* etwa erfährt der Spieler, wie Darth Malak eine Falle für den Protagonisten vorbereitet. Trotz dieses Wissens ist es ihm aber nicht möglich, die Falle zu umgehen, da der Held aus offensichtlichen Gründen nicht über diese Information verfügen kann.[141] Sollte dies dennoch möglich sein, so läge eine Verletzung der diegetischen Kohärenz – eine Metalepse – vor.[142]

Ein solch kurzzeitiges Verlassen des dominanten Fokalisierungsmodus durch die Narration bezeichnet Genette (1998, 138-140) als „Alteration". Unter diesen Begriff fällt beispielsweise auch die beschriebene erste Einstellung des Intros, in der die Raumschlacht zu sehen war: Der fokale Protagonist war offensichtlich nicht Zeuge dieser Szene, da er zum entsprechenden Zeitpunkt noch schlief. Da die Narration hier mehr Informationen vergibt, als es der Fokalisierungscode erlaubt, handelt es sich um eine Paralepse. Der umgekehrte Fall, eine Paralipse, bei

---

[140] Vgl. dazu Hitchcocks berühmtes Beispiel mit der Bombe unter dem Tisch im Interview mit Truffaut (2001, 64).

[141] Zu *suspense*-Strategien in Computerspielen vgl. auch Lischka 2002, 84.

[142] Siehe dazu auch S. 71. Dennoch existiert im Spiel *Zak McKracken* (USA 1988, Lucasfilm Games) eine entsprechende Szene: Dort erfährt der Spieler in einer Zwischensequenz eine geheime Zahlenkombination, die er später anwenden kann, obwohl der Held nicht Zeuge der Enthüllung war. Dies darf wohl als postmoderne Reflexion des Spiels über seine Verfahrensweisen und Mittel interpretiert werden.

der die Narration relevante Informationen auslässt, war im vorigen Beispiel aus *Elite Force* zu beobachten.

Die exakte Beziehung zwischen Spieler und Spielfigur(en) im Computerspiel ist äußerst kompliziert und mannigfaltig und kann hier nicht im Detail untersucht werden. Besondere Vorsicht gilt es jedoch beim Heranziehen narratologischer Begriffe walten zu lassen, die dem Gegenstand vermutlich nicht oder nur bedingt angemessen sind. Entsprechende Aspekte sollen daher nur sporadisch in die Diskussion mit einfließen, wo sie im Lichte der Fragestellung von Interesse sind. So etwa in der nächsten Szene von *Knights of the Old Republic*, die dazu dienen kann, den besonderen Stellenwert der Spielfigur zu veranschaulichen.

Nachdem wir also den Auftrag erhalten haben, Bastila zu finden, verlassen wir die Krankenstation, laufen den Gang hinunter und kommen alsbald an eine verschlossene Tür. In einer Cut-Scene macht Tarsk uns darauf aufmerksam, dass er über bestimmte Fähigkeiten verfügt, die es ihm erlauben, die Sicherheitssysteme der Tür außer Kraft zu setzen. Wir geben ihm daher den Befehl, mit seinem futuristischen Dietrich die Tür zu öffnen. Die ausgeführte Befehlskette entspricht exakt der von Walter beschriebenen Entscheidungssituation:[143] Der Spieler ist mit einem Problem konfrontiert, nimmt die verfügbaren Hinweise wahr und interpretiert sie, leitet daraus eine scheinbar günstige Handlung ab und erteilt einen Befehl, der die Aktion in die Tat umsetzt und eine Animation abspielt.

Neitzel (2004, 200-201) ist diesbezüglich der Ansicht, der Ausdruck „Befehl" sei unangemessen, da er immer eine hierarchische Ordnung konnotiert. Besser geeignet sei der Begriff „Geste": Gesten sind nach Flusser (1994, 10) Handlungen, die einen symbolischen Gehalt haben. Der Spieler öffnet in diesem Sinne nicht selbst die Tür oder gibt einen Befehl dazu, sondern er führt eine Geste aus, die das Öffnen der Tür bedeutet. So kann in dem speziellen Fall der Dietrich – oder in einem Shooter die im Anschlag gehaltene Waffe – als Werkzeug bezeichnet werden: Werkzeuge sind mit McLuhan (1968, 50ff.) Extensionen des menschlichen Körpers. In diesem Sinne ist die Spielfigur (oder: der Avatar) zwischen Werkzeug, Geste und Spieler geschaltet: „Wir haben nicht den Eindruck mit ihm als Werkzeug zu handeln, sondern dass er an unserer Stelle handelt" (Neitzel 2004, 201). Der Avatar evoziert beim Spieler eine Vorstellung des Anderen, der eine Position markiert, Funktionen repräsentiert und Gesten als Stellvertreter des Spielers in der Diegese ausführt, mit diesem aber nicht identisch ist.

All unsere in der Entscheidungssituation getätigten Hypothesen und Annahmen werden im Folgenden durch das Spiel bestätigt: Tarsk gelingt es, die Tür zu öffnen, und wir können unseren Weg fortsetzen. Doch kaum sind die Protagonisten um die Ecke gebogen, werden wir Zeuge eines Feuergefechts zwischen Soldaten der Republik und der Sith. Hier haben wir es mit einem *scripted event* zu tun: Solche Ereignisse werden automatisch ausgelöst, sobald der Spieler eine bestimmte Aktion ausführt oder einen bestimmten Ort erreicht. *Scripted events* sind vollständig determiniert: Das Geschehen läuft jedes Mal auf die gleiche Weise ab; es wird von der Narration kontrolliert. Im Gegensatz zu Zwischensequenzen jedoch wird das Spiel nicht unterbrochen. Stattdessen behält der Spieler die Kontrolle über seine Figur, kann das Geschehen aus der

---

[143] Siehe S. 44ff.

Ferne beobachten oder sich zum Eingreifen entschließen. In diesem Fall bringt uns nur eine Alternative im Spiel voran: Wir müssen uns dem Kampf stellen.

Abb. 4.7a+b Das s*cripted event* führt zum Kampf: *Knights of the Old Republic*

Verlauf und Regeln der Kämpfe sollen hier nicht näher ausgebreitet werden. An ihrem Beispiel ist jedoch gut der komplexe Prozess zu beobachten, der in Kapitel 3.1 detailliert beschrieben wurde und den Spielablauf durch Interferenzen von interaktiven, narrativen und simulierenden Operationen konstituiert: Während der Spieler interaktiv Eingaben macht, um seine Figuren im Kampf zu koordinieren, berechnet die Simulationsstruktur die Verhaltensweisen der gegnerischen Sith-Soldaten, bewertet das Regelwerk die Auswirkungen der Züge und spielt das System der Narrativität Animationen und Kampfesgeräusche ab, die dies alles anzeigen und bedeuten.

Scripted events stellen ein äußerst effektives Verfahren zur Spannungssteigerung in Spielen dar. Vor allem Vertreter des *survival horror*-Genres setzen sie ein, um, beispielsweise durch Geräusche, lauernde Gefahren zu antizipieren, und auch *Knights of the Old Republic* dienen sie als Indizien der Atmosphäre, z.B. in Form der ständigen Explosionen, die die Gänge der Endar Spire erschüttern, tödlich getroffene Soldaten, die plötzlich um die Ecke biegen, oder den immer wieder zu hörenden Schreien ferner Kämpfe.

Abb. 4.8a+b Indizien der Atmosphäre: *scripted events* in *Knights of the Old Republic*

Über den kosmetischen Nutzen hinaus stellt das Auftauchen der Sith-Soldaten aber auch ein funktionales Hindernis dar, das uns das Spiel in den Weg legt und das erst ausgeräumt werden muss, damit der Weg zum Ziel fortgesetzt werden kann. Hindernisse bilden ein wichtiges und typisches Verfahren in Spielen – für Actionspiele vermutlich gar ein dominantes: Die zahlreichen Gegner und Fallen, die etwa in *Tomb Raider* zu überwinden sind, formen dort das Zentrum der spielerischen Herausforderung.

Auch Erzählungen setzen häufig Hindernisse ein, um dem Helden den Weg zum Ziel zu versperren: Der russische Formalismus nennt sie „Retardationen". In jeder Erzählung sind vermutlich zumindest einige, wenn nicht eine Menge davon zu finden. Ist dies der Fall bilden sie häufig eine Struktur, die Viktor Šklovskij (1925, 33) als „Stufenkonstruktion" bezeichnet:

„Dieser metaphorische Ausdruck meint die abwechselnde Anordnung von Abschnitten der Handlung, in denen die Ereignisse einem Ende entgegen fortschreiten, und solchen, in denen Abschweifungen und Verzögerungen die Handlung von ihrem direkten Verlauf ablenken." (Thompson 1988, 436)

Diejenigen Handlungsmotive, die auf das Ende hinführen, nennt Šklovskij „gebundene", solche, die das Erreichen des Zieles verzögern, „freie Motive". Aarseth diagnostizierte in Spielen ganz ähnliche Phänomene: die Aporien, die ein Weiterkommen im Text unterbinden, bis der Spieler sie durch seine ergodische Arbeit in Epiphanien auflöst.

Retardationen und Aporien lassen demnach eine weitere strukturelle Ähnlichkeit von Spiel und Erzählung erkennen. Zumeist bilden sie eine Kopplung 1. Ordnung: Die Sith-Soldaten in unserem Beispiel können unmittelbar als Hindernis erkannt werden. Eine Fabel muss hierfür nur ansatzweise konstruiert werden. Es genügt, die Figuren als Bedrohung mit spezifischen Eigenschaften und Funktionen wahrzunehmen, um Hypothesen zu bilden, wie sie beseitigt werden können.

Retardationen bieten jedoch ein so vielfältiges Motiv, dass endlose Variationen davon denkbar sind: Die verschlossene Tür im vorigen Abschnitt stellt das vielleicht typischste Beispiel dar. Als weitere Kandidaten kommen die Rätsel von Adventurespielen in Betracht, mit denen sich Kapitel 5.2 noch ausführlich beschäftigen wird. Und auch die Tatsache, dass Donkey Kong nach jedem erfolgreich absolvierten Level die entführte Prinzessin nicht frei lässt, sondern mit ihr entkommen kann und in den nächsten Abschnitt flüchtet, retardiert das Erreichen des Spielziels gar bis ins Unendliche.[144] Retardationen werden uns daher in den folgenden Analysen immer wieder begegnen – darunter auch in Form von Kopplungen 2. Ordnung.

Ähnlich wie *Donkey Kong* (J 1981, Nintendo) endet auch der 1. Level von *Knights of the Old Republic*: Wir erreichen zwar irgendwann die Brücke der Endar Spire, doch von Bastila fehlt jede Spur. Offenbar hat sie sich schon ohne uns aus dem Staub gemacht oder wurde entführt. Wir besteigen daher eine der Rettungskapseln und verlassen gerade noch rechtzeitig das Schiff, bevor dieses explodiert. Die Kapsel stürzt auf dem Planeten Taris ab, wo die Suche nach Bastila weitergehen wird: Das Erreichen des vorläufigen Zieles wurde durch die Narration verzögert. Das Spiel fährt mit einer veränderten Ausgangssituation fort.

---

[144] Juul (2001) sieht in diesem Moment des unendlichen Verzögerns ein weiteres Argument gegen die Narrativität von Computerspielen: Am Beispiel von *Space Invaders* erklärt er, dass der Spieler das Spiel niemals gewinnen kann, da nach jeder bezwungenen UFO-Flotte eine neue erscheint und sich dieses Muster so lange fortsetzt, bis der Spieler das Zeitliche segnet. Während eine Erzählung somit stets Geschlossenheit anstrebt, wiederholt sich das Spiel bis ins Unendliche selbst. Und kommt faktisch nie dort an, wo es behauptet hinzuwollen: an sein Ziel. Meiner Ansicht nach ist diese Argumentation nicht stichhaltig: Erstens weist bereits Šklovskij darauf hin, dass keine quantitative Beschränkung der die Stufenkonstruktion aufspannenden Motive existiert. Und zweitens ist das Spiel eben doch irgendwann einmal zu Ende – nur eben nicht mit einem Happy-End. Dass das narrative Ziel (die Rettung der Erde) und das spielerische Ziel (so viele Punkte wie möglich verdienen) nicht zusammenfallen, ist kein Widerspruch, sondern eine typische Verfahrensweise – oder einfach nur tragisch. Solange beide dieselben Aktionen bewirken (das Abschießen der UFOs) liegt gar eine strukturelle Kopplung vor.

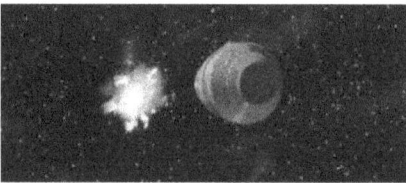

Abb. 4.9a+b Flucht in letzter Sekunde: *Knights of the Old Republic*

Noch immer ist unklar, worin nun eigentlich das globale Ziel besteht oder wie es sich messen lässt. Diesbezüglich sind mehrere Varianten denkbar: In Spielen wie *Pong* oder Fußball drückt sich das Ziel in einem möglichst hohen Punktestand aus. Auch in *Knights of the Old Republic* sammelt der Spieler so genannte Erfahrungspunkte, die er sich durch gelöste Aufgaben und bestandene Kämpfe verdient. Im Gegensatz zum Fußball sind diese Punkte Mittel und Zweck zugleich: Mittel, weil sie benötigt werden, um Aufgaben und Kämpfe effektiver zu meistern; Zweck, weil sie die Qualität des eigenen *play* quantitativ messen. Andere Spiele wie *Space Invaders* oder Hürdenlauf bewerten ihr Ziel zeitlich: Je länger der Spieler gegen die UFOs besteht oder je kürzer er dafür benötigt, die vereinbarte Strecke zu laufen, umso besser schneidet er im Spiel ab. In *Knights of the Old Republic* existiert ein solches Ziel nicht: wohl aber kann es als Metaregel[145] eingeführt werden: Im Internet (z.B. auf speedgamers.com) herrscht ein reges Wettrennen unter Spielern, die sich in ihrer Spieldauer zu unterbieten versuchen.

Ein weiteres mögliches Maß für das Spielziel findet sich in *The 7th Guest*: Dort lässt sich der erspielte Fortschritt an der Anzahl der gelösten Rätsel ablesen. Sind alle geschafft, ist das Ziel erreicht. *Knights of the Old Republic* lässt sich so allerdings nur bedingt erfassen: Zwar gibt es auch hier eine begrenzte Anzahl von Rätseln, Aufgaben und Gegnern, jedoch müssen zum Erreichen des globalen Zieles nicht alle davon gelöst bzw. besiegt werden. Auf diese Weise kann der Spieler eine individuelle Balance zwischen Geschwindigkeit und Vollständigkeit wählen – die sich wiederum gegenseitig bedingen: Denn je vollständiger die Aufgaben gelöst werden, um so einfacher wird das Vorankommen, da der Spieler nach Bestehen jeder Aufgabe Erfahrungspunkte, Ausrüstungsgegenstände oder Hilfestellungen erhält.

Das einzig relevante Siegkriterium für *Knights of the Old Republic* ist jedoch das vielleicht typischste für Computerspiele überhaupt: die Durchquerung des Raumes. Der Spieler gewinnt, wenn er es erfolgreich von A nach B schafft. Sämtliche Heldentaten, die er unterwegs vollbringen muss, Gegner, die er zu besiegen hat, und Konflikte, die es zu lösen gilt, sind lediglich Retardationen, die ihn von diesem Ziel abzuhalten versuchen, und die Punkte oder Reichtümer, die er unterwegs anhäuft, sind nur Statthalter für die eigentliche Mission: den Ort im Raum zu erreichen, der das Ziel markiert. Narrative *devices* sind das häufigste Mittel, dieses Ziel auszudrücken und so umzuformulieren, dass die räumliche Struktur des Spiels dahinter verschwindet. Nicht zuletzt klingen Ziele wie „Besiege Darth Malak" und „Rette die Galaxis" interessanter als

---

[145] Perron (2003, 251-253) bezeichnet als „Metaregel" eine Spielregel, die im „eigentlichen" Spiel nicht vorkommt, diesem aber von einem so genannten „Metaplayer" auf subversive Weise hinzugefügt wird. Typische Formen von Metaregeln sind beispielsweise: ein Spiel so schnell wie möglich zu gewinnen, restlos alle Bonusgegenstände einzusammeln oder alle Filmsequenzen freizuschalten.

„Begib dich von A nach B". Selbstverständlich gehen bestimmte Informationen bei dieser Transkription verloren: beispielsweise das chronisch vermisste globale Ziel. Andere erfahren gewisse Umdeutungen: So verschleierte die Retardation am Ende des 1. Levels die Tatsache, dass die als misslungene Rettung vermeintlich nicht erfüllte Aufgabe sehr wohl einen erfolgreich absolvierten Streckenabschnitt auf dem langen Weg ins Ziel markiert. Dieser Aspekt scheint so wichtig für Computerspiele zu sein, dass sich das nächste Kapitel gesondert damit beschäftigt.

4.3 Der Weg ist das Ziel: Labyrinth, Mäander, Rhizom

Das Durchqueren des Raumes ist ein typisches Motiv für zahlreiche – wenn auch nicht alle – Spiele: In „Mensch, ärgere dich nicht" führt der Spieler seine Figuren vom Start bis ins Ziel, und auch in *Knights of the Old Republic* bringt nur derjenige Spieler einen Level zum erfolgreichen Abschluss, wenn er einen bestimmten Punkt im Raum erreicht. Da sich auch Erzählungen häufig mit der Durchquerung des Raumes beschäftigen, wird an diesem Aspekt häufig eine Verwandtschaft der beiden Kategorien festgemacht: Ausschlaggebend hierfür ist insbesondere die Arbeit Joseph Campbells zur „Reise des Helden", die als archetypische Plotstruktur gilt:

> „Ein Protagonist macht sich, getrieben von einer inneren oder äußeren Notwendigkeit, auf den Weg in den mythischen Wald um ein bestimmtes Ziel zu erreichen. Dabei stößt er auf beinahe unüberwindliche Hindernisse. Der Protagonist muss an der Überwindung dieser Hindernisse wachsen, er muss neue Regeln und Fähigkeiten erlernen, damit er am Ende eine letzte Prüfung bestehen und sein Ziel erreichen oder daran scheitern kann." (Schmidt 2004, 20-21)

Auch Vladimir Propps morphologische Untersuchung russischer Zaubermärchen fällt in diesen Bereich. Fromme/Gecius (1997, 130,133), die nach Proppschem Vorbild eine empirische Untersuchung an mehreren Computerspielen vornahmen, kommen zu dem Ergebnis:

> „Auffallend häufig haben wir es mit archaischen Handlungsmustern zu tun: Jagen, Kämpfen, Sammeln, Zaubern. [...] Interessant in diesem Zusammenhang ist, dass viele Spielfiguren auf eine Reise gehen. [...] Junge Leute ziehen in die Welt hinaus, um ihr Schicksal zu finden, ihr Glück zu machen oder sich zu bewähren."

Die letztendliche Ausgestaltung dieses Motivs kann unterschiedliche Formen annehmen. Immer jedoch entspricht sie der Struktur des Labyrinths. Umberto Eco (1985, 125ff.) schlägt hierfür drei Grundtypen vor: den Irrgarten, den Mäander und das Rhizom.

Beschäftigen wir uns als erstes mit dem Mäander: Ein solcher erscheint zwar auf den ersten Blick labyrinthartig, ist aber in Wirklichkeit genauso linear wie eine schnurgerade Autobahn. Niemand kann sich in ihm verlaufen. Von außen mag der Pfad in sich verschlungen wirken, doch besteht innerhalb des Mäanders nur die Option des Vorwärts und Rückwärts. Abzweigungen sind nicht möglich, und Weggabelungen, die den Spieler in die Irre oder in eine Sackgasse führen könnten, existieren nicht.

> „Als Theseus das Labyrinth von Kreta betrat, musste er keine Wahl treffen: er konnte nicht umhin, das Zentrum zu erreichen und vom Zentrum aus den Weg hinaus finden. Deshalb musste auch der Minotaurus im Zentrum sein, nämlich um die Sache ein bisschen aufregender zu gestalten. [...] In einem solchen Labyrinth ist der Ariadnefaden völlig sinnlos, man kann ja gar nicht in die Irre gehen: das Labyrinth selber ist ein Ariadnefaden." (ebd., 125)

Dieses Prinzip eignet sich hervorragend für Actionspiele, da die Herausforderung des Mäanders nicht im Auffinden des richtigen Pfades gen Ausgang besteht, sondern im Überwinden der Hindernisse, die sich dem Spieler auf seiner Reise dorthin in den Weg stellen:

> „Like all fairy tales, the maze adventure is a story about survival. The maze is a road map for telling this story." (Murray 2001, 130)

Während ältere Actionspiele – die so genannten *sidescroller* – nur eine Bewegungsrichtung von links nach rechts oder von unten nach oben kannten, mäandrieren moderne Shooter ihre immer noch stringenten Levels zu einem Knäuel, um den Eindruck eines natürlichen Schauplatzes zu evozieren.

Ein solcher Mäander war auch im beschriebenen ersten Level von *Knights of the Old Republic* zu beobachten: Obwohl sich der Held des Spieles an Bord eines riesigen Raumschiffes befand, war es ihm nicht möglich, sich darin zu verlaufen oder einen Weg einzuschlagen, der ihn von dem vorbestimmten „Schlauch" abbrächte. Obwohl der Spieler nicht die geringste Ahnung davon hat, wo sich die zu erreichende Brücke der Endar Spire und später deren Rettungskapseln befinden, wird er diese zielgerichtet finden, weil ihn das Spiel automatisch an den richtigen Ort leitet. Zwar behauptet das Leveldesign immer wieder einen Raum jenseits des Mäanders, doch bleibt dieser Raum unerreichbar; die *devices*, die ihn markieren, entpuppen sich als leere Indikatoren: Türen, die in eine andere Sektion des Raumschiffes führen könnten, bleiben verschlossen und lassen sich nicht öffnen, und Durchgänge, die eine Abzweigung andeuten, werden plötzlich von einem *scripted event* in einer Explosion verschüttet. Durch letzteres Verfahren wird der Spieler gezwungen, einen vermeintlichen „Umweg" zu nehmen, der das Erreichen des Zieles hinauszögert (eine Retardation), aber keine Neuorientierung erfordert oder gar eine endgültige Sackgasse bedeuten würde. Es erfolgt lediglich ein kleiner „Schlenker" im weiterhin gerade gerichteten, in sich verschlungenen Mäander.

Doch der Mäander ist keine Eisenbahnschiene: Innerhalb des abgesteckten Pfades sind jederzeit kleine Abweichungen zur Seite möglich: Ob der Spieler links oder rechts um den Operationstisch der Krankenstation herumläuft, ob er für den Kampf das Schwert, die Pistole oder die Fäuste einsetzt, wie lange er an jedem Ort verweilt oder diesen einer Untersuchung unterzieht, besitzt für den Diskurs des idealen *play* keinerlei Relevanz, weswegen solche Ereignisse in der Deskription nicht vorkamen. Abweichungen von der Ideallinie sind immer nur Exzess. Das Vor und Zurück hingegen fällt in der Regel vollständig redundant aus: Hat der Protagonist einmal den Ausgangspunkt – die Krankenstation – verlassen, kann er zwar immer wieder dorthin zurückkehren, was allerdings überflüssig wäre: Der Mäander drängt stets nach vorne.

Abb. 4.10 Der Mäander der Endar Spire: *Knights of the Old Republic*

Das Durchqueren des Raumes stellt daher nicht nur eine spezifische Leistung dar, die der Spieler zu erbringen hat, es ist gleichzeitig eine Strategie des Spieles, den Spieler aktiv durch den Hindernisparcours zu lenken: Auf diese Weise lässt sich aus Sicht des Spielautoren sowohl der Erzählfluss, als auch der Ablauf der platzierten Fallen und Aufgaben vollständig kontrollieren. Der zurückgelegte Weg – der Raum – ist lediglich Metapher für den Spielfortschritt. Nicht durch Zufall ist der Begriff „Level", also die jeweilige Spielebene, ein räumlicher Ausdruck.

Genauso gut könnten die Gegner aber auch zum Helden kommen, wie etwa in *Space Invaders*, wo der Held seinen Ort beibehält und die feindlichen UFOs wie auf einem Fließband an ihn herangereicht werden. Bewegung ist immer relativ. Der Vorteil einer sich vorwärts bewegenden Spielfigur besteht vor allem darin, dass mit immer neuen Settings Abwechslung geschaffen wird und sich die narrativen Elemente auf dem Reise-Motiv abbilden lassen.

Das Mäander-Modell schränkt daher die Handlungsfreiheit des Spielers sehr streng ein. Aus narratologischer Perspektive kann es am ehesten mit dem klassischen Hollywood-Actionfilm verglichen werden: Es konfrontiert den Helden mit klar umrissenen, kurzfristigen Problemen und definiert zu jeder Zeit ein zu erreichendes Ziel, welches unmittelbar mit exklusiven und höchst wahrscheinlichen Spannungshypothesen korrespondiert: Der Spieler weiß, dass ein auftretender Gegner eine Gefahr für den Helden bedeutet und aus dem Weg geräumt werden muss, und er hat eine klare Vorstellung davon, wie das zu bewerkstelligen ist. Ob es ihm gelingt, hängt lediglich von seinen Fähigkeiten ab. Typischerweise wird diese Sujettaktik von Techniken der *surprise* begleitet: Dem Spieler wiederfahren ständig neue, unvorhergesehen auftretende Ereignisse, und er weiß nie, welches *scripted event* ihn hinter der nächsten Biegung erwartet. Narrative *devices* sind fast immer in erster Linie kompositorisch motiviert: Wie beschrieben stellen Figuren keine natürlichen Personen dar, sondern sie repräsentieren Funktionen, eingeblendete Waffen konnotieren die Handlungsoption „Schießen" und auftretende Gegner signalisieren Hindernisse. Zwischensequenzen exponieren kurz und effektiv die aktuelle Problemstellung und die hierfür zu erfüllende Aufgabe. Die Narration ist nach Möglichkeit wenig selbstbezogen: Sie wirft den Spieler mitten ins Geschehen und wirkt im Hintergrund als die Skripte auslösende Instanz. Auf (längere) Zwischensequenzen wird vornehmlich verzichtet, um keine Distanz zwischen Spieler und Spielwelt zu forcieren und die Unmittelbarkeit der Action nicht zu unterwandern.

Ein dazu beinahe diametral entgegengesetztes Modell bildet das Rhizom oder auch „Netz": Zur Charakteristik dieser Struktur gehört, dass sich jeder beliebige Punkt des Raumes von jedem anderen aus erreichen lässt. Auch *Knights of the Old Republic* folgt im späteren Spielverlauf diesem Typus, indem der Spieler mehrere Planeten nach Belieben bereisen und sich dort mehr oder weniger frei bewegen kann. Besonders gut zu sehen ist diese Struktur im Adventure *Monkey Island II: LeChuck's Revenge* (USA 1992, Lucas Arts): Dort übernimmt der Spieler die Kontrolle über den Möchtegern-Piraten Guybrush Threepwood, der sich auf eine haarsträubende Schatzsuche begibt. Vier Teile einer Schatzkarte gilt es aufzustöbern, die über ebenso viele karibische Inseln hinweg verstreut sind. Sämtliche Schauplätze des Spiels – Städte, Häfen, Strände, Sümpfe usw. – sind (beinahe) von Anfang an zugänglich, und jeder Ort kann von einem der anderen aus mittels einer Übersichtskarte (siehe Abbildung) erreicht werden.

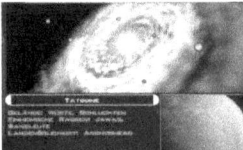  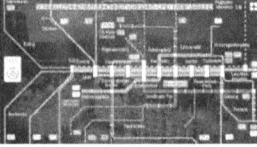

Abb. 4.11a-c Das Rhizom der Galaxis, der Karibik und Münchens:
Knights of the Old Republic, Monkey Island II **und** *Gabriel Knight II*

Monkey Island II spannt eine fundamental andere Struktur auf, als es die zuvor beschriebenen mäandrierenden Spiele taten: Der Spieler ist nie (oder nur selten) mit nur einem einzigen, ihn direkt bedrohenden Problem oder Hindernis konfrontiert, sondern er sieht sich zahlreichen parallelen Aufgaben gegenüber, denen er sich je nach Belieben an den unterschiedlichen, frei zugänglichen Orten stellen kann oder die er einfach aufschiebt, falls er die Lösung nicht weiß. Der Fortschritt misst sich einzig und allein in der Anzahl der gelösten Rätsel. Ein räumlicher Fortschritt ist nur in Einzelfällen zu beobachten: etwa wenn Guybrush zum Betreten eines Hauses zuerst einen Schlüssel benötigt.

Mit seiner rhizomatischen Struktur entspricht *Monkey Island II* dem postmodernen Ideal einer nicht-linearen Erzählung. Allerdings ergibt sich bei einer in solchem Maße offenen Struktur das Problem, dass die Erzählung nurmehr fragmentarisch sein kann, da sie zu jedem Zeitpunkt an einem anderen Ort und Strang fortgesetzt werden kann. Die „Zusammensetzung der Geschehnisse", die bei Aristoteles noch den Grundpfeiler einer gelungenen Dramaturgie ausmachte, muss ohne Rücksicht auf Kausalität und Chronologie erfolgen können, da es solche Prinzipien nicht mehr geben kann in einer Geschichte, die sich unaufhörlich in unterschiedliche Richtungen bewegt. Die oberste Forderung an die narrativen Fragmente lautet demnach, dass sie nicht im Widerspruch zueinander stehen dürfen, weil sie – im Gegensatz zum Mäander – nur bedingt über ein Gedächtnis verfügen und daher ihre eigene Vergangenheit immer auszublenden gezwungen sind bzw. erst gar keine Vergangenheit mitbringen dürfen.

Die Folge ist, dass sich vieles des Erzählten als Exzess darstellt, d.h. Geschehen, welches problemlos gegen andere Narrateme ausgetauscht werden kann. *Monkey Island II* macht diese vermeintliche „Not" insofern zur Tugend, als es zum Erzählen der Geschichte – die sich hauptsächlich in den Dialogen mit zahlreichen NPCs entwickelt – dreierlei Strategien anwendet: Erstens erfährt Guybrush im Gespräch vieles über den Dialogpartner selbst. Ein solches Verfahren ist Exzess, weil es für die Geschichte mehr oder weniger überflüssig ist, es ist Indiz der Atmosphäre, weil es der Spielwelt Tiefe verleiht und sie „echter" wirken lässt, und es ist insofern nur schmückend, da es keinerlei spiel-relevante Information enthält. Zweitens erhält der Spieler in den Dialogen Hinweise auf die zu lösenden Rätsel: Dies stellt eine strukturelle Kopplung 1. oder 2. Ordnung dar. Die Herausforderung an den Spieler besteht im Adventure darin, den mitunter äußerst subtil codierten Hinweis als solchen zu erkennen und korrekt zu dechiffrieren. Umgekehrt besteht die Kunst gelungenen Rätseldesigns darin, das Rätsel auf der einen Seite nicht zu schwer oder völlig undurchschaubar zu gestalten, andererseits aber auch die Lösung nicht gleich auszuplaudern.

Die meisten der in *Monkey Island II* verwendeten narrativen Verfahren dienen jedoch weder dazu, Hinweise auf das Spiel zu geben, noch unterstützen sie die Plotentwicklung: Stattdessen erzählen sie einfach einen Witz. Humor ist deswegen ein so effektives Motiv für Computerspiele, weil er grundsätzlich Exzess ist (genauso wie die Action eines Actionfilms) und weil er dabei automatisch unterhält. Der Vorteil dieser Strategie ist, dass das Adventure nicht in die Verlegenheit kommt, eine kohärente, kausal geschlossene Geschichte erzählen zu müssen, die mit sich im Widerspruch stehen könnte, dass es keine Dramaturgie entwickeln muss, die bei einer offenen, fragmentarischen Struktur ohnehin kaum möglich ist, sondern sich eines Verfahrens bedient, das die narrativen Elemente a priori kommutativ macht und trotz ihrer Beliebigkeit weder bemüht noch langweilig wirkt.[146]

Die rhizomatische Erzählstruktur resultiert daher in der Regel im Episodischen. Dies wird den Spielen häufig insbesondere von denjenigen vorgeworfen, die unter einer Erzählung zwingend das auf Aristoteles (oder den Hollywoodfilm) zurückgehende kanonische Format verstehen wollen. Jenkins (2004, 124) erwidert jedoch:

> „Spatial stories [...] are often dismissed as episodic – that is, each episode (or set piece) can become compelling on its own terms without contributing significantly to the plot development, and often the episodes could be reordered without significantly impacting our experience as a whole. [...] Spatial stories are not badly constructed stories; rather, they are stories that respond to alternative aesthetic principles, privileging spatial exploration over plot development."

Rhizomatische Spiele etablieren in der Regel von Anfang an ein globales Ziel (das Auffinden der Schatzkarte), während der Weg dorthin und die Reihenfolge der zu bewältigenden Aufgaben indessen dem Spieler überlassen bleibt. Auffallend ist, dass die zahlreichen lokalen Aufgaben die Explizitheit des globalen Ziels vermissen lassen und meist nur chiffriert als Rätsel formuliert sind. Zur ersten Herausforderung dieser Rätsel gehört es, überhaupt als solches erkannt zu werden. Die Hypothesen eines Adventures sind daher – im Gegensatz zum mäandrierenden Actionspiel – eher diffus, wenig wahrscheinlich und werden öfter durch das Spiel wiederlegt als bestätigt: So muss der Spieler zahlreiche Hinweise und Problemstellungen verarbeiten, entsprechende Hypothesen aufstellen, die auf die Lösung der Rätsel zielen, und dann eine entsprechende Aktion wählen. Die Erfahrung zeigt, dass die meisten Aktionen nicht zum erwünschten Ergebnis führen: Das Spiel falsifiziert die Hypothese und zwingt den Spieler dazu, alternative Vorgehensweisen zu entwickeln, die anschließend erneut der Prüfung unterzogen

---

[146] Die Tatsache, dass „ernsthafte" Adventurespiele in der Fachpresse oft als langweilig kritisiert werden, hat meiner Ansicht nach genau damit zu tun: weil die exzessiven Verfahren in diesen Spielen – im Gegensatz zu humoristisch funktionierenden – nicht in sich selbst unterhaltend sind. Anders ist dies wiederum in Horrorspielen, wo die exzessiven Verfahren notwendige Effekte der Atmosphäre und des Grusels auslösen.

werden. Im schlimmsten Fall wird der Hypothesenprozess völlig aufgegeben und durch blindwü-
tiges Ausprobieren ersetzt.

In rhizomatischen Adventurespielen dominiert daher die *curiosity*: Meistens befindet sich der
Spieler auf der Suche nach einem Artefakt und muss im Verlauf der Geschichte Informationen
darüber und dessen Aufenthaltsort sammeln. Üblicherweise kommt er dabei mysteriösen Ge-
heimnissen auf die Spur: Das Adventure erscheint uns folglich durchtränkt von nicht nur spielerischen, sondern auch narrativen Rätseln. Letztere bezeichnet Barthes (1976, 23ff.) als die
„hermeneutische Linie" von Erzählungen: Sie „besteht aus einer Reihe von Rätseln, die die
Erzählung aufwirft, indem sie Informationen zurückhält." (Thompson 1988, 438) Diese Parallele
wirft freilich die Frage auf, ob hier eine strukturelle Kopplung zu erwarten ist. Die Antwort darauf
sei jedoch vorerst vertagt: Da diese „hermeneutische" Strategie äußerst charakteristisch für
Computerspiele ist, wird sich das nächste Kapitel damit ausführlich beschäftigen.

Ferner ist zu beobachten, dass die verwendeten *devices* im rhizomatischen Adventure sehr viel
häufiger realistisch motiviert sind als im Actionspiel: Viele Dialogzeilen erfüllen weder für das
Spiel noch für die Fabel eine relevante Funktion, sondern dienen ausschließlich dazu, die Figuren und ihre Welt natürlich erscheinen zu lassen, Atmosphäre und Tiefe zu entwickeln. Barthes
(1968) nennt dies den „Wirklichkeitseffekt" (*effet de réel*): Obwohl die Verfahren vom Stand-
punkt der Handlungsführung aus redundant erscheinen mögen, unterstützen sie den Eindruck,
sich in einer lebendigen Welt zu bewegen. Genette (1998, 118) kommentiert diesen Umstand
am Beispiel der „Ufer des vieltosenden Meeres" aus Homers „Odyssee", die Platon offenbar in
seiner Übersetzung für überflüssig hielt:

> „Das tosende Ufer dient zu nichts, die Erzählung erwähnt es scheinbar nur, weil *es da ist*;
> damit gibt sie allerdings zu verstehen, dass der Erzähler – der hier darauf verzichtet, aus-
> zuwählen und der Erzählung ihren Gang vorzuschreiben – sich von der ‚Wirklichkeit' leiten
> lässt, von der Gegenwart dessen, was einfach da ist und ‚gezeigt' werden will." (Herv.i.O.)

Da solche Wirklichkeitseffekte nach Genette ausdrücklich die Mimesis-Illusion verstärken, sind
sie für das Computerspiel und seine mimetisch-immersiven Effekte so wichtig.

Des weiteren erweist sich die Narration eines Adventures als sehr viel selbstbezogener als im
Actionspiel: Andauernd kommentiert das Spiel die Aktionen des Spielers, z.B. in Form von Mo-
nologen oder eines Voice-Over-Erzählers, und wird besonders augenfällig beim Negieren inkor-
rekter Eingaben („Das klappt so nicht."). Das führt dazu, dass der Spieler sich stets der Gemachtheit der Spielwelt und ihrer Gesetzmäßigkeiten gewahr wird und so eine eher distanzierte
Haltung zum Geschehen einnimmt, da seine Hypothesen nicht nur die Diegese des Spiels und
ihre Objekte betreffen, sondern immer auch die Überlegungen in Betracht zu ziehen versuchen,
die sich der Autor des jeweiligen Rätsels eventuell gemacht haben könnte. Das prädestiniert
das Adventuregenre natürlich für strukturelle Kopplungen, weswegen ihm das vollständige fünf-
te Kapitel gewidmet ist.

Reine Rhizome sind im Computerspiel jedoch eher die Seltenheit;[147] für gewöhnlich geht dieser
Typus eine Mischform mit der Struktur des Irrgartens ein.

---

[147] Diane Carr (2003) etwa bezweifelt, dass Spiele überhaupt rhizomähnliche Strukturen annehmen könnten, da dies Charakteristika wie Ziele, Chronologie und Kausalität ausschließen würde.

Der Irrgarten lässt sich „zu einer Baumstruktur auffächern und ermöglicht das Verirren – denn er eröffnet die Optionen zwischen vorwärts/rückwärts und rechts/links. Aber auch in diesem porphyrischen Baum lassen sich (mindestens) ein Zentrum oder ein Ausgang auf (mindestens) einem richtigen Weg finden – man muss nur suchen." (Degler 2004, 62)

Der Irrgarten bildet einen dankbaren Kompromiss zwischen der sukzessierenden Erzählweise des Mäanders und der völligen Offenheit des Rhizoms:

> „The potential of the labyrinth as a participatory narrative form would seem to lie somewhere between the two, in stories that are goal driven enough to guide navigation but open-ended enough to allow free exploration [...]" (Murray 2001, 134-135)

Insofern lässt sich fragen, ob hinter *Monkey Island II* nicht eher eine Irrgartenstruktur steckt, wo es doch zu jedem Rätsel nur eine richtige Lösung – sprich: einen richtigen Weg – gibt und der Spieler folglich so lange das vermeintliche Rhizom absucht, bis er den Durchgang zum nächsten Abschnitt gefunden hat. *Random access* kann es in einem Adventure nicht geben, sonst gäbe es keine Rätsel mehr, die den Fortgang der Geschichte blockieren.

An dieser Überlegung offenbart sich, dass Ecos Labyrinthtypen im Spiel immer auf zweierlei Aspekte anwendbar sind, die nicht durcheinander gebracht werden dürfen: einerseits den Raum selbst und andererseits die Struktur des Spielverlaufs. Der Spielverlauf ist in der Regel nicht unmittelbar an den Raum gebunden, sondern macht sich ausnahmslos an den (richtigen) Aktionen des Spielers fest. Wie gesehen kann – muss aber nicht – das eine als Metapher für das andere dienen. Während sich der Ablauf eines *sidescroller* etwa direkt an das kontinuierliche Sukzessieren des Raumes koppelt, muss für *Monkey Island II* diesbezüglich eine Schere festgestellt werden: Das Spielfeld kommt mit seinem freien Zugang einem Rhizom gleich; der Spielablauf hingegen figuriert einen Irrgarten. Auch Pias (2002, 157) stellt diese Analogie zwischen Raum- und Spielstruktur fest und beschreibt sie anhand der Graphentheorie:

> „Wenn Anfang und Ende eines Adventures jeweils Orte [...] sind, dann ist der Sinn des Spiels – und zugleich die einzige Möglichkeit es ‚sinnvoll' zu spielen – vom ersten Ort zum letzten Ort zu gelangen und *en passant* alle Katalysen herbeizuführen, die nötig sind, um von einem Ausgangspunkt namens Spielbeginn zu einem Endpunkt namens Spielende zu gelangen." (Herv.i.O.)

Bei seinen Ausführungen stellt er immer wieder Überschneidungen zwischen der Struktur der Spielerzählung und den verschiedenen Formen des Labyrinths fest, die darauf beruhen, dass jeder Weggabelung eine Entscheidungssituation entspricht, welche eine messbare Konsequenz für den Fortgang der Geschichte bewirkt.[148] Die ganz frühen Textadventurespiele trugen diese Analogie noch explizit vor sich her, dergestalt sie sich formal als Höhlenforscherspiele gebärdeten, also pure Labyrinthspiele waren. Pias (ebd., 123) konstatiert daher: „Adventurespiele [basieren] auf *Karten* oder genauer: auf Orten und Wegzusammenhängen. Diese Orte können ‚Räume' einer Höhle sein oder nodes eines Netzes" (Herv.i.O.).

Einen ähnlichen Ansatz wählen Wages et al. (2004, 42-52), indem sie – sich auf Crawford (2003) berufend – mögliche Verlaufsmuster von Spielen als Graphen modellieren, wodurch eine exaktere Beschreibung, sowie ein aufschlussreicherer Vergleich der Strukturen untereinander möglich wird, als es mit Ecos drei Labyrinthtypen der Fall ist. Es würde zu weit führen, jede einzelne davon hier im Detail darzustellen. Dennoch soll ein knapper Überblick gegeben wer-

---

[148] Vgl. Pias 2002, 163-180.

den, da das Modell einen guten Eindruck davon verschafft, inwiefern Computerspiele durch ihre Geschichten organisiert werden.

Als einfachsten Typen machen sie die „sequenzielle Pfadstruktur" aus: Sie entspricht einer linear sukzessierenden Ereignisfolge ohne Alternativen oder Abweichungsoptionen vom idealen Pfad und ist grob mit dem eingangs beschriebenen Mäander identisch. Vorteil dieses Typus ist:

> „die Möglichkeit einer gezielten Führung des Spielers durch den Autor [...]. Eine solche Manipulation des Spielers mittels Benutzerführung (*User Guidance*) kann den Spieler dazu bringen, von allen ihm möglichen Aktionen eine bestimmte auszuwählen. [...] Die Stärke dieser Struktur liegt offensichtlich in der vollständigen Kontrolle über den Plot." (Wages et al. 2004, 42-44, Herv.i.O.)

David Cronenberg spielt auf diese Methode in einer Szene seines Films *eXistenZ* (CA/GB/F 1999) an, wenn sich die Protagonisten als Spieler im Cyberspace so lange in einer Schleife gefangen sehen und ständig dieselbe Frage gestellt bekommen, bis sie schließlich mit der richtigen Antwort reagieren.

Zu dieser progressierenden Charakteristik gesellt sich jedoch immer auch ein exploratives Element, das dem Spieler zumindest in Ansätzen ein Abweichen gestattet, für das Spiel aber folgenlos bleibt: Wages et al. führen daher die Metapher der „Sackgasse" in ihr Modell ein, die dem Spieler erlaubt, den Raum in gewissen Grenzen frei zu erforschen, und ihm so eine vermeintliche Handlungsfreiheit zubilligt. Ein signifikanter Spielfortschritt stellt sich beim Explorieren jedoch nicht ein. Als eines von vielen typischen „Sackgassen"-*devices* fungieren beispielsweise die zahlreichen nutzlosen Gegenstände am „Wegesrand" von Adventurespielen, die der Spieler zwar betrachten oder gar benutzen kann, die aber keinerlei nennenswerte Informationen zutage fördern und erst recht die Handlung und das Spiel nicht weiterbringen. Sackgassen sind ausschließlich Exzess oder Redundanz, sie produzieren „narrativen Mehrwert" (Walter 2001, 172), bezeichnen mit Barthes „Indizien" und Wirklichkeitseffekte.

Der Ausdruck „Sackgasse" darf aber nicht so verstanden werden, dass ein Vorwärtskommen nicht mehr möglich wäre: Im Irrgarten besteht immer auch die Option des Zurück und die Möglichkeit, an der letzten Gabelung einen anderen Weg zu wählen. Eine endgültige Sackgasse, wie sie beispielsweise durch den Tod des Avatars eintritt, findet sich in Strukturen mit „erzwungenen Pfaden": Das Spiel kontrolliert so immer noch den Ablauf, „schleift" den Spieler aber nicht mehr von A nach B, sondern offeriert ihm vermeintliche Alternativen, von denen allerdings immer nur die korrekte Wahl das Spiel aufrecht erhält, während eine falsche ins „Game Over" mündet. Auf diese Weise lässt sich die sehr schnell explodierende Komplexität einer Baumstruktur mit mehreren Verzweigungsknoten problemlos wieder reduzieren, indem die Narration falsche Eingaben unmittelbar bestraft und den „Tree of Death" (Wages et al. 2004, 45) so zurechtstutzt.

Im Gegensatz zu Actionspielen, für die die binäre Struktur zwischen Tod und Überleben ein Grundprinzip darstellt, welches dem Spieler erlaubt, seine Fähigkeiten und Taktiken kontinuierlich zu verbessern, scheint diese Methode für erzählende Muster eher ungeeignet, da sie einerseits das Erzählen ständig zum Stocken bringt und anderseits dem Spieler unfairerweise keine Möglichkeit lässt, die „tödliche" Alternative vorherzuahnen, oder – falls doch – kein Grund für ihn bestünde, sie auszuwählen. Wenn schon ein Spiel alternierende Entscheidungsbäume anbieten möchte, so sind andere Modelle attraktiver: Beispielsweise eine „Rückfaltungsstruktur", die in fast allen Spielgenres zu beobachten ist: Ausgehend von einem Zustand A besitzt der Spieler mehrere Handlungsoptionen $B_{1,...,n}$, die jedoch alle zum selben Ergebnis C führen. Auf welche Weise der Spieler die Sith-Soldaten letztendlich besiegt, ob mit Pistole oder Schwert, ob in zwei Minuten oder zwei Stunden oder welche Dialogzeile er zu welchem Zeitpunkt in seinem Gespräch mit Tarsk anbringt, ist letzten Endes egal: Wichtig ist nur, dass der Endzustand irgendwann eintritt.

Ein sehr simples, aber effektives Verfahren, den Spieler ständig mit kritischen Entscheidungen zu konfrontieren, ohne dass die Komplexität des Baumes nach kürzester Zeit überhand nimmt, ist das „parallele Streaming": *Knights of the Old Republic* macht davon sehr erfolgreich Gebrauch. Das Spiel offeriert dem Spieler für jede Aufgabe mindestens zwei Lösungsmöglichkeiten: eine „gute" und eine „böse". Ein einfaches Beispiel hierfür: Der Held beobachtet, wie eine Gruppe Halbstarker im Begriff ist, einen unbescholtenen Bürger auszurauben. Der Spieler hat nun mehrere Möglichkeiten, den Konflikt zu lösen: Er kann dem braven Mann im Kampf beistehen, muss dafür aber die Gangmitglieder töten. Er kann ihn freikaufen und verliert so zwar kostbares Geld, vermeidet aber jedwede Gewalt. Oder er schließt sich den Bösewichten an und raubt mit ihnen gemeinsam den armen Kerl aus.[149] Im Gegensatz zur zuvor beschriebenen Rückfaltungsstruktur stellt sich nach bestandener Aufgabe kein wertneutraler Zustand C ein, sondern einer von drei neuen Ausgangspunkten $C_{1,2,3}$. Die Geschichte behält so die ganze Zeit über eine konstante Bewegungsrichtung bei, wechselt aber ständig zwischen drei möglichen „Schienen": einer guten, neutralen oder bösen Variante und bindet diese Bewertung in den weiteren Spielverlauf mit ein.[150]

Die letzte von Wages et al. beschriebene Erzählform ist die „Multilinear- oder Hypermediastruktur": Sie entspricht in etwa dem Deleuzschen Rhizom, bei dem jeder Punkt von jedem anderen aus zu erreichen ist. Der entscheidende Vorteil des graphentheoretischen Ansatzes besteht darin, dass die unterschiedlichen Strukturtypen beliebig miteinander verkettet dargestellt werden können: So sind gleichermaßen Mikro- wie Makrobetrachtungen der Spiele möglich. Viele Spiele – wie auch *Monkey Island II* – sind auf der untersten Ebene typischerweise multilinear (also zumindest im Ansatz rhizomatisch), da sich der Spieler in der Regel frei in jede mögliche Bewegungsrichtung begeben kann. Die Anzahl der Orte jedoch, an denen er tatsächlich signifikante Aktionen ausführen kann, ist üblicherweise limitiert, weswegen hier eine Ebene höher eine rückgefaltete Baumstruktur zu beobachten ist. Wiederum eine Ebene höher folgt die Spiel-

---

[149] Das Spiel provoziert auf diese Weise immer wieder moralische Konflikte: Böses Handeln wird durch die Narration mit Geld belohnt, während gutes Handeln Geld kostet. Als Ausgleich gewinnt der Held jedoch einen Freund, der ihm möglicherweise in einer anderen Situation hilft. An dem Beispiel offenbart sich, dass selbst moralisches Handeln im Spiel immer auch ein zweckorientiertes ist. Leider werden so nie wirkliche Konflikte oder gar Dilemmata hergestellt. Mit einer Ausnahme: In einer Szene fungiert der Held als Anwalt in einem Schauprozess. Bei seinen Recherchen findet er heraus, dass sein Klient ein Spion der Republik ist und, weil das Opfer ein Spion der Sith war, ein Mord, dessen er beschuldigt wird, tatsächlich begangen hat. Der Spieler steht nun vor der Wahl, sich entweder der Wahrheit zu verpflichten, was eines „guten" Jedi würdig wäre, aber Konsequenzen für seinen Mandanten besäße, oder der „Sache" zu dienen, d.h. einen unverdienten Freispruch zu erwirken, der aber der Republik und seiner Mission dienlich wäre.

[150] Einem bösen Helden gegenüber beispielsweise verhalten sich die Jedi misstrauisch, die Sith hingegen unterstützen ihn usw.

struktur erneut einem Rhizom, weil der Spieler beliebig zwischen den einzelnen Inseln wechseln kann. Als Ganzes betrachtet ist das Spiel allerdings ein sequenzieller Pfad, da es aus vier Kapiteln besteht, welche jeweils in sich abgeschlossen sind.

Die Diskussion der Raum-Metapher hat aufgezeigt, welch unterschiedliche Methoden Computerspielen zur Verfügung stehen, um ihre Geschichten zu erzählen, und wie sich beide dadurch gegenseitig strukturieren. Dabei haben sich ungeahnte Analogiemöglichkeiten aufgetan: Da Spiele in der Regel von einem Anfang auf ein Ende hin streben, ist ihr Ablauf auf einer räumlichen Struktur mit einem Start- und einem Zielpunkt abbildbar. Handlungslogik und Entscheidungsbaum werden so in ein System des sukzessierenden Raumes übersetzt. Mit dem Reise-Motiv liegt ein in dieser Hinsicht dankbares konventionelles Muster vor, das es erlaubt, erfolgreiches *playing* in narrativen Codes auszudrücken. Indem Spiel und Erzählung an einen gemeinsamen Prozess rückgebunden sind, misst sich der Fortschritt im Spiel auf direktem Wege durch das Erzählen der Geschichte.

Eine strukturelle Kopplung stellt sich bei dieser Vorgehensweise nicht zwangsläufig ein. Als Quantifizierungsmethode unterscheidet sich die Erzählung zunächst nicht signifikant vom Anzeigen eines Punktestands. Da aber beide eine konsekutive Struktur katalytischer Entscheidungsknoten aufspannen, gehen sie eine spezifische Verbindung ein, über die hoffentlich das nächste Kapitel Klarheit verschafft.

5. Fallstudie Adventure-Game: *Gabriel Knight II: The Beast within*

Im letzten Kapitel zeigte sich, welche Bedeutung Rätsel für das Genre der Adventurespiele besitzen. Hinter jedem Rätsel verbirgt sich mit Aarseth eine Aporie, welche ein Vorankommen im Spielablauf verhindert, bis der Spieler die richtige Aktion durchführt und sich dadurch die Aporie in eine Epiphanie auflöst. Das Motiv des Rätsels spielt aber auch in Erzählungen eine bedeutende Rolle: Weist das Sujet explizite Ellipsen auf und hält die Narration bewusst Informationen zurück, so erzeugt dies Hypothesen der *curiosity*. Barthes nennt das so entstehende Muster die „hermeneutische Linie".

Das typischste Genre für Erzählstrategien nach diesem Muster ist zweifellos das *detective tale*. Die Reise des Helden dient hier fast ausschließlich dem Zweck, ein Rätsel zu lösen: „Wer war der Mörder?", lautet die alles bestimmende Frage, und beim Versuch, eine Antwort darauf zu finden, rekonstruiert der Held – und mit ihm der Leser – eine komplette Vorzeitgeschichte, die das Planen, Ausüben und Vertuschen der Tat enthält. Der Detektiv sucht bei seinen Ermittlungen aktiv nach Hinweisen, die ihm Aufschluss über jene Ereignisse geben könnten, und er kommt mithilfe dieser Indizien, Fakten und Enthüllungen zu Folgerungen, die sein weiteres Handeln bestimmen. Die Detektivgeschichte stellt eine ganz besondere Form der Bindung zwischen Leser und Protagonist her, sie ist gewissermaßen schon fast eine ergodische *intrigue* in sich, da der Leser dem Helden nicht nur auf seiner Reise folgt, sondern selbst an der Lösung des Falles mitarbeitet.[151]

Der Grund dafür harrt vorerst einer Formulierung, jedoch lässt sich – rein induktiv – eine auffallende Affinität von Computerspielen gegenüber Geschichten nach dem Detektivformat feststellen. Selbst Spiele wie *Knights of the Old Republic* und *Monkey Island II*, die sich zwei ganz anderen Erzählmodellen verschrieben haben – *Knights of the Old Republic* dem ziel-orientierten Actionfilm, *Monkey Island II* der episodischen Burleske –, enthalten ein Grundmuster nach dieser Façon: In beiden Spielen müssen die Teile einer Schatzkarte gefunden werden, und, um diese Aufgabe zu bewerkstelligen, gilt es eine Menge detektivischer Arbeit zu leisten.[152] Vor allem in *Knights of the Old Republic* deckt der Spieler immer wieder Geheimnisse über zurückliegende Ereignisse auf – egal ob das den Antagonisten betrifft (wir erfahren sehr ausführlich die Geschichte von Darth Malaks Initiation als Sith-Lord), Helferfiguren (jede der bis zu neun Partymitglieder gibt im Verlauf des Spieles etliche Anekdoten aus seiner Vergangenheit zum Besten), die zu bereisenden Planeten (jeder besitzt eine individuelle Historie, die auch für den

---

[151] Diese Parallele darf freilich nicht überbewertet werden. Zu Recht weist Aarseth (2004, 53) darauf hin, dass jenes kriminalistische Rätselspiel im *detective tale* nichts mit der Interaktivität eines Computerspiels gemein hat: „[W]hat about [...] narratives with game elements? [...] When we try to guess the murderer in a Poirot novel, we are adding a coincidental game to the story. The guessing game is not necessary, and the narrator doesn't care whether we play or not." Die Verbindung von kognitiver und expliziter Interaktion, die damit im Computerspiel einhergeht, lässt diesen Aspekt jedoch für unsere Betrachtung struktureller Kopplungen interessant werden.

[152] Reine Kriminalgeschichten sind in Computerspielen allerdings eher selten anzutreffen. Dies könnte zu der Folgerung verleiten, das *detective tale* stelle entgegen meiner anfänglichen Behauptung keinen bevorzugten Topos für Spiele dar. Die Ursache hierfür liegt meiner Ansicht nach jedoch in der mangelnden Popularität des Genres bei der Zielgruppe begründet. Sein Plotmuster wird daher in andere, populärere Settings transferiert und dort sehr erfolgreich umgesetzt – wie im Beispiel *Gabriel Knight II* im Horrorgenre oder in *Monkey Island II* der Piraten-Klamotte, denen es beiden als Paradigma dient.

Gesamtzusammenhang der Geschichte von Bedeutung ist) oder den Helden, der über eine Gedächtnislücke verfügt, was sich als der Clou des ganzen Plots erweist.[153] Ich möchte daher diese spezielle Erzählstrategie einer genaueren Prüfung unterziehen. Hierfür soll zum einen die Struktur des Adventuregenres im Allgemeinen analysiert werden, da es sich nicht nur massiv bei narrativen Verfahren bedient, sondern gar als erzählendes Genre selbst verstanden wissen will. Zum anderen gilt es, die Bedeutung des Detektivformats und seiner hermeneutischen Linie für das Computerspiel herauszuarbeiten und zu fragen, warum sich dieses Schema als favorisierter Topos etabliert hat. Die Vermutung ist, dass seine Funktion direkt der konstitutiven Rätselstruktur des Spiels bzw. seines Genres entspringt.

Zu diesem Zweck habe ich das Adventurespiel *Gabriel Knight II: The Beast within* als Analysebeispiel ausgesucht, weil es eine große Bandbreite denkbarer Figurationen des zur Disposition stehenden Erzählmodells anbietet. An dem Beispiel sollen die allgemeinen Mechanismen, Taktiken und Funktionen des Erzählmusters analysiert und anhand der dadurch gewonnenen Erkenntnisse Überlegungen angestellt werden, wie diese mit der Struktur des Spieles in Übereinkunft gebracht werden.

5.1 Die Detektivformel: Erzählanalyse von *Gabriel Knight II*

Die bisherigen Analysen fokussierten hauptsächlich singuläre Phänomene von Spielen, wie etwa Figur und Setting, oder es handelte sich um Sequenzanalysen, die spezielle Merkmale der Mikrostruktur von Spielen aufzeigten. Wie am Ende von Kapitel 4.3 ausgeführt, sind jene Prozesse häufig in übergeordnete Strukturen eingebettet, sodass es sich als vorteilhaft erweisen könnte, vom Detail einmal abzusehen und zunächst mit dem größeren Zusammenhang zu beginnen. Aus diesem Grund möchte ich im Folgenden eine formale Analyse der in *Gabriel Knight II* verwendeten Erzählverfahren durchführen und zu diesem Zweck mit einer Zusammenfassung der Geschichte des Spiels beginnen, um so einen Überblick über den narrativen Kontext und die Strukturierung des Sujets zu verschaffen. Eine solche Makrodeskription ist deshalb möglich, weil für *Gabriel Knight II* ein ideales *play* festgestellt werden kann.

Im Vorgänger *Gabriel Knight I: Sins of the Fathers* (USA 1993, Sierra) hat sich herausgestellt, dass der Protagonist Gabriel Knight – ein freier Schriftsteller und Inhaber eines Antiquariats in New Orleans – der letzte Nachkomme eines alten deutschen Geschlechts von „Schattenjägern" ist, einer Geheimorganisation, die sich dem Auffinden und Bekämpfen übernatürlicher Mächte verschrieben hat. Das Spiel ist in sechs Kapitel gegliedert, in denen der Spieler abwechselnd die Rolle von Gabriel und seiner Partnerin Grace Nakimura übernimmt. Jedes Kapitel repräsentiert die Ereignisse jeweils eines Tages.

Im Intro erfahren wir, dass sich Gabriel, seiner Berufung als Schattenjäger folgend, auf Schloss Ritter im bayrischen Rittersberg niedergelassen hat, als ihm der Auftrag zuteil wird, den Tod der Tochter eines örtlichen Bauern zu untersuchen. Das Mädchen wurde von einem Wolf zerfleischt, doch vermuten die abergläubischen Dorfbewohner einen Werwolf hinter der Tat.

---

[153] Die überraschende Wendung, als sich der Held am Ende als der verschollen geglaubte Erzbösewicht entpuppt, und die Art und Weise, wie die Narration diese Information vor dem Spieler verborgen hält bzw. nur unmerklich Hinweise darauf vergibt, kann zudem als Musterbeispiel für unzuverlässiges Erzählen in Computerspielen dienen – was hier aber nicht weiter verfolgt werden soll.

Gabriel reist daher nach München, wo er zunächst zwei entlaufene Zoowölfe verdächtigt, die sich aber alsbald als unschuldig erweisen. Im Laufe seiner Ermittlungen stellt Gabriel Kontakt zu einem exklusiven Jagdclub her, der „Königlich Bayrischen Hofjagdloge", die von einer zweifelhaft atavistischen Ideologie über das animalische Wesen des Menschen, welches in der modernen Zeit verloren gegangen ist, durchdrungen und motiviert ist. Allmählich deckt er die Intrigen und verbrecherischen Machenschaften innerhalb des Clubs auf, während er zusehends selbst in Versuchung geführt wird, als er sich mit dem charismatischen Anführer des Clubs, dem Baron Friedrich von Glower, befreundet. Auf einem gemeinsamen Jagdausflug kommt es schließlich zur Konfrontation: Ein sich verdächtig verhaltendes Mitglied des Clubs offenbart sich als Werwolf, der für die Morde verantwortlich ist, weil er seine erstarkende animalische Natur nicht mehr zu kontrollieren weiß. Gemeinsam mit dem Baron nimmt Gabriel die Jagd auf und erlegt schließlich das Biest, wird dabei aber selbst gebissen und muss seinen tragischen Irrtum erkennen: Sein Freund, der Baron, ist selbst ein Jahrhunderte alter, unsterblicher Werwolf, der ihn und die Clubmitglieder insgeheim manipuliert hat, um sie für seine eigenen Zwecke zu missbrauchen.

In der Zwischenzeit ist Gabriels Partnerin Grace in Rittersberg damit beschäftigt, Recherchen über Werwölfe anzustellen. In dem Archiv der Schattenjäger stößt sie auf Spuren eines weit zurückliegenden, ungelösten Werwolffalles, der eine Verbindung zu König Ludwig II. von Bayern aufweist. In den Tagebüchern der Schattenjäger, „Fachliteratur" über Werwölfe und deutsche Historie, durch Telefonate mit Geschichtsprofessoren, in der Stadtbibliothek, den Prozessakten des Rathauses und schließlich in den Schlössern Neuschwanstein und Herrenchiemsee und dem Wagnermuseum in Bayreuth deckt sie ein Komplott auf, welches darauf hindeutet, dass Ludwig selbst auf einem nächtlichen Spaziergang von einem Werwolf gebissen wurde und danach Zeit seines Lebens mit dem Fluch zu kämpfen hatte, der ihn schließlich in den Wahnsinn trieb. Offenbar wurde Ludwig von einem engen Freund, welcher nur als „Der Schwarze Wolf" beschrieben wird, an Bismarck verraten, was schließlich zu der Verschwörung um seine Verhaftung führte und ihn in seinen mysteriösen Tod trieb. Zuvor hatte Ludwig allerdings zusammen mit Richard Wagner an einer Möglichkeit gearbeitet, den Fluch zu brechen. Diese Entdeckungen führen Grace auf die Spur einer verlorenen Wagneroper, welche die Macht besitzen soll, die Verwandlung in einen Wolf auszulösen. Grace erkennt schließlich den Baron von Glower hinter der Identität des Schwarzen Wolfes. Allerdings nicht mehr rechtzeitig, um Gabriel zu warnen.

Bei der Premierenfeier der Oper drei Monate später wird dem Baron eine Falle gestellt, und so kommt es zum Showdown: Der Klang der Musik bewirkt, dass sich Gabriel und der Baron vor den Augen der Zuschauer in Wölfe verwandeln. Der Baron ist entlarvt und wird nach einer Verfolgungsjagd durch die Katakomben des Münchner Opernhauses getötet. Damit ist der Fluch von Gabriel genommen.

Wie komplex das Sujet von *Gabriel Knight II* strukturiert ist, zeigt sich daran, dass diese zugrunde liegende Struktur von mir für die Zusammenfassung zum Zwecke der Verständlichkeit vollständig aufgebrochen werden musste: Z.B. habe ich die eigentlich parallel montierten Abenteuer von Gabriel und Grace in zwei Blöcke gefasst, und die Vorgeschichte um Ludwig und den

Wolf, die im Spiel fragmentarisch vorzufinden ist und vom Spieler mühsam zusammengesetzt werden muss, wurde von mir bereits entsprechend aufbereitet. Einen Großteil der zahlreichen Ereignisse, Figuren und Erzählstränge musste ich reduzieren oder ganz ausblenden.

Die grobe Zusammenfassung diente zum einen dem Zweck, einen Anschlusspunkt für die folgenden Analysen herzustellen. Zum anderen veranschaulicht sie sehr gut die typischsten Charakteristika der Detektivgeschichte. Hervorstechend in dieser Hinsicht ist die doppelte Plotstruktur: Sie besteht üblicherweise aus einer Ermittlung (*investigation*) auf der einen und dem entsprechenden, vorzeitigen Tathergang (der *crime story*) auf der anderen Seite.[154] Die *crime story* wird üblicherweise vom Sujet zurückgehalten und erst im Verlauf der Untersuchung nach und nach enthüllt. Die Erzählung setzt mit ihrer Exposition an der Stelle ein, in der der Detektiv den Fall übertragen bekommt.

So auch in *Gabriel Knight II*: Das Spiel beginnt damit, dass Gabriel seinen Auftrag erhält, woraufhin er sich auf seine heldenhafte Reise begibt, an deren Ende er den Fall lösen und den Antagonisten bezwingen wird. Zu beobachten ist, dass von Anfang an ein globales Ziel existiert (den Mord aufzuklären und dem Täter Gerechtigkeit wiederfahren zu lassen), welches innerhalb der Kapitel immer wieder durch vorläufige Ziele gegliedert und verzögert wird: Die Zoowölfe entpuppen sich als rote Heringe, die Ermittlungen in der Loge erscheinen zumindest zu Beginn wie ein verzweifelter Schuss ins Blaue, und die Suche nach der Wagneroper ist vor allem Mittel zum Zweck[155].

In seiner Struktur folgt die Reise einem ähnlichen Muster, wie es im vorigen Kapitel anhand von *Monkey Island II* beschrieben wurde: Auf der Makroebene erkennen wir eine sequenzielle Pfadstruktur, denn das Spiel ist in mehrere Kapitel gegliedert, die aufeinanderfolgen und jeweils erfolgreich abgeschlossen, d.h. sämtliche Rätsel gemeistert und alle Erzählsequenzen ausgelöst, sein müssen, um zum nächsten überzugehen. Innerhalb der einzelnen Kapitel finden wir eine multilineare Struktur vor, da der Spieler in der Regel mehrere parallele Rätsel gleichzeitig und in beliebiger Reihenfolge lösen kann. Diese Rätsel sind jedoch eine Ebene höher rückgebunden an die sequenzielle Struktur, da nur, wenn alle Aufgaben bewältigt wurden, die Erzählung zum nächsten Abschnitt übergeht: In der Eröffnungsszene beispielsweise muss Gabriel den Schlüssel zu seinem Auto finden, die Spuren des Verbrechens begutachten und die Tageszeitung nach dem Namen des zuständigen Kommissars durchsuchen. Die Reihenfolge, in der der Spieler diese Aktionen durchführt, ist zwar kommutativ. Den Tatort verlassen und den Kommissar aufsuchen kann Gabriel aber erst, nachdem all diese Dinge erledigt sind. Im Anschluss daran entwirft das Spiel wieder eine rhizomatische Struktur: Der Spieler kann Gabriel mit der Münchner U-Bahn an jeden beliebigen Ort des Spieles entsenden.[156] Viele dieser Orte sind jedoch zum gegenwärtigen Zeitpunkt nur „Sackgassen" im sequenziellen Pfad, da an ihnen noch nichts – oder später: nicht mehr – Sinnvolles gemacht werden kann: Zwar steht es dem Spieler von Anfang an frei, die Gasse aufzusuchen, in der sich die Jagdloge befindet, doch wird er hier bestimmte Aktionen erst ausführen können, wenn er entsprechende Hinweise erhalten

---

[154] Vgl. hierfür und das Folgende Bordwell 1985, 64-70.
[155] Die Oper ist mit Propp die „Gabe", die allein dem Helden das Übertreten der „2. Schwelle" ermöglicht.
[156] Siehe dazu Abbildung 4.11c auf S. 100.

hat, dass dies auch zu seinem Nutzen ist. Umgekehrt kann er sich den Weg zur Polizeiwache sparen, sobald er ein Mal mit dem zuständigen Kommissar gesprochen und alle nötigen Informationen erhalten hat.

Die *investigation*-Plotline der Detektivgeschichte wird üblicherweise verkompliziert durch retardierendes Material. Bordwell (1985, 64) hält hierfür drei Varianten parat: *comedy*, *romance* und „commission of more crimes". Alle drei sind in *Gabriel Knight II* überdeutlich präsent. Die Bedeutung der *comedy* für das Adventuregenre wurde bereits im vorigen Kapitel am Beispiel von *Monkey Island II* diskutiert. Da es sich bei *Gabriel Knight II* um keine Komödie handelt, sind solche Elemente hier verständlicherweise selten, aber doch gelegentlich zu finden: Insbesondere die fortwährenden Verständigungsprobleme zwischen dem Amerikaner Gabriel und den des Englischen nur bedingt mächtigen Deutschen lockern die Horrorgeschichte mit zahlreichen *running gags* auf.[157]

Widmen wir uns als Nächstes dem *romantic plot*, der als allgemeines Charakteristikum in fast jedem klassischen Hollywoodfilm anzutreffen ist:

> „[T]he classical syuzhet presents a double causal structure, two plot lines: one involving heterosexual romance (boy/girl, husband/wife), the other line involving another sphere – work, war, a mission or quest, other personal relationships. Each line will possess a goal, obstacles, and a climax." (ebd., 157)

Auch in *Gabriel Knight II* ist die Romanze an retardierende Momente geknüpft, indem sich ihre Erfüllung auf beiden Seiten durch alternative *love interests* gefährdet sieht. Die meiste Zeit allerdings wird die sich anbahnende Beziehung nur angedeutet, da sich Gabriel und Grace fast die ganze Geschichte über an verschiedenen Orten aufhalten. Im Allgemeinen ist zu beobachten, dass eine flankierende *romantic plot line* in Computerspielen zwar üblich, aber seltener und weniger ausgeprägt ist als in entsprechenden Filmen. Ich vermute hierfür mehrere Gründe: Zum einen dient die Erzählung, wie im vorigen Kapitel gesehen, dem Spiel unter anderem dazu, Ziele und Retardationen zu formulieren und seine Handlungsstruktur auf einer Darstellung des Raums abzubilden. Hierfür ist es auf die *quest plot line* angewiesen, die in der Lage ist, diese Funktion zu übernehmen und strukturelle Kopplungen mit den Spielelementen einzugehen. Ein *romantic plot* würde einer effizienten Entwicklung dieser Geschichte nur im Wege stehen. Es sei denn, sie bildete einen integralen Bestandteil davon, beispielsweise dann, wenn das Ziel des Spiels darin besteht, die Prinzessin zu retten, oder wenn die Prinzessin dem Helden Aufgaben überträgt, durch deren Erfüllung er ihr Herz erobert. Sie liefert so zwar der Erzählung eine Begründung und ein Ziel, kommt aber selbst in ihr nicht mehr vor – oder nur noch am Ende als Gratifikation für die Mühen. Im klassischen Film hingegen werden Mann und Frau zumeist ge-

---

[157] Die Schwierigkeiten, die sich hieraus selbstverständlich für die deutsche Synchronisation ergaben, und die Art und Weise, wie diesen begegnet wurde, sind eine gesonderte Erwähnung wert: So wurden sämtliche Szenen, in denen Gabriel leidlich versucht, Deutsch zu sprechen, oder Deutsche Gabriels Englisch nicht verstehen, zum Verständigungsproblem zwischen Hochdeutsch und Bayrisch umgeschrieben. Dieses Vorgehen trägt äußerst eigenartige Blüten, etwa wenn Grace in einer Szene angestrengt zu artikulieren versucht: „I binn hia auf Ualahb...", und sich umgehend entschuldigt, sie lerne erst seit kurzer Zeit Bayrisch, woraufhin der Gesprächspartner gönnerhaft antwortet: „Kein Problem. Probieren wir es Hochdeutsch." Den Höhepunkt in dieser Hinsicht bildet eine Szene, in der Gabriel von einer Fernsehreporterin zu den Mordfällen interviewt wird, die simultan sämtliche seiner Statements nicht – wie im Original – vom Englischen ins Deutsche, sondern vom Deutschen ins Schwyzerdütsch übersetzt.

meinsam in die heikle Situation geworfen, aus der sie sich kooperativ wieder befreien. Computerspieler aber retten die Welt üblicherweise im Alleingang.[158]

Die häufigsten retardierenden Momente im Kriminalgenre leiten sich jedoch aus den hierfür dominanten Spannungstaktiken ab: „The genre promotes suspense with respect to the twists and turns of the investigation and plays upon curiosity about the missing causal material." (ebd., 64) Kurzfristige Spannungstaktiken finden sich vor allem in Szenen, in denen sich die Protagonisten in unmittelbare Gefahr begeben, so etwa bei der nächtlichen Jagd auf den Wolf: Hypothesen, die den finalen Triumph des Helden antizipieren, werden hier exklusiv von der dazu im Widerspruch stehenden Bedrohung attackiert. Über weite Strecken jedoch bestimmt die Neugier (*curiosity*) auf die Rekonstruktion der *crime*-Fabel den Erzählfluss. Diese *curiosity* entlädt sich in der Regel stückchenweise in *surprise*, eben immer dann, wenn sich unvorhergesehene Wendungen ergeben und einst getroffene und für wahrscheinlich oder gar sicher gehaltene Annahmen falsifiziert werden. Wichtig in diesem Zusammenhang sind auch die Erwartungen, die der Spieler aus seinem Wissen (den Schemata) über die Konventionen des literarischen Genres von *Gabriel Knight II* bezieht: Angesichts der Tatsache, dass sich die Erzählung an das Horrorgenre anlehnt, wird ihn die Erkenntnis, dass nicht die Zoowölfe, sondern ein Werwolf hinter der Tat steckt, vermutlich weniger überraschen,[159] und speziell die Wendung, in der sich der befreundete Baron als *trickster*-Figur entpuppt, ist in hohem Maße von den Erfahrungen des Rezipienten mit den entsprechenden Konventionen und Genremustern abhängig.

Die Detektivgeschichte ist unter anderem auch aus dem Grund für das Adventure – und Computerspiele im Allgemeinen – so geeignet, da es mit seiner dominanten Spannungsstrategie der *curiosity* über ein Prinzip verfügt, das den Wissensstand, die Hypothesen, Annahmen und Folgerungen von Figur und Spieler bis zu einem gewissen Grad gleichschaltet. *Suspense* ist vermutlich deshalb eine Ausnahmeerscheinung in Computerspielen, weil sie immer auch eine Distanz zwischen Spieler und Figur erzeugt, die in der Regel ja gerade vermieden werden will. *Surprise* hingegen ist eine Taktik, die eher in schnellen, kurzfristig und auf Spannungsattraktionen ausgelegten Actionspielen sinnvoll erscheint, während Adventure eher nach längerfristigen, komplexeren Mustern verlangen.

Um diese charakteristischen Sujettaktiken durchzumanövrieren, schränkt die Narration die Informationsvergabe erheblich ein, indem sie sie vollständig an die Wahrnehmung des Protagonisten bindet. Interessanterweise gibt es in *Gabriel Knight II* mit Gabriel und Grace derer zwei, die beide jeweils unterschiedliche Ausschnitte der vorzeitigen Fabel aufdecken.[160] Auf diese Weise erzeugt das Spiel *suspense*, da der Spieler immer über mehr Informationen verfügt, als jeder einzelne der Protagonisten. Obwohl ihm die Kontrolle über die Figuren obliegt, ist es ihm jedoch nicht möglich, dieses Wissen produktiv zu machen: So versucht beispielsweise Grace das halbe Spiel über, Gabriels Aufenthaltsort in Erfahrung zu bringen. Der Spieler kann ihr die-

---

[158] Spiele wie *Gabriel Knight II*, *Broken Sword* (GB 1996, Revolution Software) und auch *Knights of the Old Republic*, in denen der Spieler mehrere Figuren steuert, werden dagegen kaum die Chance zum Einfügen einer *romantic plot line* ungenutzt lassen.

[159] Im Gegenteil: Diese Annahme erzeugt sogar *suspense*, da der Spieler im Gegensatz zum ahnungslosen und unbedarften Gabriel die weitaus größere Bedrohung von Anfang an vermutet und kommen sieht.

[160] Mit Genette (1998, 135) liegt hier eine „variable Fokalisierung" vor.

se Information, über die er sehr wohl verfügt, allerdings nicht mitteilen. Einmal mehr zeigt sich, dass die Erzählstrategien des Spiels nur funktionieren können, wenn der Spieler die Perspektive der Figur, nicht aber die des Autoren teilt.

Nach Bordwell alteriert die Narration jedoch den Informationsradius immer ein wenig um den Protagonisten herum: Paralepsen, in denen der Spieler über mehr Informationen verfügt als erlaubt, sind in erzählenden Spielen eher selten, da der Spieler das zusätzliche Wissen aus den beschriebenen Gründen ohnehin nicht anbringen könnte. Wenn sie doch auftreten, dann zum Erzeugen traditioneller *suspense*-Effekte. Für das Spiel jedoch üben sie in der Regel keine Funktion aus. Den umgekehrte Fall, die Paralipsen, beobachtet Bordwell vor allem in Momenten, in denen die Fokalisierung auf einen externen Modus schwenkt und der Detektiv bereits Schlussfolgerungen gezogen und Pläne geschmiedet hat, die die Narration dem Rezipienten unterschlägt. Auf den ersten Blick scheinen diese Fälle für das Spiel eher unwahrscheinlich, da ja der Spieler selbst die Aktionen des Protagonisten einleitet und er folglich nicht nur immer über dessen nächste Schritte genaustens informiert ist, sondern diese selbst erdacht hat. Schließlich fungiert die Figur als Stellvertreter des Spielers in der Diegese. In dieser mimetischen Funktion muss sich der Spieler ständig in die Lage der Figur versetzen, fragen, wie er sich an deren Stelle verhalten würde, und dann die entsprechende Aktion einleiten.

In der Praxis zeigt sich jedoch, dass eine solche Beziehung nur sehr eingeschränkt besteht. Stattdessen ist an dieser Stelle eine sich ständig selbst erneuernde Unterscheidung zwischen Spieler und Figur zu beobachten. Denn obwohl der Spieler sich in die Situation seiner Figur „hineinversetzen" muss, teilt er nicht deren implizite Handlungsfreiheit. Er ist gezwungen, nur solche Aktionen auszuführen, die ihm einerseits durch den Befehlskatalog angeboten werden und für die andererseits bestimmte Konsequenzen festgelegt sind. Die Figur ist dann lediglich Erfüllungsorgan, welche bei der richtigen Aktion „anspringt" und die Interaktion zwischen Spieler und Spiel sich manifestieren lässt. In diesem Sinne scheint sie schon vorher zu „wissen", welche Aktion die Narration für sie vorgesehen hat, sie kennt bereits den Plan, den der Spieler erst erraten und in die Tat umsetzen muss. Die Fragen und Hypothesen des Spielers fluktuieren so ständig zwischen „Was würde ich anstelle der Figur wohl tun?" und „Was hat sich der Autor beim Erstellen dieses Rätsels wohl gedacht?" Seine kognitiven Operationen ähneln damit denjenigen des Filmzuschauers, der zu jedem Zeitpunkt versucht, die Handlung und etwaige Drehbuchkniffe vorherzusagen.

Wie im vorigen Kapitel beschrieben, hält sich so ständig eine Vorstellung von der Gemachtheit des Spiels im Bewusstsein. Die Narration hingegen sieht sich in der ständigen Pflicht, den dadurch immer wieder aufkeimenden Verdacht der Selbstbezogenheit zu neutralisieren: Dies bewerkstelligt sie einerseits durch eine Bindung der Wahrnehmung des Spielers an die Figur.[161]

---

[161] Wie schon in *Knights of the Old Republic* zeigt sich eine Verletzung dieses Prinzips – eine Alteration – in Form einer erhöhten Selbstbezogenheit und zur Schau gestellten Allwissenheit (*omniscience*) auch bei *Gabriel Knight II* vor allem in der *credit sequence* – wie Bordwell (1985, 66) es auch der klassischen Hollywoodnarration attestiert: Bevor die eigentliche Exposition und der Titelvorspann ablaufen, wird der Spieler Zeuge der Initiation von Glower, als der Vater durch die Inquisition hingerichtet wird und sich so der Wolfsfluch auf den Sohn überträgt. Diese *planting*-Taktik, welche die Auflösung bereits vorwegnimmt bzw. unscharf andeutet, bleibt jedoch zunächst ohne den nötigen Sinnzusammenhang, weswegen sich die Bedeutung dieser Szene für den Zuschauer erst am Ende erschließt.

Andererseits durch ein hohes Maß an Mitteilungsbereitschaft (*communicativeness*), für die noch sehr viel mehr als ohnehin schon in der klassischen Detektivgeschichte das Prinzip des *fair play* gelten muss, „in which the reader has as good a chance to discover the solution as the detective does." (ebd., 67) Da der Spieler im Computerspiel selbst einen Großteil der deduktiven Schlüsse ziehen muss, die ihm traditionell der Detektiv oder der Erzähler abnehmen würde, hat die Narration sicherzustellen, dass sämtliche hierfür notwendigen *cues* zum entsprechenden Zeitpunkt zur Verfügung stehen.

Beenden wir die formale Analyse von *Gabriel Knight II* an dieser Stelle und halten fest, dass die Erzählung des Spiels auffallend exakt die Konventionen des von Bordwell beschriebenen Stil des klassischen Hollywood im Allgemeinen und des *detective tale* im Besonderen erfüllt. Zum gegenwärtigen Zeitpunkt herrscht daher der Eindruck vor, das Spiel habe sich dessen Mechanismen und Funktionsweisen angepasst und sich ihnen übergestülpt, weniger aus funktionellen Bestrebungen, sondern lediglich zum erzielen spezifischer Effekte: Vor allem die der Erzählung inhärenten Attraktionsstrategien bilden einen wichtigen Faktor für das Adventurespiel, um dort Spannung (oder im Falle von *Monkey Island*: Humor) zu erzeugen, wo das eher unaufgeregte Rätselspiel das nicht tut. In dieser Hinsicht empfiehlt sich das Detektivmuster besonders aufgrund seiner konstant wirkenden *curiosity*, die das Interesse des Spielers auch langfristig aufrecht erhält.

Auch die Handlungslogik des Detektivformats ist gut mit derjenigen von Adventurespielen in Einklang zu bringen. Da beide einen rhizomatischen Ereignisraum aufspannen, bietet sich dem Spieler eine möglichst große Bandbreite an Handlungsoptionen, und indem diese wiederum an einzelne Episoden rückgebunden sind, gibt die Narration ihre Kontrolle nicht vollständig aus der Hand und ist in der Lage, das Spielgeschehen zu einem Spannungsbogen zu strukturieren. Ferner sind sämtliche in Kapitel 4 diskutierten Kopplungsarten zu beobachten: Die Erzählung formuliert die globalen und lokalen Ziele des Spiels als narrative Ereignisse und Retardationen und bildet deren Abfolge auf dem Reise-Motiv ab.

Abgesehen von diesen Makrostrukturen sind nur wenige funktionale Abhängigkeiten zwischen Spiel und Erzählung feststellbar: Die wirklich wichtigen Ereignisse – die Kerne der Erzählung – ereignen sich fast ausschließlich in den langen Zwischensequenzen vor und nach jedem einzelnen Kapitel, auf deren Verlauf der Spieler keinerlei Einfluss hat und denen er nur sehr bedingt relevante *cues* entnimmt. Mit dieser Beobachtung deckt sich auch die Tatsache, dass in der obigen Zusammenfassung kein einziges Rätsel und keine Handlung beschrieben wurde, an der der Spieler direkt beteiligt ist. Der selbstproklamierte Anspruch des Genres, eine Art „Geschichte zum Mitspielen" zu sein, wird so nur unzureichend erfüllt. Die Kriminalgeschichte scheint in diesem Sinne vor allem Belohnung für das erfolgreiche Auflösen der Aporien zu sein, die als lokale Hindernisse dem erzählenden System zwar verpflanzt, seinen Strategien aber nicht angepasst wurden. So produziert das Spiel Redundanz und Exzess für die Erzählung, und die Erzählung produziert Redundanz und Exzess für das Spiel. Die Differenz verfestigt sich auf diese Weise eher, anstatt sich in einer Kopplung aufzulösen.

Gehen wir daher im nächsten Kapitel wieder zur Mikroanalyse über und betrachten die Aporien und Rätsel aus der Nähe, um zu sehen, wie sie in den allgemeinen Prozess der Hypothesen- und Fabelkonstruktion eingebunden sind.

5.2 Sequenzanalyse: Das *detective tale* als Rätsel-Spiel

Nachdem die Makroanalyse im letzten Kapitel Erkenntnisse über den formalen Aufbau von *Gabriel Knight II: The Beast within* geliefert hat, soll nun eine „Sequenzanalyse" Aufschluss darüber gewähren, auf welche Weise Spiel und Erzählung in diesem konkreten Beispiel miteinander verwoben sind und welche Rolle der Prozess des Hypothesentestens, wie er vom Neoformalismus beschrieben wird, bei der Interaktion des Spielers mit dem Spiel und seiner Geschichte einnimmt. Hierbei soll dem Spielelement des Rätsels besondere Aufmerksamkeit geschenkt werden, zumal es sich aus der narrativen Struktur ableitet und gleichzeitig das Zentrum der spielerischen Herausforderung bildet, was es für strukturelle Kopplungen prädestinieren dürfte. Zu diesem Zweck möchte ich eine Szene analysieren, die verhältnismäßig spät im Spiel – unmittelbar vor dem finalen Showdown – stattfindet und in der sich einige für Adventurespiele typische Vorgehensweisen finden lassen.

Die Overture der Wagner-Oper hat bereits begonnen. Die Falle für den Baron wurde präpariert. Gabriel, der durch den Wolfsbiss seinen Zorn und seine Instinkte nicht mehr recht zu kontrollieren weiß, wurde zur eigenen Sicherheit in der Requisite eingesperrt und wartet nun darauf, dass die Falle zuschnappt und er so von seinem Fluch befreit wird. Der Spieler erhält all diese Informationen in einer längeren Zwischensequenz, bevor er nun wieder die Kontrolle über Gabriel übernimmt. Diese Zwischensequenz liefert eine Begründung für die aktuelle Situation, dient also wie beschrieben als „Establishing Shot", der das Setting vorstellt und einen Ausgangspunkt für das weitere Geschehen schafft. Auffallend ist, dass kein klares Ziel oder eine Aufgabe formuliert wird, abgesehen davon, dass Gabriel in seinem „Gefängnis" auf den Ausgang des Showdowns warten und Ruhe bewahren soll.

Abb. 5.1 Gabriel hat nichts zu tun: *Gabriel Knight II: The Beast within*

Die ersten Maßnahmen des Spielers bestehen folgerichtig darin, das Bild aktiv nach verwertbaren *cues* abzusuchen. Im Gegensatz zur (kognitiven) Interaktion mit traditionellen Erzählmedien findet das Scannen im Adventurespiel explizit interaktiv statt:[162] Der Spieler lässt den Mauszeiger über die einzelnen Möbelstücke, Einrichtungsgegenstände und Requisiten der Rumpelkammer gleiten, um auf diese Weise die *hot spots* zu lokalisieren: diejenigen Stellen im Spiel, die ein Eingreifen erlauben. Es fällt auf, dass nicht alle *existents* der Diegese auch konfigurierbar sind: So können zwar die Tür im Hintergrund und zahlreiche der herumliegenden Requisiten

---

[162] Zur Definition von kognitiver und expliziter Interaktion nach Zimmerman (2004, 158) siehe S. 47ff.

angeklickt werden, nicht aber die Lüftungsschächte an der Decke, die Wand oder der Lichtschalter. Für all diese Objekte kann daher eine überwiegend realistische Motivation diagnostiziert werden: Sie dienen dazu, einen Eindruck von dem Raum zu vermitteln, diesen plausibel erscheinen zu lassen und den so gewonnenen Realismuseffekt zu verstärken. Für die Logik des Spiels müssen sie als nicht-existent betrachtet werden:

> „Dass die Welt des Spiels notwendigerweise eine relationale Datenbank ist, hat [...] zur Folge, dass das, was keinen Datensatz hat, auch nicht existiert. Diese schlichte Einsicht ist jedoch entscheidend für den Zusammenhang von Literatur und Spiel. Was nämlich in den Strings der Raumbeschreibungen als Literatur steht, muss noch lange nicht in der Datenbank, auf die das Spiel aufsetzt, auch vorhanden sein." (Pias 2002, 131)

Jedoch auch die für das Spiel tatsächlich „seienden" Objekten, d.h. diejenigen, die angeklickt werden können, werden in der Ontologie des Game nicht in dem Maße unterschieden, wie es die Wahrnehmung des Spielers vermutlich vornimmt: Egal ob Stuhl, Kleiderständer oder Hellebarde, alle Gegenstände werden als eins behandelt, als Gerümpel, weil sie alle dieselbe Funktion erfüllen: nämlich gar keine. Der Versuch, einen dieser Gegenstände zu benutzen oder zu betrachten, leitet keine sinnvolle Aktion ein und fördert keine hilfreiche Information zutage. Stattdessen kommentiert Gabriel abwertend: „Hier ist nichts als nutzloser Schrott drin."

Genau wie die „nicht-seienden" verzierenden Objekte wird der Spieler das seiende, aber ebenso nutzlose Gerümpel als primär realistisch motiviert bewerten. Realistisch motivierte *devices* dienen vornehmlich einem Realismuseffekt, der Orientierung im Raum oder der Verwirrung. Die abgeschlossene Tür im Hintergrund hingegen ist zwar auch realistisch motiviert, wird aber von einer kompositorischen Motivation überlagert: Sie signalisiert funktional das Gefängnis, in dem sich Gabriel befindet.

Die erste Aufgabe des Spielers besteht folglich darin zu filtern, was das Spiel als wichtig und was es als unwichtig vorgesehen hat. Das Spiel muss diesbezüglich *cues* anbieten, und der Spieler muss über Schemata verfügen, um diese *cues* zu deuten. Hierfür ist eine induktive Vorgehensweise unerlässlich: Der Spieler sammelt Informationen über die Spielwelt, ihre Objekte und Aufgaben durch Beobachten, Untersuchen und Interagieren, bis er in der Lage ist, die notwendigen Schlüsse zu ziehen. Bei diesem Vorgang kommen sämtliche der von der kognitivistischen Theorie beschriebenen Schemata zum Einsatz: *prototype schemata*, weil der Spieler die Tür als natürliches Hindernis erkennt; *template schemata*, weil der Spieler aus seiner Erfahrung mit dem Adventuregenre weiß, dass das Spiel einen Ausweg für ihn vorgesehen haben wird, der durch das Ausführen bestimmter Handlungen zu erreichen ist; *procedural schemata*, weil der Spieler Kenntnis über bestimmte Vorgänge wie das Öffnen von Türen mit Schlüsseln besitzt.

Dass sich der Spieler dieser realistischen und kompositorischen Funktionalität des Spieles schnell bewusst wird und sie in seinen Hypothesenprozess integriert, zeigt sich auch daran, dass er sämtliche Gegenstände, die ihm angeboten werden, mitnimmt – auch wenn sich zum aktuellen Zeitpunkt noch keine Einsatzmöglichkeit andeutet.[163] Umgekehrt akzeptiert er stillschweigend, dass bestimmte Gegenstände eingesammelt werden können, andere aus unver-

---

[163] In diesem Sinne ist das *payoff*, wenn sich der spätere Nutzen und die Bestimmung des Gegenstands oder der Handlung erfüllt, eine der wichtigsten Phänomene im Computerspiel.

ständlichen Gründen hingegen nicht. Dies mag zwar „unrealistisch" anmuten, gehorcht aber der Kompositionslogik des Spieles und ist insofern nicht gänzlich abwegig, wenn man bedenkt, dass auch James Bond zu Beginn seines Abenteuers von Q exakt mit denjenigen – und nur denjenigen – Gadgets ausgerüstet wird, die er auch benötigt.

Spielhistorisch war dies nicht immer so. Frühere Adventurespiele funktionierten weitaus weniger ökonomisch, denn sie enthielten noch zahlreiche Objekte und Aktionsmöglichkeiten, die keinen Nutzen für das Spiel und seinen Fortschritt besaßen. Solche Verfahren dienten einerseits einem gesteigerten Realismuseffekt, andererseits der Verwirrung, weil sie Rätsel und Lösungen nahe legten, die überhaupt nicht existierten.[164] Vermutlich aus letzterem Grund sind sie heutzutage als „Untugend" verschrien und aus den meisten Spielkonzepten verbannt: Denn je mehr Optionen das Spiel anbietet, umso weniger wahrscheinlich und plausibel erscheint die eine kompositorisch notwendige Handlung.

Als ebenso kompositionell erweist sich die Lösung zu Gabriels aktuellem Problem: In einer Ecke des Raumes steht ein großer Schrankkoffer, den Gabriel nach einem Klick auf selbigen zur Seite räumt. Dahinter findet sich ein Lüftungsgitter, das einen neuen möglichen Fluchtweg andeutet. An dem Beispiel zeigt sich einmal mehr das Ausmaß, in dem die Narration das Geschehen kontrolliert: Obwohl der Spieler die Handlung einleitet, hat er weder eine Vorstellung davon, was die befohlene Aktion bewirken wird, noch welchem Zweck sie dient. Das einzige, was er wahrnimmt, ist eine mögliche Handlungsoption, die er nutzt, jedoch nicht, weil er sie als sinnvoll erachtet, sondern einfach, weil sie da ist. Narrative *devices*, so die Folgerung, hüllen sich zwar im Spiel immer in eine realistische Motivation – wir erkennen einen Koffer, der ein Gitter verbirgt, welches wiederum zur Flucht dienen kann – sie sind aber immer in höchstem Maße kompositorisch motiviert: Der Koffer wurde bewusst an dieser Stelle platziert, um vom Spieler gefunden zu werden. „Die spielbare Welt des Adventures ist, um den bekannten Satz Adornos aufzunehmen, nicht an sich, sondern immer schon für uns." (ebd., 131) Daran zeigt sich aber auch, wie wenig Entscheidungsgewalt der Spieler in Bezug auf die Erzählung innehat: statt an ihr mitzuschreiben, erfüllt er durch seine Befehle nur ihre Vorgaben.

Abb. 5.2a+b Vorher, Nachher: Koffer und Gitter in *Gabriel Knight II*

---

[164] Legendär in dieser Hinsicht wurde die Kettensäge aus dem Adventurespiel *Maniac Mansion* (USA 1987, Lucasfilm Games), die der Protagonist zwar einsammeln konnte, der jedoch leider das Benzin fehlte. Entgegen der begründeten Annahme, war das Benzin nirgendwo zu finden und die Kettensäge damit vollständig nutzlos. Noch über Jahre hinweg wandten sich verzweifelte Spieler auf der Suche nach dem Benzin an die Hersteller und die Tipps&Tricks-Seiten einschlägiger Magazine, und es kursierten gar Mythen über angebliche Spieler, die das Benzin gefunden haben wollten. Dieses Rätsel, das keines war, sondern nur der Verwirrung diente, wurde so berühmt, dass Lucasfilm Games ihm in seinem nächsten Spiel *Zak McKracken* eine Reverenz erwies: Dort findet der Spieler einen Kanister Kettensägenbenzin in einem Spind auf dem Mars. Bei dem Versuch, es mitzunehmen, meint der Protagonist jedoch: „Ich brauche das nicht. Es gehört zu einem anderen Spiel." Computerspiele waren so endlich auch in der Postmoderne angekommen.

Die Unkenntnis des Spielers ob der Folgen jener durch ihn selbst beschlossenen und ausgelösten Aktion – darüber ob Gabriel den Koffer öffnen, umschmeißen, sich darauf stellen, ihn beiseite schieben oder die Aktion gar verweigern wird – veranschaulicht einmal mehr die Differenz und den „Wissensunterschied" zwischen Spieler und Spielfigur. Problematisch wird diese Beziehung, weil sich der Spieler in dieser Szene entgegen besseren Wissens zu handeln gezwungen sieht: Obwohl Gabriel zu seinem eigenen und zum Schutz der anderen im Keller eingeschlossen bleiben sollte, wird der Spieler ihm gleich zur Flucht daraus verhelfen. Das Spiel stellt ihn allerdings nicht vor eine Wahl – es sei denn, der Spieler negiert den Sinn des Spieles und verharrt bis in alle Ewigkeit an seinem Ort. Stattdessen wird er treuherzig auf den determinierten Pfaden der Narration wandern, aus der transtextuellen Überzeugung heraus, der Showdown einer Erzählung sollte nicht ohne ihren Helden stattfinden.

In diesem Sinne erfährt der Spieler weniger eine Identität mit der Figur Gabriel als vielmehr eine spezielle Form des aus dem Film bekannten *engagement*, wie es Murray Smith (1995) beschreibt. Diesem zufolge bildet die „Identifikation" keine Einheit mit dem Protagonisten, sondern sie stellt einen formalen Effekt dar, für den vor allem zwei Faktoren ausschlaggebend sind:[165] Zum einen das *alignment*, das in etwa der Genetteschen Fokalisierung entspricht, und die *allegiance*, die voraussetzt, dass die Figur über moralische Eigenschaften verfügt, die der Zuschauer teilt und sie ihm sympathisch werden lässt. Zweifellos fällt Gabriel – und mit ihm auch Lara Croft oder Max Payne – in diese Kategorie: Seine Person ist durch äußere, psychologische und charakterliche Merkmale definiert und verfügt außerdem über eine mehr oder weniger ausgearbeitete Vorgeschichte. Für die Interaktion mit einer solchen Figur erweist sich die dritte Qualität der aristotelischen Tragödienkonzeption als wesentlich: die „Erkenntnisfähigkeit".[166] Sie setzt beim Zuschauer ein Wissen über den Charakter und sozialen Status der Figur voraus und lässt ihn daraus ein angemessenes Verhalten ableiten. Folglich handelt der Spieler nicht als er selbst, sondern so, wie Gabriel vermutlich in einer entsprechenden Situation handeln würde.

Besonders interessant wird das *engagement* von Computerspielen daher in Titeln wie *Knights of the Old Republic*, in denen der Spieler vor exklusive moralische Entscheidungen gestellt wird. Das Spiel offeriert hier mehrere Alternativen: Der Spieler kann einen eher klassischen Helden entwerfen, indem er moralisch richtig handelt oder zumindest so, wie er meint, dass der Protagonist der Geschichte handeln würde. Er kann aber auch einen individuellen Weg wählen, der seinem persönlichen Charakter entspricht und am Ende gar wie ein Rorschachtest Aussagen über seine innere Einstellung machen könnte.[167] Oder der Spieler könnte mit den angebotenen Optionen experimentieren und in eine mimetische Beziehung zu seinem *character* treten, wie es beispielsweise Untersuchungen zum *gender crossing* in Internet-Chaträumen beobachten.[168]

---

[165] Smith (1995, 1-7) vermeidet bewusst den Begriff „Identifikation", da dieser durch seine umgangssprachliche, inflationäre Verwendung vorbelastet und außerdem in dieser Bedeutung nicht ganz korrekt sei. Stattdessen verwendet er den Ausdruck „engagement", der die besondere Bindung zwischen Zuschauer und Figur betont und dabei missverständliche Deutungen umgeht.

[166] Siehe S. 9.

[167] Dies ist beispielsweise im Interaktiven Spielfilm *Tender Loving Care* (USA 1998, Aftermath) zu beobachten, das am Ende dem Spieler ein psychologisches Profil ausstellt. Diese Art von Rollenspiel ist bisher noch wenig erprobt und wäre sicherlich ein interessantes Forschungsfeld.

[168] Vgl. dazu vor allem Turkle 1998.

Während die traditionelle Form des *engagement* eine möglichst präzise psychologische und physische Definition der Figur einfordert, macht die mimetische Operation offenbar andere Verfahren notwendig: So berichtet Hideo Kojima (zitiert nach Newman 2002), Autor des Spiels *Metal Gear Solid* (J 1998, Konami), dass er dem Helden Solid Snake bewusst wenig Eigenschaften verliehen hat, um dem Spieler die Möglichkeit zu bieten, sich selbst in die Figur zu projizieren:

> „We tried not to give him too much character because we want players to be able to take on his role. Snake isn't like a movie star. He's not someone you watch, he's someone you can step into the shoes of. Playing Snake gives gamers the chance to be a hero."

Einen ähnlichen Ansatz vertritt auch Scott McCloud (1993, 36) in seiner Studie über Comics, in der er ein maximal abstraktes Aussehen für Comichelden fordert, um visuell eine möglichst breite Basis zur Projektion anzubieten, um – im Ecoschen Sinne – „offen" genug zu sein. Viele Spiele – darunter auch *Knights of the Old Republic* – greifen auf eine analoge Methode zurück, indem sie das Aussehen des Helden, z.B. dessen Gesichtszüge, Haar- und Hautfarbe oder Kleidung, vom Spieler bestimmen lassen. Andere Strategien, die diese Form der Bindung zu unterstützen versuchen, betreffen Rhetoriken der Perspektive, beispielsweise der *point of view* in modernen Ego-Shootern, der die Wahrnehmung des Spielers mit der Figur gleichschaltet, oder die Verwendung der 2. Person Singular in alten Textadventures, die den Spieler direkt anzusprechen scheinen („You are standing in front of a white house.") und so seine Identität mit der Figur behaupten.

Auch wenn diese Überlegungen hier nicht weiter verfolgt werden können, möchte ich hervorheben, dass all diese Verfahren keinen ontologischen Zustand der Identität markieren, sondern lediglich einen formalen Effekt bewirken bzw. diesen verstärken können. Formen der Spieler-Figur-Bindung, die über das traditionelle *engagement* hinausgehen, sind nur auf Basis alternierender Entscheidungen möglich, die Crawford (2005, 55) als „dramatically significant choices" bezeichnet – nicht aber durch Darstellungskonventionen. Die Tatsache, dass immer mehr Spiele – vor allem die ohnehin an mimetischen Operationen interessierten Rollenspiele – sich diese Vorgehensweise aneignen und nutzbar machen, lässt viel versprechende Entwicklungen und Möglichkeiten für das Geschichtenerzählen im Computerspiel erhoffen.

Doch kehren wir zurück zu Gabriel Knight und seinem Versuch, die Abstellkammer zu verlassen, und betrachten wir im Detail den vielschichtigen und komplizierten Hypothesenprozess, den das Spiel an dieser Stelle ins Rollen bringt: Als erstes stufen wir die Annahme als relativ wahrscheinlich ein, dass unsere Aufgabe darin besteht, eine Möglichkeit für Gabriels Flucht aus seinem Gefängnis zu finden. Wir gehen außerdem aufgrund angeeigneter *template schemata* davon aus, dass das Spiel (mindestens) eine Lösung für dieses Problem vorgesehen hat und dass diese durch das Ausführen der entsprechenden Spielzüge herbeigeführt werden kann. Das narrative System versorgt uns mit dem *device* „Lüftungsgitter" und gibt uns so einen wichtigen *cue* für weitere Operationen: *Prototype* und *procedural schemata* aktivieren diesbezüglich Vorstellungen von dem Aussehen und der Funktion von Lüftungsgittern und bewirken in Kombination mit den vorherigen Annahmen den induktiven Schluss, der Lüftungsschacht komme als möglicher Fluchtweg in Betracht. Daraus leiten wir deduktiv die Hypothese ab, das Öffnen des

Gitters sei eine sinnvolle Aktion, die uns dem Ziel näher bringt, und wir manifestieren diese Folgerung in einer interaktiven Handlung.

Entgegen unserer Erwartung falsifiziert jedoch die Narration unsere Deduktion: Das Lüftungsgitter erweist sich als fest verschlossen und wird sich nicht ohne Weiteres öffnen lassen. Wir verwerfen daher unsere Hypothese und unterziehen unsere Annahmen einer erneuten Prüfung. Einer unserer Sätze scheint falsch zu sein und muss durch neue Hypothesen ersetzt werden: Sind wir einer Sackgasse anheim gefallen, da das Gitter nur der Verwirrung und nicht der Flucht dient? Oder verfügt es über weitere Eigenschaften, denen wir eine Funktion entlocken können, beispielsweise um Hilfe rufen? Muss Gabriel vielleicht gar nicht fliehen, und ist daher unsere Zielvorgabe zu korrigieren?

Wie dem auch sei, die Hypothesen sind allesamt recht unscharf und wenig wahrscheinlich, weswegen wir, trotz ihrer Schwächung durch die Falsifikation, an unserer Annahme festhalten, das Lüftungsgitter markiere den gesuchten Fluchtweg. Wir vermuten, dass noch nicht genügend induktive Daten vorliegen, um den notwendigen deduktiven Schluss vorzunehmen. Und tatsächlich finden wir nach einer eingehenden Prüfung einen Dolch in Gabriels Inventar, dessen *prototype* und *procedural schemata* sich in den Induktionsprozess integrieren lassen: Dolche verfügen über bestimmte Eigenschaften, Funktionen und Verwendungsmöglichkeiten, sie sind spitz, scharf und besitzen Hebelwirkung. Wir deduzieren aufs Neue, das Gitter lasse sich mit dem Dolch aufbrechen.

Diesmal haben wir Recht. Gabriel löst mithilfe des Dolchs das Gitter aus seinem Rahmen und entkommt durch den Lüftungsschacht ins Freie. Damit ist das Rätsel gelöst und eine neue Ausgangssituation für den weiteren Spielverlauf hergestellt. Was wir an der groben Skizzierung dieses verhältnismäßig simplen Beispiels beobachten, ist ein äußerst komplexer Prozess aus *cues*, aktivierten Schemata, Induktionen, Hypothesen, deduktiven Schlüssen und empirischer Prüfung. Verfahren von Spiel und Erzählung sind wechselseitig an den kognitiven Operationen beteiligt, wobei die Erzählung zumeist die notwendigen *cues* in Form aktivierter Schemata vorlegt und das Spiel über diese in einer interaktiven Struktur des Multiple-Choice und Trial-and-Error verfügt. Die Rätsel von Adventurespielen basieren somit primär auf strukturellen Kopplungen 1. Ordnung, bei denen der Spieler die Funktion der Spielmaterialien zu dechiffrieren hat und dieses Wissen für seine Interaktionen produktiv macht.

Innerhalb dieses deduktiven Prozesses nimmt daher vor allem das Aufstellen von Relevanzkriterien einen besonderen Stellenwert ein: Was ist das Ziel der Situation, und was die aktuelle Problemstellung? Welcher Gegenstand ist wichtig und welcher redundant oder nur Wirklichkeitseffekt? Welche Handlungen erscheinen am ehesten wahrscheinlich? Das erzählende System hat die Aufgabe, diese Fragen anzustoßen und Hinweise auf ihre Antworten zu geben. Häufig gelingt dies aber nur bedingt: Die Folge ist, dass die – idealerweise – deduktive Kombinationsarbeit gelegentlich zum sinnfreien Durchexerzieren sämtlicher Möglichkeiten mutiert, in der Hoffnung, die vom Spiel vorgesehene Handlung würde irgendwann schon dabei sein. Betrachten wir daher kurz ein dem soeben beschriebenen sehr ähnliches Beispiel, dessen *cues* und Hypothesen weit weniger offensichtlich und wahrscheinlich sind.

Bei seinen Ermittlungen versucht sich Gabriel Zugang zu einem geheimen Kellerraum im Jagdclub zu verschaffen. Zu diesem Zweck muss er jedoch zunächst den übereifrigen Concierge vom Bewachen des Schlüssels abbringen. Die Lösung dieses – zumindest nach meinem Empfinden – schwierigsten Rätsels überhaupt im Spiel ist so abwegig und – mit Verlaub – hanebüchen, dass ein allgemeiner Hypothesenprozess damit gänzlich überfordert sein dürfte: Gabriel muss in einem Souvenirgeschäft am Marienplatz eine Schwarzwälder Kuckucksuhr kaufen, diese in einem Blumentopf im Jagdclub verstecken und bis zur eingestellten Weckzeit warten, was den Concierge von seinem Posten lockt und den Weg für den Helden frei macht. Da diese Szene in der Video-Aufzeichnung eines idealen *play* kaum einem Glaubwürdigkeitskriterium standhalten dürfte, ist zu folgern, dass die Geschehnisse nur bedingt nach Maßstäben der Erzählung, als vielmehr der eigenen inneren Logik des Spiels bewertet werden dürfen.

Insofern scheint der im englischen Sprachraum für diese Phänomene gebräuchliche Ausdruck „puzzle" zutreffender als das deutsche „Rätsel", da er die kombinatorische Beschaffenheit der gestellten Aufgabe betont: Das typische Adventurerätsel besteht ähnlich wie ein Puzzlespiel aus mehreren Teilen, die auf ihre Einsatzmöglichkeit geprüft und miteinander kombiniert werden müssen. Wenn sie ineinander passen, löst sich das Problem, und der Spieler kann zum nächsten übergehen. Im Gegensatz zum Subjekt der Geschichte handelt der Spieler nicht, sondern er vollendet die Struktur, die im Puzzle von vornherein verankert ist.

In dieser Funktion hat die Narrativitätsstruktur des Spieles in erster Linie die Aufgabe, die Elemente des Spieles realistisch und kompositorisch zu motivieren und das Rätselsystem als solches überhaupt erst lesbar zu machen. Denn auf Ebene des Programmcodes besteht das Adventurespiel, wie Pias (2002, 124ff.) darlegt, aus Softwareobjekten mit Attributen und Verknüpfungsvariablen, welche die Objekte in Klassen und Hierarchien ordnen und in Relationen versetzen. Das Spielen selbst besteht dann in einem Konfigurieren dieses Datensatzes und einem Manövrieren entlang der Vernetzungen jener Pointer-Struktur. Die Erzählung übt für dieses abstrakte System zweierlei Funktionen aus: Zum einen ermöglicht sie die Interaktion, indem sie das Interface unter Rückgriff auf linguistische Konventionen und visuelle *cues* modelliert; der Spieler setzt so keine Variablen, sondern er gibt sprachliche Befehle, die auf diegetische Objekte referieren. Zum anderen stellen die Erzählung und ihre audio-visuellen Verfahren spezifische Strategien dar, um die zugrundeliegende Softwarestruktur unsichtbar zu machen. Indem die funktionalen Rätsel des Spieles in eine Erzählung verwoben werden, maskiert das Spiel seine Regeln, Mechanismen und Objekte und macht sie als Personen, Gegenstände und Ereignisse mit bestimmten Eigenschaften, Funktionen und Motivationen lesbar.

Mit der Fabelkonstruktion jedoch haben diese Operationen nur am Rande zu tun. Ebenso wenig mit der Rätselstruktur der hermeneutischen Linie bei Roland Barthes: In der hermeneutischen Linie hält das Sujet Informationen zurück und erzeugt so beim Zuschauer *curiosity*, indem es die Aufmerksamkeit und den Hypothesenprozess auf die ausgestellten Lücken richtet. Die Rätsel von Adventurespielen stellen hingegen konkrete Hindernisse und Problemstellungen dar, die für ein Voranschreiten der Handlung erkannt, kombiniert und schließlich ausgeräumt werden müssen. Da der Spieler für das Lösen der Rätsel primär die aktuelle Problemsituation, die Funktion der zur Verfügung stehenden Gegenstände und die möglichen Handlungsoptionen verstehen muss, um die Kausalkette der Erzählung durch seine ergodische Arbeit mitzuknüpfen, halte ich sogar Barthes' (1976, 24) Begriff der „proairetischen Linie" hier für angebrachter:

> „[I]hre Begründung ist mehr empirisch als logisch und es ist zwecklos, sie gewaltsam in eine legale Ordnung von Beziehungen zu bringen; [...] sie hat nur die Logik des *Schon-Vollendeten*, des *Schon-Gelesenen [...]*" (Herv.i.O.)

Gleichwohl stellt die hermeneutische Linie einen überaus bedeutenden Aspekt für die *detective story* des Spieles dar: Das nächste Kapitel wird sich damit eingehender beschäftigen und auf Fragen nach der Funktion dieser Struktur für das Spiel zurückkommen.

5.3 Zeitkonstruktionen in *Gabriel Knight II*: *investigation* und *crime story*

Bei der bisherigen Makro- und Mikroanalyse von *Gabriel Knight II: The Beast within* konnte eine auffallende Passgenauigkeit zwischen den dramaturgischen wie auch stilistischen Konventionen filmischer Genres – in diesem Fall des Kriminal- und Horrorsujets – und ihrer Adaption im Spiel beobachtet werden. In dieser Funktion lösen narrative Verfahren die algorithmische Struktur des Spielvorgangs auf und übersetzen sie, die im Grunde nur aus einem Konfigurieren von Datensätzen besteht, in ein System des diegetischen Raumes mit Figuren, *existents*, Handlungen und Spannungskonzeptionen. Wenngleich die Erzählung in diesem Schritt nur oberflächliche Beziehungen mit dem Spiel eingeht und eher als dessen Kontext denn Motivator auftritt, stellt sie doch Aufgaben, Ziele, Hindernisse und Rätsel zur Verfügung, die den Ablauf des Spiels strukturieren und einen maßgeblichen Einfluss auf den kognitiven Verarbeitungs- und Hypothesenprozess nehmen.

Das wesentlichste Merkmal von *Gabriel Knight II* wurde dabei bisher noch nicht berücksichtigt: die doppelt kausale Struktur, bestehend aus dem *investigation plot* auf der einen und der *crime story* auf der anderen Seite, um die eine jede Detektivgeschichte ihr Geschehen herum organisiert. Diesem Aspekt soll das aktuelle Kapitel nachgehen und die Betrachtungen auf allgemeine Organisationsprinzipien des Sujets ausdehnen – auch deshalb weil sich die Frage nach der spezifischen Zeitlichkeit von Spielen als frühes Problematisierungsfeld der Game Studies erwiesen hat.[169]

Für die Analyse der zeitlichen Struktur einer Erzählung ist Genettes Kategorie der „Ordnung" ausschlaggebend: Dieser zufolge finden sich die Fabelereignisse im Sujet nur selten in der exakten chronologischen Reihenfolge ihres Stattfindens. Vielmehr steht es der Narration frei, Geschehnisse nach Belieben umzugruppieren. Genette (1998, 23) bezeichnet diese „Dissonanz zwischen der Ordnung der Geschichte und der Erzählung" als „Anachronie" und stellt diesbezüglich zwei Grundtypen fest: Analepsen und Prolepsen. Unter einer Analepse versteht er „jede nachträgliche Erwähnung eines Ereignisses, das innerhalb der Geschichte zu einem früheren Zeitpunkt stattgefunden hat als dem, den die Erzählung bereits erreicht hat" (ebd., 25); Prolepsen stellen dem entsprechend Beschreibungen späterer Ereignisse dar.

Anachronien bilden einen wesentlichen Faktor bei der Konstruktion der Fabel: Der Zuschauer nimmt die Ereignisse des Sujets wahr und weist ihnen – hauptsächlich kausale – Relationen

---

[169] Vgl. dazu Juuls (2004) Versuch, eine Theorie der *game time* aufzustellen – siehe S. 18ff.

zu.[170] Daraufhin trifft er Annahmen über den ideal-chronologischen Ablauf und ordnet die Geschehnisse zu einer konsekutiven Handlungskette in die Fabel ein.[171] Voraussetzung für die Unterscheidung verschiedener Zeitpositionen ist die „Existenz einer Art [...] Nullpunkt", einer Gegenwart der Erzählung, die Genette (ebd., 23) als die „Basiserzählung" bezeichnet. In Relation zur Basiserzählung werden die Anachronien hinsichtlich Reichweite und Umfang beschrieben:[172] Die Reichweite markiert die zeitliche Distanz der Anachronie zur Basiserzählung; der Umfang misst die Dauer des Geschehens.

Die Basiserzählung des *detective tale* ist üblicherweise gleichzusetzen mit der *investigation plot line*: Jene wurde bereits in Kapitel 5.1 einer ausführlichen Analyse unterzogen und soll daher an dieser Stelle nur noch auf ihre zeitliche Organisation hin untersucht werden. Im Falle von *Gabriel Knight II* beginnt sie mit der Exposition, in der Gabriel seinen Auftrag erhält, und endet mit dem Sieg über den Baron. Die erzählte Zeit dieser Basiserzählung umfasst die drei Tage von Gabriels und Graces Abenteuern, ihre Suche nach Spuren und Indizien und ihren Kampf gegen den Wolf.

Eine zeitliche Organisation des *investigation plot* ereignet sich ausschließlich in Form von Ellipsen und auch das nur in seltenen Fällen: Um Redundanzen zu vermeiden, wird die Fahrt mit der Münchner U-Bahn nur durch ein Fahrgeräusch symbolisiert; die Nächte der je ein Kapitel einnehmenden Tage werden, bis auf die Jagd im Wald, ausgelassen; zwischen dem Auffinden der Wagneroper und ihrer Premiere vergehen drei Monate. Ansonsten besteht die Basiserzählung aus Aneinanderreihungen von Handlungen ohne „Verweilen, Raffen und Weglassen" – eine Form der Narration, die Lämmert (1993, 23) als die „Monotonie der reinen Sukzession" bezeichnet.

An dieser monotonen Beschaffenheit des Erzählflusses zeigt sich, wie eingeschränkt die dramaturgischen Gestaltungsmöglichkeiten für Computerspielentwickler ausfallen und warum ein entsprechender Plot so häufig als unbefriedigend wahrgenommen wird. Da nämlich die Struktur der Erzählung unmittelbar an den Ablauf des Spieles gebunden ist, scheint für die Basiserzählung kaum eine andere Form als die sukzessierende denkbar. Gerade aber in dem Lösen aus dem monotonen Korsett sieht Lämmert (ebd.) eine der vorrangigen Herausforderungen für den Geschichtenerzähler:

> „Die Bauformen einer Erzählung erhalten ihre Kontur erst dadurch, dass die monotone Sukzession der erzählten Zeit beim Erzählen auf verschiedene Weise *verzerrt, unterbrochen, umgestellt* oder gar *aufgehoben* wird." (Herv.i.O.)

Diesen Kritikpunkt nimmt Juul (1998) in seiner Analyse von *Doom* (USA 1993, Id Software) zum Anlass, um (fälschlicherweise) zu folgern, die Unterscheidung von Story und Diskurs sei im Computerspiel bedeutungslos, da es nur eine Gegenwart, aber keinerlei Vorzeitigkeit der Erzählung geben könne:

---

[170] Vgl. Bordwell 1985, 51.

[171] Da Kausalität hierbei eine zentrale Rolle spielt, sah Forster (1949, 96) in ihr das wesentliche Unterscheidungsmerkmal zwischen Story und Plot. Sein paradigmatisches Beispiel hierzu lautet: „Der König starb, und dann starb die Königin" ist eine Story. Durch das Hinzufügen von „...aus Kummer" wird der Satz zum Plot.

[172] Vgl. Genette 1998, 31-32

„You don't get flashbacks or flash forwards while playing Doom, because such variations would preclude the interactivity."

Obwohl sich die pauschale Behauptung nicht aufrecht erhalten lässt – schließlich sind in *Gabriel Knight II* sehr wohl *flashbacks* anzutreffen –, so ist doch die Bemerkung angebracht, dass sämtliche *play*-Handlungen in der Tat der Basiserzählung eingeschrieben sind. Ein Anachronie-Spielabschnitt lässt sich in *Gabriel Knight II* nicht finden.[173]

Hinzu kommt, dass sich die Ereignisse der Basiserzählung zu einem großen Teil aus uninteressanten Handlungen zusammensetzen, z.B. dem Hin- und Herreisen zwischen Handlungsorten oder dem Einsammeln von Gegenständen. Diese Beobachtung widerspricht van Dijks (1980, 140-144) Forderung an eine Erzählung, das geschilderte Geschehen solle in irgendeiner Form „interessant" sein. Auch wenn dieses Kriterium selbstverständlich relativ zu sehen ist und hier nicht näher erläutert werden soll, darf bezweifelt werden, ob diese Bedingung für einen Großteil der Basiserzählung erfüllt ist. Poole (2000, 108) stellt deshalb fest:

„[The story of a videogame] is a purely kinetic one. [...] hardly something you'd want to sit down and actually read."

Vermutlich genau aus diesem Grund ereignet sich ein Großteil der Geschichte von *Gabriel Knight II* abseits des Spielgeschehens, präziser: außerhalb der Basiserzählung. Der Umfang der vorzeitigen *crime story*, die im Verlauf des Spiels aufgedeckt wird, umspannt gar mehrere Jahrhunderte: der Fluch, durch den von Glowers Vater zum Werwolf mutiert, dessen Verfolgung durch die Schattenjäger und schließlich seine Hinrichtung, durch die sich der Fluch auf seinen Sohn überträgt; die Beziehung des Barons zu Ludwig, dessen Obsession und sein vergeblicher Versuch, den Fluch zu lösen; und zuletzt die Intrigen und Verbrechen des Jagdclubs. Wie anhand der Markierung durch Semikola erkenntlich wird, ist diese Geschichte ferner in drei Teilerzählungen zerlegbar, da zwischen ihren Ereignissen teilweise Jahrhunderte liegen. In der Tat ist die Erkenntnis, dass die drei Geschichten trotz ihrer unterschiedlichen Anachronie-Reichweite in einem direkten Zusammenhang stehen, ein entscheidender Bestandteil der Auflösung.

Es ist außerdem zu beobachten, dass sich die beiden Plotlinien hinsichtlich ihrer Zeitpositionen überlappen: Während Gabriel den Fall des getöteten Mädchens untersucht, geschehen weitere Morde.[174] Später entlarvt Gabriel die Mörder und deckt ihre Motive auf. Genette (1998, 32-33) spricht in diesem Zusammenhang von internen Analepsen, da der Zeitpunkt der Anachronie zwar vor der aktuellen Position der Erzählung liegt, sich aber nach deren Einsetzen befindet. Eine externe Analepse ist im Gegensatz dazu vollständig außerhalb der Basiserzählung verortet: Die Episode um König Ludwig in unserem Beispiel wäre eine solche. Insgesamt kann die *crime story* von *Gabriel Knight II* als gemischte Analepse bezeichnet werden, da sie sowohl interne als auch externe Momente aufweist.

---

[173] Was aber nicht bedeutet, dass ein solcher undenkbar ist. Im Actionspiel *Max Payne II: The Fall of Max Payne* (Fl 2003, Remedy) beispielsweise durchlebt der von einer Gedächtnislücke gepeinigte Held wiederholt Erinnerungsbruchstücke, in denen der Spieler die Kontrolle über die Figur behält und so auch auf die Vorzeitgeschichte einwirkt. Für das Spiel erfüllen diese Passagen jedoch eine gänzlich andere Funktion als die hier diskutierten nicht-interaktiven Analepsen (nämlich vor allem die, Setting zu sein).

[174] Wie gesehen, stellt „commission of more crimes" nach Bordwell (1985, 64) eine typische Retardationsstrategie der Detektivgeschichte dar – siehe S. 111.

Eberhard Lämmert (1993, 104ff.) unterscheidet ferner zwei Grundformen der Analepse: die aufbauende und die auflösende Rückwendung. Während die aufbauende Rückwendung bestimmte Sinnzusammenhänge nachreicht oder zusammenfasst, welche für das Verständnis der Basiserzählung notwendig sind oder vertiefend wirken, werden diese Zusammenhänge bei der auflösenden Rückwendung bewusst als Lücken im Sujet verborgen gehalten, um an geeigneter Stelle offenbart und unter Leistung detektivischer Arbeit enthüllt zu werden:

> „Durch die Aufdeckung bisher ungekannter Ereignisse oder Zusammenhänge oder durch die Aufklärung eines bislang in der Erzählung noch rätselhaft gebliebenen Geschehens löst sie die Knoten der Handlung auf, glättet die Konflikte oder macht sie begreiflich." (ebd., 108)

In Computerspielen finden sich aufbauende Rückwendungen häufig als Exposition im Intro oder in den Dialogen, wenn Nebenfiguren zum Zwecke eines Wirklichkeitseffekts Anekdoten über ihre eigene oder die Vergangenheit der Spielwelt zum Besten geben. Darin werden charakterliche Entwicklungen, historische Vorgänge und vertiefende Erklärungen dargelegt. Überraschende Erkenntnisse im Zusammenhang mit der hermeneutischen Linie bleiben aber den auflösenden Rückwendungen vorbehalten: Sie stellen diejenigen Handlungsausschnitte dar, die der Detektiv bei seinen Ermittlungen nach und nach aufdeckt und die der Zuschauer zu einer kohärenten Fabel zusammensetzt. Die *gaps* der auflösenden Rückwendungen sind in der Regel als solche hervorgehoben (*flaunted*), und der Zuschauer sucht aktiv nach den *cues*, die auf die fehlenden Fabelereignisse hindeuten. Er stellt Annahmen und Hypothesen über das unbekannte Geschehen auf und wird so in einen ständigen Zustand der *curiosity* versetzt.

Beginnen wir die Analyse der Rückwendungen mit einer Betrachtung des *style* und der Narration. Bordwell (1985, 77-78) nennt diesbezüglich zwei mögliche Modi: *recounting* und *enacting*. Beim *enacting* werden die vorzeitigen Ereignisse unmittelbar im Sujet dargestellt, „as if they were occuring at the moment". Beim *recounting* berichtet eine intradiegetische Figur davon – die wiedergegebenen Geschehnisse befinden sich folglich auf Ebene der Metadiegese.[175]

Da der (ideale) Diskurs eines Computerspiels in Kapitel 3 als Film modelliert wurde, betrachten wir als erstes die „filmische", weil auf dem filmspezifischen Verfahren der Montage basierende, Erzähltechnik für Analepsen: *flashbacks* (Rückblicke), „which present one or more shot out of their presumed story order." (Bordwell/Thompson 1997, 282) Es fällt allerdings auf, dass *flashbacks* in *Gabriel Knight II* rar gesät sind: In einer Vision Gabriels am Ende des fünften Kapitels wird der Verrat, die Verhaftung und schließlich der Freitod Ludwigs in einer Filmsequenz gezeigt. Diese Beobachtung deckt sich mit den Konventionen des klassischen Hollywoodfilms, der *enacted* Anachronien meidet und sie am liebsten an die subjektive Wahrnehmung diegetischer Figuren rückbindet, um die Allwissenheit der Narration durch eine reduzierte Selbstbezogenheit zu verschleiern – denn schließlich könnte sie, wenn sie wollte, den Spieler jederzeit über die fehlenden Fabelereignisse informieren. Die Vision, die gewissermaßen die bisherige durch den Spieler geleistete Konstruktion der vorzeitigen Fabel rekapituliert, dient so einerseits als Zusammenfassung bisheriger Erkenntnisse der *investigation* und andererseits als visuelle Evidenz und Bestätigung getroffener Hypothesen und Folgerungen.

---

[175] Bei der Mischform des *enacted recounting* wird der *recounted* Bericht der diegetischen Figur wie beim *enacting* direkt präsentiert.

Sehr viel häufiger treffen wir hingegen auf *recounted* Analepsen: Dies ist nicht verwunderlich, besteht doch die typisch detektivische Methode zur Verbrechensaufklärung in der Zeugenbefragung. So auch in *Gabriel Knight II*: Als Gabriel, seinem ersten Verdacht folgend, den Münchner Zoo aufsucht, erfährt er in einem Gespräch mit dem Tierpfleger, dass ein Wärter in der fraglichen Nacht wohl vergessen hatte, das Gehege zu schließen, und die Wölfe so entkommen konnten. In diesen Dialogszenen steht dem Spieler eine gewisse Anzahl an Themen für die Unterhaltung zur Verfügung, aus denen er per Mausklick auswählt. Der daraufhin in Gang gesetzte Dialog wird anschließend in Form einer Videosequenz dargestellt. Auf diese Art erzählt sich ein großer Teil der *crime story* des Spiels. Da der Spieler dabei eines nach dem anderen der überschaubaren Menge angebotener Gesprächsthemen abklappert, gleicht der Dialog einer einzigen großen Zwischensequenz und die Konstruktionsleistung derjenigen eines Filmzuschauers.

Strukturelle Kopplungen, bei denen der Spieler aus seinen Annahmen über das Gesagte und die daraus konstruierte Vorzeitfabel neue Handlungen für den weiteren Spielverlauf ableitet, sind nur in Einzelfällen feststellbar. So könnte es sich als nützlich erweisen, den Wärter ausfindig zu machen, um ihn nach dem Geschehen in der betreffenden Nacht zu befragen. Diese Kopplungsstrategie ist jedoch kaum auf die Zeitkonstruktion des Sujets angewiesen und macht sich diese allenfalls zunutze, um eine lokale Zielvorgabe zu chiffrieren, wie es in der Diskussion von Kopplungen 2. Ordnung in Kapitel 4.2 beschrieben wurde.

Der Vorgänger *Gabriel Knight I: Sins of the Fathers* ging diesbezüglich geschickter vor. Gabriel hält dort sämtliche gewonnen Erkenntnisse stichwortartig in einem Notizbuch fest, das in den Dialogen zur Auswahl der Gesprächsthemen herangezogen wird. Die Anzahl der möglichen Themen ist so nach kürzester Zeit zu einem solchen Ausmaß angewachsen, dass sich ein sukzessives „Durchklicken" sämtlicher Punkte nicht mehr als praktikabel erweist, da der erforderliche Aufwand zu groß und die zu erwartende Ausbeute sinnvoller Antworten zu gering ausfallen würde: Es wäre beispielsweise müßig, eine Person nach einer anderen Person zu fragen, wenn offensichtlich ist, dass die beiden sich überhaupt nicht kennen. Die Folge dieser Form des Dialoginterface ist, dass der Spieler nur diejenigen Themen auswählt, die er vor dem Hintergrund seiner Annahmen über die konstruierte Fabel als sinnvoll bewertet. Er wird auf diese Weise gezwungen, die Hinweise im Sujet genau zu verfolgen und der Fabelkonstruktion besondere Sorgfalt beizumessen, denn nur dadurch ist es ihm möglich, die nächste richtige Entscheidung für das Spiel zu treffen. Spiel und Erzählung werden so aufs Engste miteinander verzahnt: Das Zusammensetzen der Fabelinformationen und das Ableiten von Hypothesen und Annahmen daraus bestimmen die Aktionen des Spielers, und diese Aktionen wiederum zielen darauf, zusätzliche Sujetfragmente aufzudecken.

Ein solch verkoppeltes Spielkonzept birgt allerdings gewisse Probleme, da es ein Verstehensmaß erforderlich macht, das auf Spielerseite nicht garantiert werden kann. Schuld daran ist für gewöhnlich die Präsentation des vorzeitigen Sujets, zu dessen allgemeinen Charakteristika es gehört, schlecht verständlich zu sein. Bordwell (1985, 64-65) zitiert als Beispiel Howard Hawks, der angab, die außerordentlich komplizierte *crime fabula* seines *The Big Sleep* (USA 1946) selbst nicht nachvollziehen zu können. Begründet wird diese Schwierigkeit mit der Komplexität der Vorzeitfabel und ihren zahlreichen Personen, Geschehnissen, falschen Fährten usw. Des weiteren wird dieser Effekt verstärkt durch das äußerst geringe Maß an Redundanz beim Erzählen der vorzeitigen Ereignisse: „[C]haracters and narration seldom repeat causal information about the crime." Es scheint fast so, als habe der Autor nicht sonderlich viel Interesse daran, dass jemand der *crime story* folgen könne – im Gegensatz zur *investigation plot line*, die ganz konventionell hoch redundant erzählt wird. Die Narration begünstigt so eine eher klassische Spannungsdramaturgie durch Stufenkonstruktion und vernachlässigt die *curiosity*-Taktik, an der weniger die exakte kausal-logische Handlungskette interessiert, als vielmehr die Auflösung, welche in der Regel auf eine simple Formel oder Frage reduzierbar ist, wie etwa: „Wer war der Täter?" In diesem Sinne leistet die *crime story* keinen wesentlichen Beitrag zum Plot, außer dass sie für die zentrale *investigation* eine Begründung liefert.

Computerspiele sind da mitunter „anwenderfreundlicher", da sie in der Lage sind, Hilfestellung beim Verstehen der Fabel zu geben: In *Gabriel Knight II* beispielsweise führt Grace ein Notizbuch, in dem die wichtigsten Erkenntnisse thematisch sortiert festgehalten werden und für den Spieler entsprechend aufbereitet zum Abruf stehen. Das Resultat ist, dass das Sujet des Spiels komplexer und umfangreicher ausfällt, als es im Hollywoodfilm vermutlich jemals der Fall sein könnte.

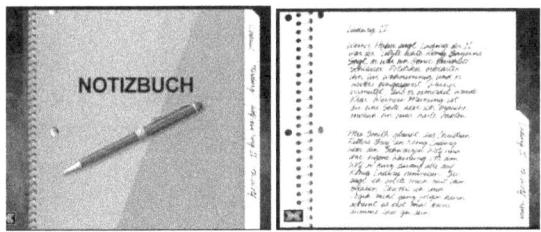

Abb. 5.3a+b Notieren geht über Studieren: *Gabriel Knight II*

Ein anderer Grund hierfür liegt in der multimedialen Tendenz des Spieles begründet: Da es nicht auf das Einhalten filmischer Konventionen angewiesen ist, sondern auch auf literarische Verfahren zurückgreift, bietet es eine weitaus größere Bandbreite möglicher Erzähltechniken für die Sujetpräsentation an. Infolgedessen berufen sich die Analepsen von *Gabriel Knight II* – in noch höherem Maße als sie die eben beschriebenen Dialoge mit intradiegetischen Erzählern heranziehen – auf schriftliche „Quellen": auf Tagebücher, Fachliteratur, Informationstafeln an Museumsschaukästen, Notizzettel usw.

Abb. 5.4a-e Quellenstudium: *Gabriel Knight II*

Der Übergang von aufbauenden und auflösenden Rückwendungen ist hier fließend: In den Tagebüchern von Viktor Ritter etwa erfahren wir, wie die Schattenjäger bereits einmal vergeblich den Schwarzen Wolf jagten und König Ludwig vor der Verschwörung zu warnen versuchten. Das Ludwigmuseum in Herrenchiemsee enthält Wissenswertes zum Leben des Bayernkönigs (Abb. 5.4a+b) und lässt zahlreiche Verbindungen zu der fiktiven Werwolfsgeschichte knüpfen. Ein „Sachbuch" über Werwölfe (Abb. 5.4d+e) ermöglicht Rückschlüsse darüber, wie die Bestie einst entstanden sein könnte, und gibt Hinweise zu seiner Vernichtung.

Die verwendeten Verfahren ähneln dem *recounting*, mit dem Unterschied, dass der Erzähler nur indirekt über den durch ihn produzierten Text präsent ist. Er selbst ist der intradiegetische Autor dieses Textes. Entscheidend an dieser Form der Narration ist, dass sie nicht nur eine beträchtliche Anzahl unterschiedlicher Erzähler zur Verfügung stellt, welche sich alle durch ihren gänzlich anderen Wissenshorizont in Bezug auf die *crime story* auszeichnen, sondern dass durch die unterschiedliche Adressierung und Thematisierung der Texte eine Fülle narrativer Ausdrucksformen ermöglicht wird, die zahlreiche Mittel zur zeitlichen und stilistischen Organisation des Sujets zur Verfügung stellen. Der Rückgriff auf literarische Techniken vereinfacht zudem die Vergabe gezielter Informationen, das Vermeiden monotonen Sukzessierens und das Einbauen verständnisfördernder Redundanzen.

Durch die Ausführlichkeit der Erzählung und den Recherchecharakter, den das Spiel auf diese Weise erhält, verschiebt sich der Fokus und das Gewicht der Geschichte von der vorwärtsdrängenden, stufigen *plot line*, wie sie vom Film privilegiert wird, im Computerspiel hin zur fragmentarischen und rückwärtsgewandten Crime-Fabel. Die Rezeption bezieht ihren Reiz folglich weniger aus kurzatmigen Spannungseffekten, sondern daraus, jene Quellen genaustens zu studieren, sie nach Hinweisen auf die vorzeitige Story abzusuchen und die erhaltenen Informationen in einer Weise zu einer schlüssigen Fabel zu verbinden, dass sich nach Möglichkeit Folgerungen für das weitere Vorgehen ableiten lassen.

Die *crime story* wird so zum zentralen Motivator für das Spiel: Sie aufzudecken ist das Ziel, ihre Bruchstücke in der räumlich-ergodischen Struktur zu finden, ist der Sinn und Zweck jedweder Bemühung. Insofern erfüllen der Plot und seine Fragmente die gleiche Funktion wie all die vergrabenen Schätze oder entführten Prinzessinnen anderer Computerspiele: Sie markieren lokale und globale Ziele, die durch das Überwinden von Hindernissen erreicht werden müssen.

Der offensichtlichste Vorteil dieser parallelen Plotstrategie besteht darin, dass sich das Spiel, um ein offenbar bestehendes Kundeninteresse an erzählenden Kontexten zu befriedigen, nicht länger gezwungen sieht, seinen Ablauf einer aufgesetzten Dramaturgie anzupassen oder seine Elemente darauf auszurichten. Stattdessen packt es eine Geschichte kurzerhand in die Rückwendungen und lagert sie so vollständig dem Spielverlauf aus. Anschließend kann es sich wieder in Ruhe auf das konzentrieren, was seiner Struktur eigen ist: Rätsel, Action und strategische Problemstellungen.

Vor allem aufbauende Rückwendungen eignen sich für diese Vorgehensweise, da sie mühelos, ohne dramaturgische Kniffe aufwenden zu müssen, in die Raum- und Reisestruktur des Spieles eingebunden werden können. Da sie ohnehin nur vertiefenden „Mehrwert" anbieten und mit den Funktionen des Spiels nicht verkoppelt sind, befriedigen sie das Verlangen nach einer Erzählung dort, wo es vorhanden ist, und stören andersrum denjenigen nicht, der solchen Faktoren keine Beachtung entgegenzubringen wünscht. Phantastische Erzählungen von der Art eines „Der Herr der Ringe" sind aus diesem Grund für Spiele prädestiniert, weil auch hier die Basiserzählung primär dem Durchqueren des Raumes folgt und das Beseitigen von Hindernissen thematisiert, während sich ein Großteil der rezeptiven Faszination aus den zahlreichen Vorgeschichten und fiktiv-historischen Zusammenhängen speist, in die das Geschehen eingebettet ist. Vor allem Rollenspiele wie *Morrowind* (USA 2002, Bethesda Softworks) machen sich diese Techniken zunutze, indem sie ihre archetypischen Abenteuer um historische Hintergründe anreichern, die gefühlt mehrere Geschichtsbücher füllen könnten.

Diese Strategie ist somit insbesondere für solche Spiele von Interesse, die für eine synchrone Geschichte im Grunde keine Verwendung haben: Im Actionspiel *Alone in the Dark* (F 1993, Infogrames) beispielsweise findet sich der Protagonist in einem Spukhaus wieder und hat die Aufgabe, aus diesem zu entkommen. Das Spielgeschehen besteht fast ausschließlich darin, die auf den Helden einstürmenden Monster abzuwehren und schlussendlich zum Ausgang vorzudringen. Dennoch verfügt das Spiel über eine umfangreiche Geschichte in Form von Rückwendungen: Während seiner „Reise" erfährt der Spieler durch zahlreiche Tagebücher, Notizen etc. von den satanischen Experimenten, die vor langer Zeit in dem Anwesen stattgefunden haben, und deckt so nach und nach das Rätsel um die Herkunft der Monster auf. Dem Spieler wird so der Eindruck vermittelt, an einer komplexen Geschichte Teil zu haben, obwohl er eigentlich nichts anderes macht als sich andauernd zu prügeln.

Entscheidend an dieser Formel ist, dass der Spieler auf die vorzeitige Geschichte keinerlei Einfluss nehmen kann, da sie sich bereits lange vor Einsetzen der Spielhandlung ereignet hat. Das Spiel erzeugt somit eine Erzählung, ohne in die Verlegenheit zu kommen, das Spiel selbst zur Erzählung erklären zu müssen. Aus diesem Grund ist das Modell bestens geeignet, die eingangs dargestellte Paradoxie zu umgehen, ohne sie anzutasten. Das Spiel gibt nicht länger vor, Erzählung sein zu wollen. Stattdessen ist es Auslöser für eine Geschichte, welche mit dem Spiel selbst in keinem kausalen Zusammenhang steht.

Dieser Umstand macht das anachrone Erzählmuster insbesondere für rhizomatisch funktionierende Spiele attraktiv, deren synchrones Geschehen ständig in Gefahr gerät, logische Widersprüche mit sich einzugehen.[176] Da der Spieler in *Gabriel Knight II* stets die Möglichkeit hat, verschiedene Schauplätze aufzusuchen und somit die Geschichte an einem von mehreren pa-

---

[176] Siehe S. 101.

rallel verlaufenden Erzählsträngen fortzuführen, müssen die unterschiedlichen Plotlinien so beschaffen sein, dass sie sich in keinem Abhängigkeitsverhältnis hinsichtlich Kausalität und Chronologie zueinander befinden, um keinen Konflikt miteinander einzugehen. Insbesondere Hypertext-Literatur hat das Problem, dass sie nur mit Einschränkung auf ihre eigene Vergangenheit zu rekurrieren in der Lage ist, da sich diese Vergangenheit in jedem aktualisierten Diskurs anders verhalten kann. Im Computerspiel ist ein Bewusstsein über die Vergangenheit des Diskurses immerhin ansatzweise vorhanden, da der Computer über einen Speicher verfügt, der, entsprechende Programmierung vorausgesetzt, die gegenwärtigen Handlungsoptionen an ihrer Genese zu überprüfen vermag und gewährleistet, dass beide zu jedem Zeitpunkt ineinander greifen. Dennoch muss die Produzentenseite die Bandbreite möglicher Vergangenheiten stets mitdenken und berücksichtigen oder aber die Erzählung auf ihre Gegenwartsmomente reduzieren. Im Gegensatz zur traditionellen, aristotelischen Erzählung müssen die Geschehnisse im Spiel immer auch austauschbar sein.

Hier kommt nun das Detektivmuster zum Einsatz: Da die vorzeitige Fabel nicht chronologisch erzählt zu werden braucht und grundsätzlich in fragmentarischer Form vorliegt, kann sie mit der Nicht-Linearität der Spielstruktur vollständig in Einklang gebracht werden. Der *crime plot* stellt eine in sich abgeschlossene Erzählung dar, die von der eigentlichen Spielhandlung vollständig ausgelagert wurde. Auf diese Weise findet sich die Vorzeithandlung nicht, wie die Basiserzählung, in dem Zwang wieder, ihre eigene Vergangenheit wahlweise zu ignorieren oder implizit zu denken, sondern sie kann jene problemlos ausblenden und nachreichen. Indem sie dem *investigation plot* selbst Vergangenheit ist, stellt sie ihr eigenes Gedächtnis zur Verfügung. Und weil der Spieler keinen Einfluss auf sie ausübt, da sie von Beginn an vorgeschrieben ist, gerät sie nicht in Gefahr, kausale Widersprüche mit sich einzugehen. Einzig die Verwendung auflösender Rückwendungen fordert eine bestimmte Form der Dramaturgie ein, die über ein simples Aufdecken und Aneinanderreihen der Analepsen hinausgeht und den Rekonstruktionsprozess auf die finale *surprise* ausrichtet. An *Gabriel Knight II* ist jedoch zu sehen, dass dies durch eine Rückverkettung der rhizomatischen an eine sequenzielle Struktur recht einfach zu bewerkstelligen ist, indem jedes Kapitel nur einen bestimmten Ausschnitt der *crime story* entwickelt.

Es ist offensichtlich, dass Spiel und Erzählung in dieser Funktion keinerlei notwendige Verbindung eingehen. Stattdessen fungiert die Vorzeitfabel als eine Art illusionistische „Ausrede":

„The diachronic story of a videogame, however complex, is merely an excuse for the meat, the videogame action; while the synchronic story, as a story, is virtually nonexistent." (Poole 2000, 108)

Die Erzählung tritt in dieser Formulierung im gleichen Maße verzierend auf wie das Intro von *Arkanoid*,[177] mit dem Unterschied, dass es dem Spiel nicht vorangestellt, sondern hineingestreut wurde. Lämmert (1993, 45) spricht von diesem Typus als der „additiven Verknüpfung der Erzählstränge", bei der allein der „*Fülle* der Gegenstände willen eine oder viele Vorzeithandlungen in den Ablauf des Gegenwartsgeschehens eingefügt werden." (Herv.i.O.) Die Vermutung liegt nahe, dass diese Strategie immer dann zum Einsatz kommt, wenn das Spiel ganz ohne strukturelle Verkoppelung vorgeben möchte, erzählend zu sein.

---

[177] Siehe S. 79.

Glücklicherweise stellt dies nicht die einzige Funktion anachroner Erzählmuster dar. Vor allem Geschichten nach dem Detektivmuster knüpfen ihr Abenteuer eng an vorzeitiges Geschehen, da die Gegenwart hier als Produkt der vergangenen Ereignisse begriffen wird und die Rekonstruktion der Kausalkette, die dorthin zurückreicht, als Ziel der Bemühungen definiert ist. Die Aufgabe des Detektivs besteht darin, die notwendigen Zusammenhänge herzustellen. Zu diesem Zweck untersucht er Spuren, befragt Zeugen, sammelt Indizien und deutet die Hinweise, um Hypothesen und Annahmen über die fehlenden Fabelausschnitte aufzustellen. Anschließend werden die Spekulationen an der Wirklichkeit überprüft und gegebenenfalls modifiziert oder falsifiziert. In letzterem Fall müssen weitere Daten gesammelt oder neue Schlussfolgerungen gezogen werden. Zu guter Letzt sind die Lücken vollständig gefüllt und der Täter wird überführt.

Die Konstruktion der Fabel ist unter diesen Voraussetzungen weder Nebeneffekt noch bloßes Mittel zur Aufgabenformulierung, sondern untrennbarer Bestandteil der interaktiven Operationen: Der Detektiv handelt, um die Fabel zu knüpfen, und er knüpft die Fabel, um weiter zu handeln. Ist der Spieler in diesem wechselseitigen Prozess aus Kombinatorik und empirischer Prüfung eingebunden, so ergeben sich besonders starke strukturelle Kopplungen.

Ein entsprechendes Beispiel findet sich in *Gabriel Knight II* bereits in der Anfangsphase des Spiels: Nachdem Gabriel auf dem Bauernhof der Familie Huber erwacht ist, erfährt er aus der Zeitung, dass zwei Wölfe aus dem Münchner Zoo entflohen sind (Abb. 5.5a). Der Spieler rekonstruiert also die hypothetische Vorzeitfabel, das Mädchen sei von den beiden Wölfen getötet worden. Als Konsequenz dessen fasst er die Entscheidung, den Zoo aufzusuchen, um dort weitere Nachforschungen anzustellen (Abb. 5.5b). Dort erhält Gabriel den Tipp, sich mit einem Sachverständigen der Universität in Verbindung zu setzen, der in der Lage ist, seinen Verdacht zu erhärten oder zu entkräften – je nach Beweislage. Also unterziehen wir den Tatort einer genaueren Prüfung (Abb. 5.5c) und finden eine Haarprobe und einen Fußabdruck (Abb. 5.5d). Diese Spuren und Indizien vergleichen wir mit einer Haarprobe der Zoowölfe und Daten, die wir einer Informationstafel am Gehege entnehmen, und kommen zu dem Schluss, dass diese nicht als Täter infrage kommen. Die anfänglich wenig wahrscheinliche Werwolf-Hypothese erhält auf diese Weise mehr Gewicht und rechtfertigt nähere Untersuchungen. Noch scheinen aber die vorhandenen Daten nicht ausreichend für konkrete Verdächtigungen, weswegen wir – wie immer im Zweifelsfall – zunächst der induktiven Methode den Vorzug geben und nach weiteren Informationen Ausschau halten.

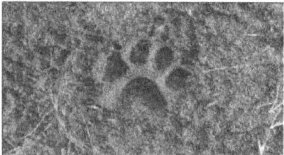

Abb. 5.5a-d Der Spieler als Detektiv: *Gabriel Knight II*

Das hier beschriebene Beispiel ist noch von äußerst simpler Machart. Die Beobachtungssätze sind sehr offensichtlich, die Schlüsse naheliegend und das Sujet ist mit *cues* überladen. Doch ist deutlich zu erkennen, in welch komplexen Prozess aus Induktion, Fabelkonstruktion, Deduktion und Interaktion der Spielablauf verwoben ist. Spielzüge sind hier nur möglich, wenn der Spieler die Fabelinformationen richtig interpretiert und diese Kenntnis für das weitere Vorgehen produktiv macht. Seine Aktionen werden daher nicht nur durch die Erzählung angeleitet oder bedeutet, sie zielen unmittelbar darauf, Hypothesen der Fabelkonstruktion zu prüfen, ihre *gaps* zu füllen und so den Konstruktionsprozess als solchen aufrecht zu erhalten. Die Interpretation der Geschichte wird damit über die reine Verstehensleistung hinaus zum integralen Bestandteil der Spielerfahrung.

Probleme ergeben sich für diese Form der strukturellen Kopplung dadurch, dass dem Spieler im Zuge notwendiger Hilfestellungen ein Teil der kriminalistischen Deduktionen durch das Sujet wieder abgenommen wird und diese so streng genommen nicht zustande kommen: Indem der Zoo als mögliches Reiseziel erst nach Konsultation der Zeitung freigeschaltet wird, wird der Spieler diesen womöglich nicht deshalb aufsuchen, weil er die Geschichte korrekt rekonstruiert hat, sondern weil er eine neue Handlungsoption wahrnimmt, die zu wählen ihm aus seinen Erfahrungen mit dem Spielgenre heraus sinnvoll erscheint.

Ferner wurde an dem beschriebenen Beispiel ersichtlich, dass für die Rekonstruktion der Fabel nicht nur auf eine diegetische Narration in Form des *recounting* (Zeugenaussagen, die Zeitung, die Informationstafel) zurückgegriffen wird, sondern vor allem auch auf eine „indexikalische" Erzählweise, die das Geschehen lediglich durch ihre Artefakte und Spuren andeutet und so das Interpretieren und Verarbeiten der *cues* vollständig an den Spieler delegiert. Der zugehörige Hypothesenprozess verwertet induktiv gesammelte Beobachtungssätze und rekonstruiert die *crime story* so auf spekulative Weise aus Indizienbeweisen. Skizziert sieht er folgendermaßen aus:

Es gibt keine Werwölfe (Satz 1, *template schema*). Ein Mädchen wurde von einem Wolf getötet (Analepse 1). Ein Wolf hat seinen Fußabdruck am Tatort hinterlassen (Beobachtungssatz 1). Ein Wolf hat ein Haarbüschel am Tatort hinterlassen (Beobachtungssatz 2). Die Spuren stammen vom Täter (Annahme). Zwei Wölfe sind aus dem Zoo entflohen (Analepse 2). Die Zoowölfe haben das Mädchen getötet (Deduktion 1, Rekonstruierter Fabelausschnitt 1, Hypothese 1). Eine Haarprobe der Zoowölfe macht Aussagen über die Beschaffenheit ihres Fells (Beobachtungssatz 3). Die Informationstafel über die Zoowölfe macht Aussagen über die Größe ihrer Fußabdrücke (Beobachtungssatz 4). Die Haarproben des Täters passen nicht zu denen der Zoowölfe (Beobachtungssatz 5). Die Fußabdrücke des Täters passen nicht zu denen der Zoowölfe (Beobachtungssatz 6). Die Zoowölfe sind nicht identisch mit dem Täter (Deduktion 2, empirische Falsifikation von Hypothese 1). Bei *Gabriel Knight II* handelt es sich um einen fiktiven Text des Horrorgenres, in dem die Existenz von Werwölfen möglich ist (Satz 2, *template schema*, Verwerfen von Satz 1). Ein Werwolf hat das Mädchen getötet (Deduktion 3, Rekonstruierter Fabelausschnitt 2, Hypothese 2).

Obwohl in diesem Beispiel niemand explizit von vergangenen Geschehnissen erzählt, so existieren doch Spuren, die auf eine Vorzeithandlung hindeuten und einen Prozess der Fabelkonstruktion in Gang setzen. Gewissermaßen ist es der Gegenstand selbst, der seine Geschichte erzählt. Um sie zu verstehen, muss der Spieler exakt die detektivische Leistung erbringen, die in der Erzählung für gewöhnlich dem Protagonisten vorbehalten ist und die von ihrer Struktur her mit der induktiven Methode der Archäologie vergleichbar ist. Als Artefakte vergangener Ereignisse indizieren die Spuren eine Geschichte, die erst durch die interpretierende Leistung des Rezipienten einen Bezug zur gegenwärtigen Handlung erkennen lässt. Lämmert (1993, 56-57) nennt dies die „konsekutive" Verknüpfung der Ereignisse, bei der die Kausalzusammenhänge des Plot, die Forster bekanntlich als konstitutiv für die Erzählung veranschlagte, nicht nur die Bedingung stellen, sondern umgekehrt aufgrund des Wissens über die Konsequenzen möglicher Ereignisse auf diese durch den Spieler geschlossen wird.

Die Operationen der Fabelkonstruktion sind auf diese Weise dem Spiel nicht nur als Zielfunktion oder ikonische Repräsentation der Materialien vorangestellt, sondern als interpretierende Interaktion direkt dem Spielprozess eingeschrieben. Indem der Spieler detektivische Arbeit verrichtet, Spekulationen anstellt und seine Folgerungen empirisch überprüft, findet ein Teil des Spiels so zu sagen im Akt des Interpretierens und Konstruierens der Fabel selbst statt. Im Zuge dessen wird das „spielerische Element" des *whodunnit* einer jeden Detektivgeschichte selbst zur spielerischen Betätigung: Die hermeneutische Linie der Erzählung ist so weniger eine formale Struktur, als vielmehr der Kern des Spielprozesses als solchem.

In der Praxis ist diese Form der Anbindung des Spiels an die Erzählung freilich mit mancherlei Problemen behaftet, weswegen sie vermutlich eher selten zum Einsatz kommt: So muss etwa Sorge dafür getragen werden, dass der Spieler die notwendigen *cues* auch als solche wahrnimmt und entsprechend verarbeiten kann. Da aber der Stil und die Narration, denen in traditionellen Medien die Vergabe und das Hervorheben der Sujetinformationen unterstehen (beispielsweise durch einen Close-Up oder eine Kamerabewegung), nur noch zum Teil die Kontrolle über das Dargestellte innehaben, muss sich der Spieler die nötigen Hinweise bis zu einem gewissen Grad selbst erarbeiten – was nicht immer gewährleistet werden kann.

Ein besonders gelungenes Beispiel dieses Kopplungstypus findet sich daher im Spiel *Discworld Noir* (GB 1999, Perfect Entertainment): Auch hier erhält der Protagonist den Auftrag, einen Mordfall zu lösen, und deckt im Zuge seiner Ermittlungen eine umfangreiche *crime story* auf. Sämtliche Erkenntnisse über diese Geschichte hält er stichwortartig in einem Notizbuch fest, z.B. die Namen von Personen und Schauplätzen, bestimmte Ereignisse der Vorzeitgeschichte oder Indizien und Spuren, die er mit ihr in Zusammenhang bringt. Sehr schnell wächst die Liste der Stichwörter im Notizbuch zu einer stattlichen Menge an Erkenntnissen an. Der Spieler ist nun in der Lage, die einzelnen Stichwörter wie üblicherweise Gegenstände miteinander zu „benutzen", um auf diese Weise bei korrekter Kombination neue Erkenntnisse und Zusammenhän-

ge aufzudecken. Auf diese Weise wird die ansonsten rein kognitiv stattfindende interpretierende Interaktion umgewandelt in eine explizite Interaktion, und die Operationen der Fabelkonstruktion werden unmittelbar dargestellt als spielerische Handlungen.
Diese letzte hier betrachtete Kopplungsart möchte ich analog zu den anderen als eine „strukturelle Kopplung 3. Ordnung" bezeichnen. Für eine Kopplung dieses Typs genügt es nicht, eine Fabel zu konstruieren und ihre Elemente auf Materialien, Regeln und Züge des Spiels abzubilden. Vielmehr ist der Prozess der Fabelkonstruktion in die spielerische Interaktion selbst eingeschrieben, insofern er Bestandteil der Problematisierungsebene des Spieles ist. In diesem Sinne ist den kognitiven Operationen, wie sie in Kopplungen 1. und 2. Ordnung vorkamen, noch ein Zwischenschritt eingeschoben. Dabei verschwindet das Spielsystem zunächst vollständig hinter den Verfahren und Operationen der Erzählung: In einem ersten Verarbeitungsschritt geht es ausschließlich darum, narrative Kausalzusammenhänge herzustellen, Folgerungen daraus abzuleiten und Hypothesen darüber zu entwickeln, wie diese überprüft werden können. Erst dann kommt das Spiel und seine interaktive Struktur zum Einsatz, um die Annahmen und Spekulationen empirisch zu erhärten oder zu widerlegen. Gewissermaßen kann man sagen: Die Fabel muss nicht nur konstruiert, sondern selbst konfiguriert werden, bevor das Spiel konfiguriert werden kann. Das Spiel stellt sich so immer auch ein wenig in den Dienst der Erzählung: Seine interaktive Struktur ist vom Wunsch beseelt, die *crime story* zu vervollständigen und die hierzu aufgestellten Hypothesen zu hinterfragen. Eine strukturelle Kopplung 3. Ordnung ist so ein in die Erzählung hinein verdoppeltes Rätsel: ein Erzählspiel, das über die narrative Kontemplation hinausreicht, sie nicht nur zur Bedingung für das Spiel, sondern die Verstehens- und Interpretationsarbeit selbst zum Spiel macht.

6. Schlussbemerkung

In der Praxis blicken Computerspiel und Erzählung auf eine lange gemeinsame Vergangenheit zurück. Die unterschiedlichen Beziehungen, die sie dabei eingingen, sind – wie aufgezeigt werden konnte – mannigfaltig und die Funktionen, die narrative Verfahren für das Spiel ausüben können, ebenso. Bei der Analyse hat sich der gewählte Ansatz, Spiel und Erzählung als zwei unterschiedliche Kategorien zu behandeln, als bewährt erwiesen. Insbesondere dem hierfür erarbeiteten Beschreibungsmodell ist zu verdanken, dass leichtfertige Missverständnisse, Unschärfen und mangelnde Präzision, wie sie der Behandlung dieses Themenkomplexes in der Vergangenheit immer wieder im Wege standen, vermieden wurden. Auf diese Weise konnte eine Vielzahl der vorschnell getroffenen Urteile zum Verhältnis von Spiel und Erzählung widerlegt werden. Andere Behauptungen wiederum wurden bestätigt, dabei jedoch ihrem oftmals positivistischen oder ad hoc formulierten Begründungskontext enthoben und auf ein theoretisch kohärentes Fundament gestellt.

Der Vorteil an meinem Modell ist, dass es nicht eine Kategorie der anderen einschreibt oder mit Terminologien der jeweils anderen erklärt, sondern die Spezifik der beiden Strukturen erhält und stattdessen ihre Elemente in einem gemeinsamen Prozess verortet denkt. Unter dieser Voraussetzung war gewährleistet, dass Phänomene der beiden Strukturen bei der Analyse stets scharf getrennt behandelt und ihr Aufeinandertreffen präzise beschrieben werden konnte, obwohl sie auf der Ausgabeseite zu verschmelzen scheinen. Darüber hinaus konnten der Spieler und seine Verarbeitungs- und Interaktionsleistungen durch den Rückgriff auf die kognitivistische Theorie in diesen Prozess integriert werden.

Nur so ist eine Beantwortung der Frage möglich, wie und warum Computerspiele narrative Evokationen für ihre eigenen Zwecke produktiv machen. Denn dass sie darauf zunächst nicht angewiesen sind, ist offensichtlich. Spiele sind eben keine Erzählungen. Aber sie bedienen sich narrativer Verfahren und ordnen sie in ihre Strukturen ein und ihren Funktionen unter. Warum sie sich dennoch so oft und gerne als solche gebaren und welchen Nutzen sie aus jenen artfremden Techniken und Strategien ziehen, war das primäre Untersuchungsfeld dieser Arbeit.

Zunächst kann davon ausgegangen werden, dass narrative Phänomene niemals gänzlich ohne Funktion für das System des Spieles vorkommen: Selbst wenn sie keine strukturelle Verbindung mit diesem eingehen – wie es im Falle von Kopplungen 0. Ordnung der Fall ist – so sind sie doch von einem ganz bestimmten Sinn erfüllt: Wahlweise dienen sie als referenzierendes Bezugsystem, als narrativer „Mehrwert", Wirklichkeitseffekt, zur Steigerung immersiver Effekte, als Katalysator für klassische Spannungsstrategien oder zur Verstärkung der Atmosphäre. Dabei darf nicht übersehen werden, dass die Erzählung dem Spiel in dieser Verbindung primär nur Redundanz oder Exzess ist: Das Spiel könnte problemlos auf sie verzichten, ohne seine wechselseitige Struktur aus Interaktivität und Regelsystem nachweislich aufzubrechen. Diese Zusammenhänge konnten mit meinem Modell erstmals – abseits der bloßen Behauptung – theoretisch fundiert erklärt und analysiert werden.

Im Falle struktureller Kopplungen sieht die Sache anders aus: Hier bilden die narrativen Verfahren ein System konventionalisierter *cues*, welche das Verstehen des Spiels, seiner Materialien und deren Funktionen, der auszuführenden Handlungen und dem dadurch in Gang gesetzten Ablauf erleichtern oder gar überhaupt erst möglich machen. Die Erzählstruktur und die Operationen, die der Spieler ausführt, um jene wahrzunehmen, zu verstehen und zu deuten, werden unmittelbar an den Prozess des Spielens rückgebunden und halten diesen als solchen aufrecht. Strukturelle Kopplungen 1. Ordnung verknüpfen diese Elemente noch recht lose, und ihre Verfahrensweisen sind in hohem Maße austauschbar. Aber sie fungieren als ein wichtiges Mittel, um die Elemente des Spieles und seinen Ablauf verständlich darzustellen und mit Sinn zu konnotieren, der über das abstrakte Regelwerk hinausweist. Einen Hinweis auf die Bedeutung dieser doch sehr simplen Strategie bildet die Tatsache, dass die meisten Computerspiele in einer abstrakten Darstellungsweise, ohne Rückgriff auf repräsentierende *devices*, undenkbar, zumindest aber nahezu unspielbar wären: Man stelle sich nur einen Shooter ohne Konzeptionalisierungen von Waffen, Schießen, Monstern oder Räumen vor. Auch Strategiespiele, die zu einem höheren Abstraktionsgrad neigen, sind ab einem gewissen Komplexitätsniveau auf solche Referenzkontexte angewiesen.

Kopplungen 2. Ordnung gehen über diese rein ikonische Funktion hinaus und machen die Konstruktion einer Fabel zur operativen Notwendigkeit für das Spielen. In dieser Verbindung sind insbesondere strukturelle Ähnlichkeiten der beiden Kategorien von Bedeutung: So formuliert die Erzählung Ziele und Handlungsoptionen für das Spiel, stellt ihm Hindernisse, Aufgaben und Rätsel zur Verfügung und bildet seine ergodische Struktur auf einer Struktur der Handlung, Entscheidung und des diegetischen Raumes ab. Dieser Kopplungstypus ist vermutlich der am meisten diversifizierte und bietet somit noch jede Menge Potenzial für weitere Ausformulierungen an.

Strukturelle Kopplungen 3. Ordnung schließlich verschieben gar einen Teil der spielerischen Interaktion in den rezeptiven und interpretativen Prozess der Fabelkonstruktion. Die Beobachtung, dass die Möglichkeiten, die diese Form der Kopplung in unterschiedlichsten Ausführungen anbieten dürfte, noch wenig erprobt sind und über weite Strecken brach liegen, dürfte einerseits einen Grund dafür liefern, warum die Anbindung narrativer Muster an das Spiel so oft als defizitär wahrgenommen wird. Andererseits liefert sie Anschlussmöglichkeiten für weitere Forschungen und ein weites Experimentierfeld für neuartige Erzählformen interaktiver Medien.

Die von mir vorgeschlagene Klassifizierung verschiedener Kopplungs-Ordnungszahlen ermöglicht zudem Aussagen über den Komplexitätsgrad der jeweiligen Verbindung, die „Enge" der Verzahnung im wirkenden Interaktions- und Hypothesenprozess und das Maß der Abhängigkeit der Strukturen voneinander. Dabei ist eine gewisse Symmetrie zwischen den einzelnen Klassen erkennbar: Während Kopplungen 1. Ordnung die Erzählung vollkommen dem Spiel unterordnen und lediglich dessen Indikatoren zur Denotation spielerischer Materialien und Optionen „ausnutzen", lassen Kopplungen 3. Ordnung am anderen Ende der Skala das Spiel kurzzeitig hinter der Erzählung verschwinden und verlagern die spielerische Aktivität in die Sphäre der Geschichte hinein. Kopplungen 2. Ordnung hingegen stellen eine Balance zwischen Vermittlungsverfahren des Sujets und ihrer Anwendung auf das Spiel her.

Selbstverständlich beschränkte sich die Analyse auf wenige Beispiele und eine sehr begrenzte Auswahl darin enthaltener Kopplungsstrategien. Es darf davon ausgegangen werden, dass noch sehr viel mehr Möglichkeiten zur strukturellen Kopplung existieren. Die hier vorgestellten scheinen mir aber – zum gegenwärtigen Zeitpunkt – die gebräuchlichsten, offenkundigsten und wichtigsten zu sein. Weitere Kopplungsmechanismen aufzustöbern – insbesondere solche, die bisher noch nicht realisiert wurden – bleiben weiterführenden Untersuchungen und – vor allem – den Spielemachern überlassen.

Insofern muss abschließend die Frage geklärt werden, ob jenseits der drei von mir beschriebenen Klassen noch anderweitige zu erwarten sind, sprich: Kopplungen 4. oder höherer Ordnung. Ich denke, dass sich ein Großteil der möglichen Verbindungen zwischen Narrativität, Interaktivität und Spielregeln, auch die, die hier nicht zur Sprache kamen, weitgehend in meine bestehende Typologie einordnen lassen und von dieser abgedeckt werden – wie auch die eben angesprochene Symmetrie andeutet. Es ist aber zu vermuten, dass sich noch weiterreichende Kopplungsmechanismen in Bereichen verborgen halten, die von meiner Untersuchung nur am Rande gestreift wurden.

Vor allem zwei Aspekte scheinen mir diesbezüglich aussichtsreich zu sein: Zum Einen sind dies Phänomene der Bindung zwischen Spieler und Figur. Wie gesehen kann diese unterschiedliche Formen annehmen: des *engagement*, der Mimesis (etwa im Rollenspiel) oder der Projektion, von denen jede einzelne nach einem spezifischen Kognitionsprozess, individuellen Handlungsmustern und entsprechenden Sujettaktiken verlangt. Die Implikationen, die diese unterschiedlichen Strategien für das Verhältnis von Spiel und Erzählung besitzen, sind nur wenig erforscht – unter anderem auch deshalb, weil sich die Erzähltheorie selbst bei der Beschreibung der damit verbundenen Effekte immer schwer getan und sich zumeist auf Gemeinplätze der Fokalisierung oder Perspektive zurückgezogen hat. Ein *re-reading* diesbezüglicher Untersuchungen wie denjenigen von Janet Murray, Brenda Laurel oder Michael Mateas vor dem Hintergrund meines Modells könnte sich hierfür als Gewinn versprechend erweisen.

Zum anderen dürfte eine verstärkte Einbeziehung simulierender Strukturen in die narratologische Betrachtung weiterführende Erkenntnisse versprechen – nicht zuletzt deshalb, weil diese Verfahren in der Praxis momentan immens an Bedeutung gewinnen. Indem Simulationsstrukturen den Determinismus narrativer Mechanismen zu großen Teilen aufbrechen oder gar negieren, sind hier gänzlich andersartige Strategien notwendig, die erzählerischen Bestrebungen nicht entgegenarbeiten müssen, sondern diesen im Gegenteil neue Chancen und Möglichkeiten eröffnen. Aktuelle Beispiele wie *Half-Life II* (USA 2004, Valve) oder *Grand Theft Auto*, die auf jene Systeme zurückgreifen, zeigen jedoch, dass die verwendeten Muster noch weitgehend an den tradierten Konventionen des Ziels, Hindernisses oder Rätsels festhalten. Die Theorie kann hier womöglich neue Wege aufzeigen, die zu beschreiten sich lohnen würde. Spiele wie *The Sims* geben hier bereits eine gewisse Richtung vor, doch scheint das Genre bisher noch mehr an der Simulation geschlossener Systeme interessiert zu sein, als am Erzählen von *emergent stories*.[178] Dort schließt sich somit noch ein breites Forschungsfeld an.

Einen Nebenschauplatz, den ich in meinen Ausführungen zu betreten versucht habe, ist die Frage nach der Spezifik der in Computerspielen eingesetzten Erzählstrategien. Die Ausgangsvermutung, dass die Strukturen und Regelsysteme der Spiele und ihrer Genres entsprechende

---

[178] Siehe S. 68.

Erzählmuster und -taktiken begünstigen oder gar einfordern, hat sich zu großen Teilen bewahrheitet. In vorwärtsgerichteten Actionspielen dominieren Expositionen von Ziel, Retardationen und schnell interpretierbare *cues* bezüglich der Spielmaterialien, wie Waffen, Gänge, verschlossene Türen etc. Rhizomatische Spiele bevorzugen episodische oder anachrone Strukturen, die leicht mit der fragmentarischen Beschaffenheit des Handlungsbaumes abzugleichen sind.

Insofern ist die häufig vorgebrachte Forderung nach „dramatischen" oder „psychologischen" Spielgeschichten ebenso zu relativieren wie der im Umkehrschluss vorgebrachte Verweis auf die triviale Natur vieler Geschichten:

> „Adventure games seldom, if at all, contain good stories. Even the most entertaining of these games, like Warren Spector's *Deus Ex* (1999), contains a cliched storyline that would make a B-movie writer blush [...]. [It] does not offer dramatic satisfaction [...]" (Aarseth 2004, 51, Herv.i.O.)

Computerspiele verwenden Geschichten aber aus anderen Gründen und zu anderen Zwecken als dies (traditionelle) narrative Medien tun. Meine Arbeit ist demzufolge auch als eine Art Ehrenrettung narrativer Bemühungen seitens der Spiele zu sehen von einer Art, wie sie die *Cahiers du cinema* dem einst als Kolportage verschrienen Kino eines Ford, Hawks oder Hitchcock zuteil werden ließ, indem sie deren Stil die filmischere Vorgehensweise attestierte, verglichen mit dem von elitären Kunstliebhabern geforderten *film d'art*. Insofern sollten sich Computerspiele – wenn sie schon erzählend sein möchten – mehr gewahr werden, worin ihre Stärken gegenüber traditionellen Erzählmedien bestehen, und diese konsequenter ausschöpfen. Die in dieser Arbeit gewonnenen Ergebnisse sind in der Lage, hierfür wichtige Anregungen zu geben.

Grundsätzlich konnten diesbezüglich zwei dominante Muster festgestellt werden: Erstens verwenden Computerspiele Geschichten – z.B. Zwischensequenzen und allgemein Kopplungen 0. Ordnung – als mehr oder weniger beliebiges Anhängsel: aus Gründen der Rezeptionsgewohnheit, als Marketingargument oder zur Verstärkung emotionaler oder immersiver Effekte. Dies mag durchaus als unspezifisch kritisiert werden, eröffnet aber dem Geschichtenerzähler ungeahnte Möglichkeiten: Indem sich die Erzählung in dieser Formulierung der Struktur des Spieles anpassen muss, begünstigt sie Erzählmuster wie das Rhizom oder die Episode, die eine viel versprechende Alternative zum konventionellen 3-Akt-Schema des Hollywoodfilms darstellen und Erzählstrategien ermöglichen, die nur das Computerspiel in dieser Weise anbietet. Dass viele Spieledesigner dennoch an den etablierten Mustern festhängen, mag man ihnen in diesem Sinne vorhalten. An Spielen wie *Gabriel Knight II* ist jedoch auch zu sehen, dass sich versponnene Verschwörungsfantasien für Computerspiele vermutlich sehr viel besser eignen, als für eine Dan Brown-Verfilmung. Und *Monkey Island II* ist ein schönes Beispiel dafür, dass Geschichten mit wenig Kernen und viel Exzess wunderbar im Spiel funktionieren. Die aus diesen Überlegungen hervorgehenden Implikationen für die Adaptionsfähigkeit der Spielgeschichten seien auch all jenen ans Herz gelegt, die in Zukunft Spiele auf die Leinwand bringen möchten.

Zweitens verwenden Computerspiele narrative Verfahren um sie an ihr genuines System zu koppeln. Die Erzählung wird dort Ausdruck für die Elemente, Regeln und Aufgaben des Spiels. In dieser Verbindung erfüllt die Geschichte eine gänzlich andere Funktion als in traditionellen Medien und muss auch dementsprechend bewertet und analysiert werden. Dramaturgie und Psychologie spielen hierfür nur eine untergeordnete Rolle. Stattdessen muss das Sujet effektiv die Strukturmomente des Spieles konnotieren und zu einem einheitlichen Prozess verknüpfen.

Das Anliegen dieser Arbeit war das Aufzeigen dieser Stellen, an denen narrative Verfahren für spielerische Strukturen produktiv gemacht werden können. Die angestellten Überlegungen können demzufolge auch der Praxis als Anregung und Hilfestellung dienen, Verkopplungen ökonomischer umzusetzen, gezielt nach neuartigen Strategien Ausschau zu halten oder bestehende Muster weiterzuentwickeln. Insbesondere der Kopplungstyp 3. Ordnung bietet hierfür ein vermutlich breit gefächertes und viel versprechendes Betätigungsfeld.

Denn in der Tat gehen viele Spielehersteller bei der Anbindung narrativer Verfahren an das Spiel mitunter noch etwas unbeholfen zu Werke.

> „As inexperienced storytellers, they [game designers, M.G.] often fall back on rather mechanical exposition through cut scenes, much as early filmmakers were sometimes overly reliant on intertitles rather than learning the skills of visual storytelling." (Jenkins 2004, 126)

Das Erlernen spezifischer Erzählstrategien gehört damit ebenso zur Genealogie des Spiels wie einst zum Film die „Entwicklung einer kinematographischen Sprache".

7. Bibliographie

(Die angegebenen WWW-Adressen wurden zuletzt am 7.9.2006 überprüft.)

Aarseth, Espen (1997) *Cybertext. Perspectives on Ergodic Literature*. Baltimore

Aarseth, Espen (1999) Aporia and Epiphany in ‚Doom' and ‚The Speaking Clock'. Temporality in Ergodic Art. In: Marie-Laure Ryan (Hg.) *Cyberspace Textuality*, S.31-41. Bloomington/Indianaplois

Aarseth, Espen (2004) Genre Trouble: Narrativism and the Art of Simulation. In: Wardrip-Fruin/Harrigan, S.45-55

Aristoteles (1982) *Poetik*. Stuttgart

Avedon, Elliott M. / Sutton-Smith, Brian (1971) *The Study of Games*. New York

Barthes, Roland (1968) L'effet de réel. In: *Communications* 11, S.84-89

Barthes, Roland (1990[1974]) *Die Lust am Text*. 6.Aufl. Baden-Baden

Barthes, Roland (1976) *S/Z*. Frankfurt/M.

Barthes, Roland (1988) *Das semiologische Abenteuer*. Frankfurt/M.

Bolter, J. David (1991) *Writing Space. The Computer, Hypertext, and the History of Writing*. Hillsdale

Bordwell, David (1985) *Narration in the Fiction Film*. Madison

Bordwell, David / Thompson, Kristin (1997) *Film Art*. 5. Aufl. New York

Bordwell, David / Staiger, Janet / Thompson, Kristin (1985) *The Classical Hollywood Cinema. Film Style & Mode of Production to 1960*. New York/London

Branigan, Edward (1984) *Point of View in the Cinema. A Theory of Narration and Subjectivity in Classical Film*. Berlin/New York/Amsterdam

Buckland, Warren (2002) S/Z, the ‚readerly' film, and video game logic. The Fifth Element. In: Thomas Elsaesser / Warren Buckland (Hg.) *Studying Contemporary American Film. A Guide to Movie Analysis*, S.146-167. London

Buckles, Mary Ann (1985) Interactive Fiction as Literature. The Storygame ‚Adventure'. Phil. Diss. San Diego: University of California

Caillois, Roger (2001[1958]) *Man, Play and Games*. Urbana/Chicago

Campbell, Joseph (1999[1949]) *Der Heros in tausend Gestalten*. Frankfurt/M./Leipzig

Carr, Diane (2003) Play Dead. Genre and Affect in „Silent Hill" and „Planescape Torment". http://www.gamestudies.org/0301/carr/

Casti, John L. (1995) Artificial Games. Spiel (play) und Spiele (games). In: Florian Rötzer (Hg.) *Schöne neue Welten? Auf dem Weg zu einer neuen Spielkultur*, S.141-157. München

Cawelti, John (1976). *Adventure, Mystery, and Romance. Formula Stories as Art and Popular Culture*. Chicago

Chatman, Seymour (1978) *Story and Discourse. Narrative Structure in Fiction and Film*. Ithaca/London

Crawford, Chris (2003) *The Art of Interactive Design*. San Francisco

Crawford, Chris (2005) *On Interactive Storytelling*. Berkeley

Crogan, Patrick (2003) Gametime. History, Narrative, and Temporality in „Combat Flight Simulator 2". In: Wolf/Perron, S.275-301

Cziksztentmihalyi, Mihali (1975) *Das flow-Erlebnis. Jenseits von Angst und Langeweile: im Tun aufgehen*. Stuttgart

Degler, Frank (2004) Erspielte Geschichten. Labyrinthisches Erzählen im Computerspiel. In: Neitzel et al., S.58-72

Douglas, J. Yellowlees / Hargadon, Andrew (2004) The Pleasures of Immersion and Interaction. Schemas, Scripts, and the Fifth Business. In: Wardrip-Fruin/Harrigan, S.192-206

Eco, Umberto (1973) *Das offene Kunstwerk.* Frankfurt/M.

Eco, Umberto (1985) *Semiotik und Philosophie der Sprache.* München

Eco, Umberto (1998) *Lector in fabula. Die Mitarbeit der Interpretation in erzählenden Texten.* 3. Aufl. München

Eskelinen, Markku (2001) The Gaming Situation. http://www.gamestudies.org/0101/eskelinen/

Eskelinen, Markku (2004) Towards Computer Game Studies. In: Wardrip-Fruin/Harrigan, S.36-44

Eskelinen, Markku / Tronstad, Ragnhild (2003) Video Games and Configurative Performances. In: Wolf/Perron, S. 195-220

Flusser, Vilém (1994) *Gesten. Versuch einer Phänomenologie.* Frankfurt/M.

Forster, Edward M. (1949[1927]) *Ansichten des Romans.* Frankfurt/M.

Frasca, Gonzalo (2003a) Sim Sin City: some thoughts about Grand Theft Auto 3. http://www.gamestudies.org/0302/frasca/

Frasca, Gonzalo (2003b) Simulation versus Narrative: Introduction to Ludology. In: Wolf/Perron, S.221-235

Frasca, Gonzalo (2004) Videogames of the Oppressed. Critical Thinking, Education, Tolerance, and Other Trivial Issues. In: Wardrip-Fruin/Harrigan, S.85-94

Fritz, Jürgen (2003a) Computerspiele – logisch einfach, technisch verwirrend, sozial komplex. In: Fritz/Fehr

Fritz, Jürgen (2003b) Aktion, Kognition, Narration. In: Fritz/Fehr

Fritz, Jürgen / Fehr, Wolfgang (2003) *Computerspiele. Virtuelle Spiel- und Lernwelten.* Bonn

Fromme, Johannes / Gecius, Melanie (1997) Geschlechtsrollen in Video- und Computerspielen. In: Jürgen Fritz / Wolfgang Fehr (Hg.) *Handbuch Medien: Computerspiele. Theorie, Forschung, Praxis.* Bonn, S.121-135

Furtwängler, Frank (2001) „A crossword at war with a narrative". Narrativität versus Interaktivität in Computerspielen. In: Peter Gendolla, Norbert M. Schmitz, Irmela Schneider, Peter M. Spangenberg (Hg.) *Formen interaktiver Medienkunst,* S.369-400. Frankfurt/M.

Genette, Gérard (1998) *Die Erzählung.* 2. Aufl. München

Grodal, Torben (2003) Stories for Eye, Ear, and Muscles: Video Games, Media, and Embodied Experiences. In: Wolf/Perron, S.129-155

Hickethier, Knut (1996) *Film- und Fernsehanalyse.* Stuttgart

Holowaty, Christoph (2006) Vor-Spieler. In: *PC Games* 02/06, S.34-35

Huizinga, Johan (2001[1956]) *Homo Ludens. Vom Ursprung der Kultur im Spiel.* 18. Aufl. Reinbek bei Hamburg

Iser, Wolfgang (1991) *Das Fiktive und das Imaginäre. Perspektiven literarischer Anthropologie.* Frankfurt/M.

Iser, Wolfgang (1994[1976]) *Der Akt des Lesens.* München

Jenkins, Henry (2004) Game Design as Narrative Architecture. In: Wardrip-Fruin/Harrigan, S.118-130

Juul, Jesper (1998) A Clash between Game and Narrative. http://www.jesperjuul.net/text/clash_between_game_and_narrative.html

Juul, Jesper (2001) Games Telling Stories? http://www.gamestudies.org/0101/juul-gts/

Juul, Jesper (2004) Introduction to Game Time. In: Wardrip-Fruin/Harrigan, S.131-142

Kahrmann, Cordula / Reiß, Gunter / Schluchter, Manfred (1977) *Erzähltextanalyse.* Kronberg

Kämper, Katja (2003) Spiegelbilder. In: *Schnitt* 30, S.26-27

Kücklich, Julian (2001) Auf der Suche nach dem verlorenen Text: Literaturwissenschaft und Computerspiele. http://web.fu-berlin.de/phin/phin15/p15t2.htm

Kücklich, Julian (2002) *Computerspielphilologie – Prolegomena zu einer literaturwissenschaftlich begründeten Theorie narrativer Spiele in den elektronischen Medien.* München: Universität München. http://www.playability.de/txt/

Kücklich, Julian (2003) Perspectives of Computer Game Philology. http://www.gamestudies.org/0301/kucklich

Lämmert, Eberhard (1993[1955]) *Bauformen des Erzählens.* 12.Aufl. Stuttgart

Landow, George P. (1992) *Hypertext. The Convergence of Contemporary Literary Theory and Technology.* Baltimore

Laurel, Brenda (1991) *Computers as Theatre.* Menlo Park

Lischka, Konrad (2002) *Spielplatz Computer. Kultur, Geschichte und Ästhetik des Computerspiels.* Hannover

Manovich, Lev (2000) *The Language of New Media.* Cambridge

Mateas, Michael (2004) A Preliminary Poetics for Interactive Drama and Games. In: Wardrip-Fruin/Harrigan, S.19-33

McCloud, Scott (1993) *Understanding Comics. The Invisible Art.* New York

McHale, Brian (1987) *Postmodernist Fiction.* London

McLuhan, Marshall (1964) *Die magischen Kanäle. Understanding Media.* Düsseldorf/Wien

Mortensen, Torill (2002) Playing With Players. Potentional Methodologies for MUDs. http://www.gamestudies.org/0102/mortensen

Motte, Warren (1995) *Playtexts. Ludics in Contemporary Literature.* Lincoln/London

Münsterberg, Hugo (1996[1916]) *Das Lichtspiel. Eine psychologische Studie und andere Schriften zum Kino.* Wien

Murray, Janet H. (2001) *Hamlet on the Holodeck. The Future of Narrative in Cyberspace.* 4. Aufl. New York

Neitzel, Britta (2000) *Gespielte Geschichten. Struktur- und prozessanalytische Untersuchungen der Narrativität von Videospielen.* Phil. Diss. Weimar: Bauhaus-Universität Weimar. ftp://ftp.uni-weimar.de/pub/publications/diss/Neitzel/

Neitzel, Britta (2003) Hitchcock-Variationen. In: *Schnitt* 30, S.18-21

Neitzel, Britta (2004) Wer bin ich? Thesen zur Avatar-Spieler Bindung. In: Neitzel et al., S.193-212

Neitzel, Britta / Bopp, Matthias / Nohr, Rolf F. (2004) *„See, I'm real...". Multidisziplinäre Zugänge zum Computerspiel am Beispiel von ,Silent Hill'.* Münster

Newman, James (2002) The Myth of the Ergodic Videogame. Some thoughts on player-character relationships in videogames. http://www.gamestudies.org/0102/newman/

Parlett, David (1999) *The Oxford History of Board Games.* Oxford

Pearce, Celia (2004) Towards a Game Theory of Game. In: Wardrip-Fruin/Harrigan, S.143-153

Perron, Bernard (2003) From Gamers to Players and Gameplayers. The Example of Interactive Movies. In: Wolf/Perron, S. 237-258

Pias, Claus (2002) *Computer Spiel Welten.* München

Platon (2004) Politeia. In: ders. *Sämtliche Werke. Band 2.* 30.Aufl. Reinbek bei Hamburg

Poole, Steven (2000) *Trigger Happy. The inner life of videogames.* London

Propp, Vladimir (1928) *Morphologie des Märchens.* München

Ryan, Marie-Laure (2001) Beyond Myth and Metaphor. The Case of Narrative in Digital Media. http://www.gamestudies.org/0101/ryan/

Scheuerl, Hans (1975) Zur Begriffsbestimmung von „Spiel" und „spielen". In: *Zeitschrift für Pädagogik* 21, S. 341-349

Schmidt, Karla (2004) Der Archeplot im Game. Silent Hill 2 als klassische Heldenreise. In: Neitzel et al., S.20-40

Schönhammer, Rainer (2001) Taumel-Kino. Zur Psychophysiologie der Bilderwelten aus dem Computer. In: Bernhard E. Bürdek (Hg.) *Der digitale Wahn*, S. 65-81. Frankfurt/M.

Schröter, Jens (2000) Lara Croft – Funktionen eines „virtuellen Star". In: Ulrike Bergermann / Hartmut Winkler (Hg.) *TV-Trash. The TV-Show I Love to Hate.* Marburg

Šklovskij, Victor (1916) Die Kunst als Verfahren. In: Juri Striedter (Hg.) *Russischer Formalismus. Texte zur allgemeinen Literaturtheorie und zur Theorie der Prosa*, S.3-34. München

Šklovskij, Victor (1925) *Theorie der Prosa.* Frankfurt/M.

Smith, Murray (1995) *Engaging Characters. Fiction, Emotion, and the Cinema.* New York

Sternberg, Meir (1978) *Expositional Modes and Temporal Ordering in Fiction.* Baltimore

Taylor, Henry / Tröhler, Margrit (1999) Zu ein paar Facetten der menschlichen Figur im Spielfilm. In: Karl Prümm, Heinz B. Heller, Birgit Peulings (Hg.) *Der Körper im Bild: Schauspiel-Darstellen-Erscheinen*, S.137-152. Marburg

Thompson, Kristin (1981) The Concept of Cinematic Excess. In: Philip Rosen (Hg.) (1986) *Narrative, Apparatus, Ideology.* New York

Thompson, Kristin (1988) Neoformalistische Filmanalyse. Ein Ansatz, viele Methoden. In: Franz-Josef Albersmeier (Hg.) (1998) *Texte zur Theorie des Films*, S.409-446. 3. Aufl. Stuttgart

Thomson, David (2001) Zap Happy. World War II Revisited. In: *Sight and Sound* 11, S.34-37

Todorov, Tzvetan (1966) Les catégories du récit. In: *Communications* 7, S.125-151

Truffaut, François (2001) *Mr. Hitchcock, wie haben Sie das gemacht?* 23. Aufl. München

Turkle, Sherry (1998) *Leben im Netz. Identität in Zeiten des Internet.* Hamburg

Van Dijk, Teun A. (1980) *Textwissenschaft. Eine interdisziplinäre Einführung.* Tübingen

Wages, Richard / Grützmacher, Benno / Grünvogel, Stefan M. (2004) Benutzerführung und Strukturen nichtlinearer Geschichten. In: Neitzel et al., S.41-57

Walter, Klaus (2001) *Grenzen spielerischen Erzählens. Spiel- und Erzählstrukturen in graphischen Adventure Games.* Phil. Diss. Siegen: Universität-Gesamthochschule Siegen. http://www.ub.uni-siegen.de/pub/diss/fb3/2001/walter/walter.pdf

Walther, Bo Kampmann (2003) Playing and Gaming. Reflections and Classifications. http://www.gamestudies.org/0301/walther/

Wardrip-Fruin, Noah / Harrigan, Pat (2004) *First Person. New Media as Story, Performance, and Game.* Cambridge/London

Wiener, Norbert (1963[1948]) *Kybernetik. Regelung und Nachrichtenübertragung im Lebewesen und in der Maschine.* 2. Aufl. Düsseldorf/Wien

Wolf, Mark J.P. (2003) Abstraction in the Video Game. In: Wolf/Perron, S.47-65

Wolf, Mark J.P. / Perron, Bernard (2003) *The Video Game Theory Reader.* New York/London

Wolfsteiner, Andreas (2004) Einige Bemerkungen zu Suche und Angst im digitalen Problemraum Silent Hill 2. In: Neitzel et al., S.157-176

Zimmerman, Eric (2004) Narrative, Interactivity, Play, and Games: Four Naughty Concepts in Need of Discipline. In: Wardrip-Fruin/Harrigan, S.154-164